JN190138

中国社会研究叢書 **7**

21世紀「大国」の実態と展望

東アジア海域から眺望する世界史

ネットワークと海域

鈴木英明 [編著]

明石書店

刊行のことば

21 世紀「大国」の中国。その各社会領域―政治，経済，社会，法，芸術，科学，宗教，教育，マスコミなど―では，領域相互の刺激と依存の高まりとともに，領域ごとの展開が加速度的に深まっている。当然，各社会領域の展開は一国に止まらず，世界の一層の複雑化と構造的に連動している。言うまでもなく私たちは，中国の動向とも密接に連動するこの世界のなかで，日々選択を迫られている。それゆえ，中国を研究の対象に取り上げ，中国を回顧したり予期したり，あるいは，中国との相違や共通点を理解したりすることは，私たちの生きている世界がどのように動いており，そのなかで私たちがどのような選択をおこなっているのかを自省することにほかならない。

本叢書では，社会学，政治学，人類学，歴史学，宗教学などのディシプリンが参加して，領域横断的に開かれた問題群―持続可能な社会とは何であり，どのようにして可能なのか，あるいはそもそも，何が問題なのか―に対峙することで，〈学〉としての生産を志す。そこでは，問題と解決策とのあいだの厳密な因果関係を見出すことよりも，むしろ，中国社会と他の社会との比較に基づき，何が問題なのかを見据えつつ，問題と解決策との間の多様な関係の観察を通じて，選択における多様な解を拓くことが目指される。

確かに，人文科学，社会科学，自然科学などの学問を通じて，私たちの認識や理解があらゆることへ行き届くことは，これまでにもなかったし，これからもありえない。ましてや現在において，学問が世界を考えることの中心や頂点にあるわけでもない。あるいは，学問も一種の選択にかかわっており，それが新たなリスクをもたらすことも，もはや周知の事実である。こうした学問の抱える困難に謙虚に向き合いつつも，そうであるからこそ，本叢書では，21 世紀の〈方法としての中国〉―選択における多様な解を示す方法―を幾ばくかでも示してみたい。

2018 年 2 月

日中社会学会会長　首藤　明和

東アジア海域から眺望する世界史

——ネットワークと海域

*

目　次

序　章
海域史研究の展開とその課題

鈴木英明

第1節 はじめに

本書は，こんにちの日本の歴史学研究において重要な位置を占めている海域史の新たな可能性を，東アジア海域を基点に探ることを目的とする。海域史という呼称自体が登場し，一般化するのは比較的最近ではあるが，海域史が持つ視点や関心はそれ以前から醸成されており，近年では，海外の研究者との交流もより一層，盛んになるなど，新たな転機を迎えつつある。本書のイントロダクションでもある本章では，そのような展開をたどり，海域史研究の現在地点を確認する。そのうえで，現在の当該分野の課題を明らかにし，本書の射程を明らかにする。それらの議論への導入として，まず「海域史」とは何かについて，いま一度確認するところから始めたい。

1-1 海域史とは何か

海域史とは，字義通りには「海域の歴史」にほかならないが，それはどのように説明できるだろうか。この素朴な問いは難問である。たとえば，海域史という呼称自体，英語でどのように表現すればよいのだろうか。読者のなかには，「マリタイム・ヒストリー maritime history」と訳せば良いと思う方もいるだろう。しかし，英語圏には既にマリタイム・ヒストリーという分野があり，その対象と海域史のそれとのあいだには微妙なずれが存在する。マリタイム・ヒストリーの学会は世界各地に存在するが，そのうちのひとつで，世界的にも定評のある機関誌『グレート・サークル *Great Circle*』を刊行しているオーストラリア・マリタイム・ヒストリー協会 The Australian Association for Maritime History のホームペイジには，「マリタイム・ヒストリーについて」という項目がある。そこでは，その定義が以下のように述べられている。「マリタ

イム・ヒストリーとは世界の水上，水中，その周辺における人間とその活動の研究を指し示す。これには海洋，三角江，河川そして小川が含まれる」（https://aamh.asn.au/about/ 最終確認 2019 年 7 月 6 日）。では，実際にどのような研究が行われているのかについて，この雑誌の目次を参照すると，個々の航海活動，海図や航海技術，沈船などの水中考古学，海戦や軍艦に関する海軍史，船乗りの日記の分析などに基づく船上の生活史，さらに近年では海洋利用など環境史ともかかわりあう論文も見出すことができる。ここから，マリタイム・ヒストリーという名のもとで，海洋や河川などにおける人間の多様な活動，また，人間と河川や海洋との多様な関わり合いを対象とした研究が行われているのが理解できる。世界中に数多あるマリタイム・ヒストリーに関する協会や学会のすべてが，上のようにその定義を公開しているわけではない。むしろ，定義が明文化されない場合の方が多い。ただし，ほかの多くのマリタイム・ヒストリーを標榜する雑誌にも，その収録論文について，『グレート・サークル』と同様の傾向が認められる。おそらく，マリタイム・ヒストリーを日本語に訳すならば，海事史という訳語が最も適当だろう[1]。

　マリタイム・ヒストリーに関してもうひとつ指摘すべき点は，それぞれの国で行われている研究の対象空間が，その国や旧植民地など，関連する国や地域の海に基本的には限定されていることである。たとえば，先述の『グレート・サークル』には，オーストラリア先住民の航海技術や，ジェームス・クックのオーストラリア大陸到達，あるいは，グレート・バリア・リーフの環境史の論文がみえるが，フランス・マリタイム・ヒストリー協会 Société Française d'Histoire Maritime の機関誌『マリタイム・ヒストリー年鑑 *Chronique d'histoire maritime*』にはそうした主題の論文はまず見られず，そのかわりにレヴァントの海戦や啓蒙思想などフランスにゆかりの深い対象を主題に据える論文が目立つ。同様の傾向は，中

国語圏についても指摘できる。中国語圏では，海を対象とした分野として，海事史や海洋史，海交史が存在するが，いずれにせよ，それらは基本的には中国や台湾に関連した事象をその対象にしている。したがって，これらもマリタイム・ヒストリーと同様に，一国史の枠組みを大きく逸脱するものではなく，むしろ，その一部を形成しているといえよう。

他方，日本では，海域史に主眼を置く学会や専門的な学術雑誌が存在しないために，その全体的な傾向を把握することは容易ではない。しかし，大きな特徴として，研究者たちは海域史を論じることそのものの歴史研究における意義に注意深くある傾向がある。たとえば，羽田正編『海から見た歴史』のプロローグでは次のような議論がされている（羽田編 2006: 1-7）。そこでは，平戸のイギリス商館が派遣した朱印船について，その船体がジャンク船の構造であることから中国船であるという主張も成り立つかもしれないが，朱印状を与えられていることから日本船という主張，さらには経営主体からはイギリス船という主張もありうるとして，一体，この船がどこの船なのか，読者に問いかける。そのうえで，「『国』単位で区分して理解することが不可能な一体としての海の世界を，本書では『海域』とよんでいる」と「海域」を登場させる。このように，一国史的な視点に対して，説得力のある事例で既存の枠組みに疑義を呼び起こし，それを乗り越える新たな枠組みとして海域を登場させる。

これと関連して，陸域に対する海域という対比も海域史研究では強く意識されてきた。すなわち，従来の歴史研究が王朝や国家の興亡に代表される陸上での出来事に焦点を当ててきたこと，すなわち陸域を中心としてなされていたことを踏まえ，それとは異なる歴史像を描き得る足場として海域の重要性を説くのである。たとえば，家島彦一は次のように指摘する。

　　従来の歴史研究では，「地域」が他ならぬ「陸地」の「領域国家」であることを，いわば研究上の自明の理としてきた。しかし，言うまでもなく，人間には古い過去の時代から，血縁・地縁社会や国家の支配領域という狭い地域枠を超えて，多様な，そして複合的な歴史空間の中を移動・往来し，たくましく生活・文化を営んできた（中略）

　　人間の活動空間のなかでも，特に海域は陸上の国家と国家の「境域」であって，狭い地域社会を超え，国家・宗教・文化などを異にした，さまざまな人々にとっての移動と生活のための「共有の場」であり，同時に，より広範囲・遠隔地にまたがる「出会い（encounter）」と「交流（inter-exchanges）」の主舞台であったといえよう。（家島 2006: 2）

　このように，海域史研究では，海外のマリタイム・ヒストリーなどよりも，既存の歴史像の超克が強く意識されてきた。より具体的には，従来の空間認識に異議を唱え，それとは異なる空間——海域——を用意し，そこから新たな歴史像を提示することに重きを置いて，こんにちに至っているといえよう。そのことは，海域史研究の歴史をテーマに即してたどり，今後の展望を論じた桃木至朗編『海域アジア史研究入門』（桃木編 2008）にも見て取れる。その総説によれば，「アジア海域」よりも一般的ではない「海域アジア」という語を用いていることについて，①アジア理解の刷新のために，陸の歴史で区切られた「東アジア」や「東南アジア」などではなく，「海域アジア」という新しいまとまりを提唱する，②「アジア海域史」という表現だと，既存のアジア史の下位概念として理解されかねないのに対して，本書が「アジア」という地域設定自体を問題にし，さらには，歴史学全体も問い直そうとする思想を有してい

るからであるとその理由が述べられている（桃木・山内・藤田・蓮田 2008: 1）。

このように，マリタイム・ヒストリーをはじめとする諸外国で行われている研究が一国史の一部を構成したり，海そのものと人間との雑多な関係を扱うのに対して，日本で行われてきた海域史研究は，むしろ既存の歴史像の総体，およびそれを形成する歴史の見方（歴史観）に対する超克を強く意識してきた。より具体的には，国境や地域区分，ひいては自他の境界に関する具体的な考察を蓄積しながら，陸域中心史観や一国史観などに基づく空間認識と不可分の歴史像に挑戦してきたといえるだろう。

本書は，以上に紹介した海域史研究の立場を踏襲しつつ，それがこんにちにおいて，いかにしてヴァージョン・アップ可能であるのか，すなわち，その発展の具体的な可能性を模索することにある。以下では，まず海域史研究の展開をたどり，そのうえで，その到達点においてどのような課題が存在し，それに対してどのように取り組むことが可能なのかを考察していく。

第2節　海域史研究の展開

2-1　交流への着目

海域史研究の展開については，その総体を扱ったり，あるいは，その一部に焦点を合わせたりするなどして，これまでいくつかの研究がそれをまとめてきた（長島 2002; 生田 2004; 豊見山 2006; 桃木編 2008; 伊東 2012; Suzuki 2018）。詳細についてはそれらに譲り，むしろ，ここでは海域史研究の展開を大掴みに把握する。海域史研究には，大きくふたつの源流が認められる。ひとつは日本史の分野で展開されてきた対外関係史であり，もうひとつが東洋史で研究が行われてきた東西交渉史である。また，双方と深く関係しながら登場し

た南洋史も無視することができない。これらがどのように海域史へと連なっていくのかを検討するなかで，海域史研究が上で指摘したような独自の立場を築いた背景を考察していこう。

　対外関係史は日本史の一分野として，早い段階から確立していった。日本と諸外国との関係の解明や考察がその具体的な研究対象であるとすれば，その基礎は20世紀の初頭にまでさかのぼることができる。のちの東京大学史料編纂所の前身である文科大学史料編纂掛は，1906年に外務省から江戸時代末期の外交文書集編纂の事業を引き継ぎ，翌年には幕末外交関係文書部が発足している（東京大学史料編纂所編 2002: 42-43）。田中健夫は，明治期から第二次世界大戦までの対外関係史研究の特色として，不平等条約の締結と改正，日清・日露戦争，三国干渉や植民地支配などが常に研究者に意識されていたことを指摘する。また，こうした環境下における国家的な要請として，海外発展や親善友好のための歴史学，沖縄支配の正当性の根拠の提供，朝鮮・台湾島の植民地支配に伴う歴史学，こうした研究に光が当てられたとする（田中 2003: 11）。たとえば，1930年代中葉に刊行された黒板勝美編「岩波講座日本歴史」にはそうした多くの対外関係史関連論考が収められている。

　一方，東洋史の分野では，陸上での交流，交通に注目が集められてきた東西交渉史の分野から，のちの海域史につながる研究が登場している。藤田豊八による『島夷志略』の校注（藤田 1915）や『東西交渉史の研究──南海篇』（藤田 1933），南宋末から元初にかけて中国沿海部で貿易，さらには政治にも影響力を及ぼしたアラブ系の末裔とされる蒲寿庚とその一族を中心に，唐から宋にかけてのアラブ商人の活動を考証した桑原隲藏による『宋末の提舉市舶西域人蒲壽庚の事蹟』（桑原 1923）はその代表的な事例である。ところで，この東洋史という分野は，1895年になって，西洋史の対として尋常中学校の教科科目として誕生し，その後，20世紀初頭に大学で

も教育・研究されるようになった経緯を持つ（吉澤 2006: 57-58, 90 注4）。それゆえに，当時，教養として広くたしなまれてきた中国史のみをもって東洋史とすることはできなかった。つまり，そうした文脈での東洋史が受け持つ空間は広く，また，世界史を構成する別の一翼である西洋史は，いわゆる「万国史」であり，そこには諸民族の興亡が含みこまれており，中国諸王朝の興亡のみでは，その対にはなれないのである（吉澤 2006: 58）。東洋史として含まれる広大な歴史空間をどのように把握するのかという場合に，ヒトやモノの交流はその重要な着眼点となった。東西交渉史は，この意味において，当時の東洋史にとって非常に重要な位置を占めていたといえよう。そして，そのような東西交渉史研究の空間的な拡張として，海を跨ぐ交流に光を当てた藤田や桑原の上述の業績を位置付けることができるだろう。

　こうした日本史と東洋史の潮流のあいだに，台北帝国大学を中心に展開された南洋史研究がある。台北帝国大学はその開学にあたり，南洋史学講座を開講している[2]。南洋史とは具体的には東南アジアやオセアニアを中心とする空間を対象にし，場合によってはインド亜大陸もそこに含んだ（李 1942: 15-16; 白坂 1942: 1）。南洋史という分野の誕生自体が，また，植民地である台湾に創設された帝国大学でそのような歴史研究の講座が新設されたことが，帝国としての日本の領域的拡張や権益の拡大・確保の野心と結び付いていたことは確かである一方（李 2014: 173），その文脈に南洋史に関するすべてを結実させてしまうことは妥当とは思われない[3]。とりわけ，その後の海域史との関係でいえば，南洋史研究は，東南アジアが日本の歴史学の研究対象にしっかりと組み込まれる契機になったし，海域史研究において重要な漢文，日本語，欧語，現地諸語といった多言語史料を突き合わせて研究する手法の洗練にこの分野の研究が貢献したことも無視できない。

このように，戦前から戦中にかけて，日本史，東洋史，南洋史の分野で海を舞台とする交流史に関する研究が蓄積されていった。歴史学全体でもそうしたテーマに一定の重要性が認められていたことは，史学会創立50周年を記念して編纂された史学会編『東西交渉史論』全2巻（史学会編 1939）からもうかがえる。市村瓚次郎による序文のなかで，未開民族同士の交流は益するところ少ない一方，既開民族と未開民族との交流は後者に益するところ多いと述べられるなど，現在ではなかなか受け入れられない言及が少なくないし，箭内健次が評するように，「各篇必ずしも連絡なく，又時代的地方的配分も完全とはいひ難」く（箭内 1939: 82），この論文集だけで東西交渉史を一望できるものでもない。しかし，全体として，「交流」という現象に着目し，当時の日本の歴史学界を代表する研究者たちが日本史，東洋史，西洋史そして南洋史の枠を超えて論文を寄せ，古代から現代までを見渡したという点，そして，そのなかに海を跨ぐ交流が組み込まれている点は，留意に値するだろう。

2-2　命脈を保つ交流史の視線

このように海に向けられつつあった視線は，第二次世界大戦の終結とともに大きく転回する。これらの分野は，戦前の海外拡張主義への批判と反省の世論と連動して，その勢いを減じていく。村井章介は，対外関係史研究の代表的著作のひとつである田中健夫著『倭寇──海の歴史』の新装改訂版に寄せた解説のなかで，当時の対外関係史を取り巻く状況を次のように記している。

　　　この分野（対外関係史のこと：引用者注）は，1945年までは大陸への「雄飛」という国策の追い風を受けて隆盛を誇ったが，敗戦後は，天皇を頂点とする旧体制への批判と，弾圧から解放されたマルクス主義史観の隆盛のなかで，火が消えたように衰

微を極めた。歴史学界の主要な問題関心は，「万州無比の神州」とされた日本の歩みのなかにも，世界史の発展法則が貫いていることを証明することであったので，おのずと分野的には日本経済史，なかんずく社会の基底をなす生産関係・階級関係の解明に集中し，研究視角としては，どの民族国家も基本的に同じ発展の道筋をたどるはずという想定から，「一国史」に閉じられがちだった。（村井 2012: 251-252）

　もちろん，交流史や関係史の命脈が完全に断たれたわけではない。たとえば，史料編纂所は対外関係史料の編纂を継続し，1949 年には台北帝国大学で南洋史を担当していた岩生成一が海外史料部長に就任している（金井 1988: 122）。岩生は，東南アジアの日本町研究や多言語史料を用いた港町研究を進めることによって，対外関係史と東南アジア史とを架橋する研究を遺している。また，中世史部門に着任した田中健夫は倭寇研究に代表されるように，対外交渉史研究を継続した。そして，彼のもとに集った荒野泰典，石井正敏，村井章介らは，個々の研究によって，日本史の空間領域を切り拓き，こんにちの日本における海域史研究の基礎を築いている。

　台北帝国大学という拠点を失った南洋史についても，1957 年度から東京大学文学部に東南アジアからインドに及ぶ領域を担当する南方史講座が開設され，南洋史の対象地域を継ぐことになった（東京大学百年史編集委員会 1986: 636）。また，これに先立って，山本達郎を中心にして南方史研究会が 1942 年に組織されている（東京大学百年史編集委員会 1986: 638）。この研究会には，東南アジアばかりでなく，西南中国やインドの研究者も参集していた（生田 2004: 554）。こうしたなかで，たとえば，東南アジア史研究についていえば，終戦に伴い文献が散逸する状況下，手近に利用が可能だった漢籍史料が多用されたことも，東南アジアを対象にして，交流史的なテーマ

の研究が続けられる一要因となった（生田 2004: 134）。そうしたなかで，たとえば，和田久徳の華僑社会研究が生み出される一方，東南アジア島嶼部のイスラーム化に関する研究が蓄積されるなど，こんにちの海域史研究の基礎が形成されていった。

　一方，東西交渉史は，戦後も比較的，断続なく研究が続けられていった分野であった。前嶋信次がアラブ史に力点を置きながら海にも目配りをした東西交渉史研究を続けており，彼のもとで学んだ家島彦一は早くも 1967 年には，自身が後に提唱するインド洋海域世界につながる論文を発表している（家島 1967）。こうした動きに加えて，岩生成一が監修に加わった『大航海時代叢書』（岩波書店刊）も 1965 年に刊行が開始されている。

2-3　海域史の本格的な登場

　その後，1980 年代後半より，こんにちの海域史に直結する動向が顕著となっていく。そのひとつとして，戦後に研究を始めた世代による海を跨いだ交流に焦点を当てた単著の刊行が挙げられる。たとえば，村井章介『アジアのなかの中世日本』（村井 1988），荒野泰典『近世日本と東アジア』（荒野 1988），濱下武志『近代中国の国際的契機——朝貢貿易システムと近代アジア』（濱下 1990），家島彦一『海が創る文明——インド洋海域世界の歴史』（家島 1993），村井章介『中世倭人伝』（村井 1993）などが 1980 年代末から 1990 年代初頭に立て続けに出版された。それらでは，一国史観が政治的，商業的ネットワークによって相対化されたし，境界が持つ分断の性質を巧みに操り，逆につなげてしまうような境界人に新たな光があてられた。鎖国といった概念にも強い再検討が施された。また，フェルナン・ブロデルの『フェリーペ 2 世時代の地中海と地中海世界』の邦訳（邦題『地中海』）も 1991 年から出版が始まる。社会経済史の分野では，特に 1984 年の社会経済史学会大会の共通論題「近代ア

ジア貿易圏の形成と構造」を大きなきっかけとして，従来の西洋中心的な経済史のパラダイムを揺るがすことになるアジア間貿易論の議論が積み重ねられていく（eg. 濱下・川勝編 1991; 杉原 1996）。

　こうした個々の研究成果の出版と同時期に盛んになっていく研究者間の協働も見逃せない。荒野，石井，村井が編纂した論文集『アジアのなかの日本史』全6巻（荒野・石井・村井 1992-1993）は，その代表例だろう。本シリーズが刊行された 1992 年当時は，ベルリンの壁が崩壊し，ソビエト連邦も瓦解し，天安門事件を経験するという大きな変化のさなかにあった。日本国内においても，バブル景気がその陰りを露わにする一方，韓国や台湾製品が街にあふれ，アジア系出稼ぎ労働者の姿が日常的な光景となっていく時代であった。編者たちは自らを取り巻く世界が急激な速度で変わりつつあることを踏まえ，「刊行にあたって」で次のように述べる。「どんなに堅固にみえる国境も永遠のものでないことが実感される現在，必要なのは，国家利害をすべての上におく思考から自己を解きはなち，異なった民族や地域との自由で多面的な交流を構想することである」と現代社会が直面する課題へのアプローチを提示し，それを歴史学研究に引きつけて，①「民族」の視点，②「地域」の視点，③「比較」の視点をこの論文集で重視することを宣言する（荒野・石井・村井 1992-1993: Vol.1, ii－iii）。編者のひとりである荒野が「日本史研究者の日本史研究者による，自己解体と再構成の試み」（荒野 1993: 122）として意味付けるこのシリーズは，アジアという舞台を用意することで，一国史観に代わる新たな日本史の位置付けを提示している。この試みは，現在に至るまで高い評価を勝ち得ているが，それについては，日本史研究者ばかりでなく，たとえば，斯波義信が「港市論──寧波港と日中海事史」を寄せるなど，日本史の外部からの寄稿者がシリーズに貢献したことも無視できない要因だろう。

　また，イスラーム研究の分野では，重点領域研究「比較の手法

によるイスラームの都市性に関する総合的研究」（1987-1991 年）が
実施され，そこでは，海域史研究において重要な概念となるネッ
トワークに関して，イスラーム研究以外からも研究者が集い，議
論が積み重ねられた（eg.『イスラムの都市性研究報告（研究報告篇・第 8
号）』1988）。さらには，関西を中心にして，海域史に関心を持つ若
手研究者を中心に「海域アジア史研究会」が組織されたのも 1993
年であった。このように，1980 年代後半以降，新たな空間設定や
それを理論立てる概念の検討が行われていったが，その背景には板
垣雄三によって提唱された n 地域論──n は任意数を表しており，
すなわち，どのような地域が設定されるかは所与のものではなく，
何に焦点を当て，何を論じるかという研究者の主体性に基づき選
択される──の影響が少なくない（板垣 1992）。このような研究の
盛り上がりと呼応するかのように，海を舞台とする歴史への一般的
な関心も高まっていった。1989 年には「NHK 特集シルクロード」
の第 3 弾として「海のシルクロード」全 12 回が放映されたし，同
年には「なら・シルクロード博覧会」も開催され，そこでは「海の
シルクロード館」が設営された。これに関連して，1987 年から 3
年がかりで数度の国際シンポジウムや講演会も開催されており，そ
の第 1 回シンポジウムは約 3,500 人の聴衆を集めたとされる（NHK
サービスセンター編 1989: 368）。

　こうした勢いは 1990 年代後半にも引き継がれる。1995 年に完
結した邦訳『地中海』に関連して企画されたシンポジウム「海から
見た歴史──ブローデル『地中海』を読む」では，川勝平太，鈴木
董，二宮宏之，山内昌之，家島彦一，石井米雄，浜下武志，網野善
彦といった日本史，東洋史，西洋史の研究者が一堂に会している
（川勝編 1996）。また，1990 年代後半からは，いくつかの大規模な
研究プロジェクトが発足している。1997 年に始まった「現代イス
ラーム世界の動態的研究──イスラーム世界理解のための情報シス

テムの構築と情報の蓄積」プロジェクトの一環としての港町の比較研究が進められ，また，インド洋海域世界のネットワークに着目した科研費プロジェクトも複数発足した。1997 年に刊行が始まった「新版岩波講座世界歴史」の第 14 巻は，『イスラーム・環インド洋世界── 16-18 世紀』と題され，このシリーズの歴史上，はじめて海洋がタイトルに付された巻となった。この巻の編者である羽田正の総論に加え，複数のインド洋海域世界に関連した論考が寄せられている。また，歴史学とは異なる角度で海域世界を論じてきた東南アジアの地域研究と歴史学が融合したプロジェクトとしてシリーズ『海のアジア』全 6 巻（尾本・濱下・村井・家島編 2000-2001），これに続き，港町を主題とするシリーズ『港町の世界史』（歴史学研究会編 2005-2006）全 3 巻も刊行された。

　このように，1980 年代後半以降，新たな世代によって担われるようになった海に焦点を当てる研究がそれぞれ孤立してではなく，場合に応じて連結し，また，様々な隣接分野ともリンクしながら展開されていった。こうした基礎の上に，次に論じる海域史ブームが迎えられる。

2-4　海域史ブームとそれ以降

　グラフ 1 は，日本学術振興会の科学研究費助成事業データベースから，歴史学関連の「海域」や「海洋名称＋世界」（たとえば，大西洋世界など）を課題名に含む 102 件の課題を年代順に並べたグラフである。1984 年に最初の事例がみられて以降，1990 年代後半からコンスタントに 1-3 件程度が採択されるようになるが，突出しているのが 2005 年である。この年の採択課題 11 件のほとんどが，同年から 5 年間にわたって実施された文部科学省科学研究費補助金特定領域研究「東アジアの海域交流と日本伝統文化の形成──寧波を焦点とする学際的創生」に関わる課題である。この特定

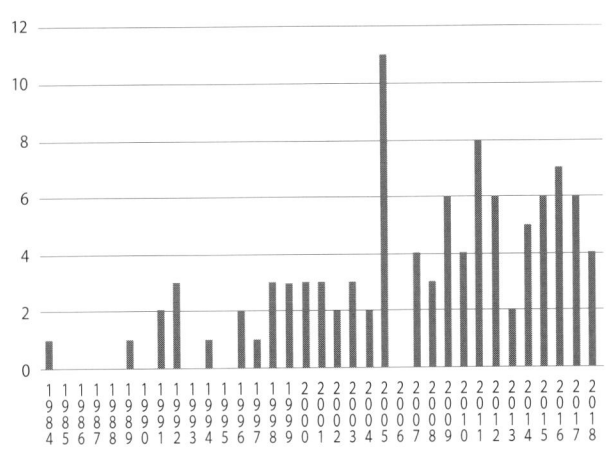

科学研究費助成事業に採択の海域史関連課題数

　領域研究は，それまで様々な分野で行われてきた東アジア海域にお
ける交流の実態を統合し，この海域の変容過程を解明することを通
して，それがいかに日本のいわゆる伝統文化の形成と連関していた
のかという問いに答えることを目的としていた。このプロジェクト
の代表を務めた小島毅によれば，プロジェクトを通して 34 の期間
研究が実施され，約 200 名の研究者が参加した極めて大規模なも
のであった。現在までのところ，「東アジア海域叢書」として 14 冊，
シリーズ「東アジア海域に漕ぎ出す」として 6 冊が刊行され，また，
参加研究者による研究成果にもこのプロジェクトの成果が反映され
ているものは少なくない。このプロジェクトの成果としてシリー
ズ「東アジア海域に漕ぎ出す」から刊行されたのが，羽田正編・小
島毅監修『海から見た歴史』（羽田編 2013）であった。この著作は，
多様な専門を持つ総勢 30 名にのぼる執筆者が名を連ね，それぞれ
の章を数名が担当している。これ以前には，異なる専門を持つ歴史
研究者が共同で海に関連する研究を刊行する場合，論文集や座談会

などの形式がとられていたのに対し，この著作はまさに共同執筆の形で構成されており，その背後には，専門を異にする研究者間の緊密なコミュニケーションが見え隠れする。また，これに先立って，2008年に刊行された『海域アジア史研究入門』（桃木編 2008）も同様に，日本史，東洋史，西洋史の専門を超えて，32名の執筆者が海域史に関連する多様なテーマについて入門講義を展開する体裁をとっている。執筆陣の母体は先述の海域アジア史研究会である。

　このような海域史ブームの背後に，グローバル化という現象があることはいうまでもない。2000年代以降になると，国境を越えた人やモノ，情報，カネの移動が日常生活のあちらこちらでますます目に付くようになっていき，グローバル化という言葉も広く人口に膾炙していった。こうしたなかで，既存の境界によって分断されているはずの単位同士がつながっていく実態を目の当たりにしたり，そうしたつなげる行為に自らが加わっているのを感じたりすることは，決して特別ではなくなっていった。こうした背景のなかで，既存の歴史像についても，学術の世界に留まることなく，広く，多様な立場から再考が強く求められていった。加えて，とりわけ，東アジア海域史に関しては，2000年代に入って広く社会的な関心を集めるようになっていった日中韓における歴史認識問題も無視することができない。既存の世界観や歴史像の前提となってきた境界や地域単位の限界がますます明確になっていくこうした時代状況のなかで，海域史研究に新たな歴史像構築の期待が寄せられていったといっても過言ではないだろう。

　こうした海域史への期待はこんにちにも続いている。より近年に至っては，2013年から2016年にかけて，文部科学省私立大学戦略的研究基盤形成支援事業として，立教大学で「21世紀海域学の創成──『南洋』から南シナ海・インド洋・太平洋の現代的ビジョンへ」と題される共同研究が実施されもしている。また，科研費採

択課題についていえば，2005年以降，ほぼ毎年，それ以前と比べて高い水準で，海域史やそれに準じる課題が採択されているし，それらの具体的な研究対象の空間は大西洋を含むなど，より多様化している。

第3節　海域史研究の現在地点とその課題，そして可能性

3-1　海域史とグローバル・ヒストリー──海域史研究の現在地点

　こうした経緯をもつ海域史研究は，他の言語による海に焦点を当てた歴史研究にはみられない既存の空間枠組みへの強い批判と新たな歴史像の提示という強い欲求を内包している。

　マリタイム・ヒストリーなどの分野と較べれば，海域史研究が持つこうした性格は独特である。しかし，それは海域史研究が孤立していることも，孤立してきたことも意味しない。たとえば，ブロデルの地中海研究や，それに大きな影響を受けたインド洋世界Indian Ocean World に関する一連の研究は，海域史研究が標榜してきた新たな歴史像の構築と共鳴する部分が少なくなく（鈴木2016: 80-85），現実にこの分野の研究の進展に大きな影響を与えている。先に述べたように，ブロデルの『地中海』は邦訳に留まらず，刊行を記念したシンポジウムの講演録や入門書（浜名 2000）といった関連書籍が刊行されている。先述の『海から見た歴史』の執筆に先立って，関係者が『地中海』を輪読する研究会を開催してもいる[5]。より近年では，日本内外で展開されているグローバル・ヒストリーと呼ばれる分野の持つ性格とも，海域史のそれはきわめて共通している。ここでは，ちょうど海域史ブームに前後して歴史学研究で注目されるようになったグローバル・ヒストリーとの相関性に着目して，海域史の現在地点を考察したい。

　21世紀に入り，現代世界におけるグローバル化の明白な進行と

それに連動した既存の政治・経済秩序の揺らぎのなか，アメリカ合衆国などで盛んに議論されるようになったグローバル・ヒストリーは，日本でも2000年代半ばごろから，徐々に本格的に議論されるようになっていく。何をもってグローバル・ヒストリーと呼ぶかには様々な意見が存在するが，最大公約数をとって，地球規模の視座で歴史を捉えようとする試みとしてここでは捉えたい。これが日本の高等学校で教えられてきた世界史とどのように異なるのかといえば，教科科目としての世界史が，基本的には各国，ないしは各地域の歴史の総和であるのに対して，グローバル・ヒストリーは，それを総体として描くことに力点を置こうとする違いがある。したがって，後者では，国や地域といった歴史研究の単位（歴史単位）の自明性が問われ，一国史観や中心史観を克服することの重要性が強く意識される（水島 2008: 3-5; 秋田 2008: 35; 羽田 2011: 67-90）。こうした志向を持つ日本のグローバル・ヒストリー研究で重要視されるのが海の視点である（水島 2008: 15-16; 秋田 2008: 35; 羽田 2011: 140-143）。インド洋海域ネットワークに関するプロジェクトを率いた水島司や，東インド会社や港町研究に携わってきた羽田正が，グローバル・ヒストリーについて活発な研究活動をしてきたことは決して偶然ではない。また，日本におけるグローバル・ヒストリーの勃興と海域史のブームとが時期的に重複しているのは，問題意識における双方の密接な関係を如実に表しているといえよう。

　地球規模の歴史を構想しようとするグローバル・ヒストリーは，境界や歴史単位に敏感で，それらを批判し，オルタナティヴを提示してきた海域史を参照系のひとつとしている。しかし，この参照系は果たして十分に機能しているのだろうか。このような疑問を発するのは，研究者が既存の歴史単位を批判し，そのオルタナティヴとして海域を提示し，その歴史を叙述するという行為には，ふたつの相矛盾する作用が見出せるからである。ひとつは，海域史を語れば

語るほどに，既存の歴史単位とそれを形作る境界線が開放されていくという作用である。しかし，この相対化と同時に，繰り返し語られることで，海域は新たな境界線を自ら描き，それ自身が閉鎖していくという作用も併発する（鈴木 2016: 90）。換言すれば，海域史が語られれば語られるほどに，既存の歴史単位が解体していくのと引き換えに，海域という新たな歴史単位が立ち上がっていくのである。村井章介は，この点に関連する警鐘を繰り返し鳴らしている。たとえば，2011 年に発表した「日本史と世界史のはざま」という短い文章のなかで，次のように明言する。「現在，一国史の狭さを超えるという課題意識から提起されている『東アジア』『東部ユーラシア』『海域アジア』といった地域設定は，それが外在的あるいは固定的な認識枠となってしまうならば，ない方がましである」（村井 2011: 38，村井 2016: 18 にも同様の言及）。このように，海域史研究を参照系とするグローバル・ヒストリー研究を，逆に参照系にして海域史研究のあり方を検討すると，既存の境界線を開放しながら，同時に，新たな境界線のなかに閉鎖していくという海域史研究が孕む自己矛盾が顕在化する。

3-2　海域史研究における閉鎖と開放

　この自己矛盾について考察をするところから海域史の展望を開いてみたい。最初に，海域史研究が新たな境界線を自ら描き，その内に閉鎖していく性質について考察したい。そのうえでは，「海域」という言葉そのものが有する性質に注目することが重要だろう。海域の「域」とは，限られた空間範囲を指し示す語にほかならない。海域という言葉自体が閉鎖のニュアンスを強く包含しているのである。それを確認したうえで参照したいのが，学問一般における「海域」という語の用いられ方である。この点において，先に用いた科学研究費助成事業データベースは一種のコーパスを提供する。そこ

で，このデータベースを検索すると，1966年度から2018年度までの採択課題のうちで文系，理系を問わず791件の課題が「海域」という言葉を用いており，すでに1966年度には「海域」を含んだ理系の研究課題が3件採択されている。「海域」関連課題全体の7割強は環境学，水産学や船舶海洋工学，地球科学といった分野に関する課題であり，それらでは一定の限られた海洋空間をアプリオリに設定し，それを「海域」と呼びならわしている。また，国際法や経済学，政治学といった社会学系の課題における「海域」もまた，理系の諸分野と同様の用法で用いられている。

　一方，歴史関係の課題は全部で92件を数えるが，そのなかで最も早い採択課題でも1984年度に遡るにすぎない。つまり，すでに「海域」という語が歴史関係の研究者によって頻繁に用いられる以前に，学問一般において，この語自体は閉鎖のニュアンスを強く有する空間概念として定着していたのである。

　これに関連して，通常，海域史は「○○海域史」，「海域○○史」などとして呼びならわされる。「○○」の部分には，東アジアや東南アジアといった既存の地域名称，あるいはインド洋や大西洋といった海洋名が入る。たとえば「東南アジア海域」や「インド洋海域」といった場合，東南アジアという地域に含まれたり，隣接したりする海洋が「東南アジア海域」になるのであり，地理的なインド洋の範囲が一般的に「インド洋海域」で想起される範囲となる。このような命名自体が，海域史の空間範囲を限定することにつながってもいる[6]。

　この点を踏まえると，既存の歴史単位を相対化させてきた海域史研究の有する開放性は，上に指摘したような閉鎖性に包まって育まれていったといえよう。たとえば，東アジア海域であれば，東アジアという地域概念に対応する海を中心とした場——東アジア海域——が設定される。それは通常，東シナ海とその周辺を指し示して

いる。そのように海域を設定したうえで，そこを行き交うヒトや
モノ，情報，カネといった事物に焦点が当てられ，その移動やそれ
がもたらす影響が明らかにされる。そうして明らかにされた事物の
移動やそれがもたらす影響というのは，国や地域といった既存の歴
史単位を中心とした従来の見方では見えず，海域を設定することに
よってはじめて見えるのであると主張される。つまり，既存の歴史
単位を海域史が開放するのである。しかし，その開放性は，あくま
で「東アジア」の範囲内で発揮されるのであり，「東アジア」自体
は解体されない。そうだとすれば，「東アジア海域史」の有する開
放性なるものは，「東アジア史」のそれとどう違うのだろうか。「東
アジア史」が陸も海もその視野に含むのであれば，そちらの方が
よりダイナミックな歴史像を提供できるように思える。あるいは，
「東アジア史」が陸域中心だとするならば，海を中心にして論じら
れる「東アジア海域史」は確かにそれとは異なる歴史像を提供でき
るだろう。しかし，フィルムでいえば，それはポジとネガとをひっ
くり返しただけの純粋な意味でのオルタナティヴでしかなく，「東
アジア」という歴史単位自体はそれほど揺るがないように見えるし，
それを語れば語るほど新たな境界線を帯びるようになっていくのも
容易に想起される。

3-3　発想としてのネットワーク──「ノード＝ネットワーク」と 「フロー＝ネットワーク」

　もちろん、既存の歴史単位のオルタナティヴとして海域を論じる
意義がないわけではない。既存の歴史単位では光があてられてこな
かった人びとの活動に光を当てるのは、そのようなオルタナティヴ
の歴史単位がなせる大きな貢献だろう。しかし、海域史研究を総体
として見る場合、それが蓄積してきた問題意識はそこだけに収斂し
ないはずである。本書の目的は、オルタナティヴとしての海域とそ

の歴史研究の存在意義や重要性を十分に認める一方で、海域史研究のもうひとつの可能性を提示することにある。そこで着目するのが、この分野で常に着目されてきた移動である。ヒトやモノ、情報、カネの移動は常に海域史研究の焦点となってきた。そうした移動が海域という歴史単位の基盤を構成するという見方は根強く、多様な移動の総体はしばしばネットワークとして理解される。筆者の考えでは、このネットワークが海域史の自己矛盾を生み出しているのと同時に、新たな歴史像を築く足掛かりにもなる。そこで、以下ではネットワークに焦点を移していこう。

　ネットワークは多義的な概念である。たとえば、立本成文は次のように述べる（立本 2008: 190）。すなわち、ネットワークとは網状組織のことであり、ネットワークのネット（網）とはノード（点）とライン（線）とで結ばれた構造物である。点は個人、集合体、組織体、都市、国家にもなりうるし、点と点をつなぐ網の素材も、紐でできていたり、ナイロンや鉄線だったり多様である。したがって、ネットワークという言葉から想起されるのは、クモの巣から、鉄道網、神経網、情報交換グループとやはり多様である。ここに言葉を足すならば、たとえば、鉄道網の場合、線路だけがあってもそれは生きたネットワークにはならない。そこに鉄道が走ること、つまりフロー（事物の移動）があることで、はじめてラインは活力を有し、ラインを介してつながるノードも相互作用を生み出すようになる。また、そのフローがいかなるものかでネットワークの性質も変化する。鉄道網であれば、フローが貨物列車なのか、客車なのか、各駅停車なのか、快速なのか、特急なのか、それらによっても、同じノードとライン，フローからなるネットワークの性質は異なっていく。

　このように、ネットワークとは、ある関係性を網状組織に模して理解する方法なのであり、いろいろな対象がネットワークとして理

解できるし、その機能もいろいろに捉えることができる。逆にいえ
ば、ネットワーク概念とは、使用の意図や着眼点が不明確な場合
は、きわめて混乱した概念になってしまう。そこで注目したいのが、
ネットワークを発想する際に、どこに着目するかという問題である。
たとえば、ある人間集団を形作る結合はネットワークとして捉えら
れる。その場合、まず、対象となる人間集団の成員が確定され、そ
の成員間でいかなる関係性が存在するのかが観察される。この場合、
着眼点はまずノードにあり、そのうえで、ノード間のフローがいか
なるものかが観察される。こうして、対象となる人間集団の結合の
あり方が論じられるのだが、この議論は、その集団の内と外とを区
別することと表裏一体の関係にある。つまり、この場合、ネット
ワークはその発想のプロセスからおのずと一定の領域を有すること
になる。このようにノードにまず注目して構想されるネットワーク
を、ここでは仮に「ノード＝ネットワーク」と呼ぶこととする。

　これに対して、海域という歴史世界そのものもネットワークとし
て捉えることができるが、その場合、発想の手順としては、むし
ろ、フローに着目することから始められるのではないだろうか。と
りわけ、海域を論じることによって既存の空間枠組みへ挑戦する意
図を強く持つ場合は、ヒトやモノ、情報、カネのフローが既存の
境界を飛び越えていくありように注目が集められる。まず着目され
るのは、フローである。その場合、まず、フローの拡がりを把握し、
個々のフロー同士の交錯点としてノードが見いだされる。このよう
にフローにまず着目し、そこから発想するネットワークを「フロー
＝ネットワーク」と名付けよう。

　どちらの発想に立つにせよ、最終的にノードとフローの双方を備
えるネットワーク構造を描く点では同じである。しかし、「ノード
＝ネットワーク」があらかじめノードを定めていることから、その
拡がりが有限であり、それゆえに閉鎖の性格を帯びるのに対して、

フローからネットワークが描かれる「フロー＝ネットワーク」では、フローの伸長がまず観察される。そして、ノードはそのようにして伸びていくフロー同士の交錯点に過ぎない。その場合、ネットワークの拡がりというのは、有限ではなくなる。そのようなネットワークには、「ノード＝ネットワーク」と対照的に、開放の性格を認めることができるだろう。

　ネットワーク自体が関係性を考察する概念であり、それは一定の空間的領域を想起させる「海域」と本来的に矛盾する概念であることは、すでに指摘されてきたが（cf. 桜井 1996: 13 註 9;「座談会 環インド洋世界のネットワーク」2000: 52）、上のようにネットワーク概念をどこから発想するかに注目して整理すれば、そのような単純な見解には再考の余地が生まれる。すなわち、「ノード＝ネットワーク」の場合、自然科学などでも用いられる「海域」とその性格がきわめて類似するのである。つまり、港町や寄港地をノードとして、そこからネットワークを論じようとすれば、おのずとその拡がりは限定的になり、「海域」という語が持つ空間範囲を限定しようとする性格と共鳴する。しかし、「交流」や事物の移動に注目して構想される「フロー＝ネットワーク」の場合、その拡がりはきっちりとした「域」として把握することはできない。このようにネットワーク概念を整理したうえでこそ、ネットワークと海域との矛盾はその姿を顕在化させるのであり、ここにこそ海域史研究の抱える「開放性」と「閉鎖性」をめぐる自己矛盾の根幹、そしてそこからの脱出の活路——その先には新たな歴史像を築く足掛かりがあるはずである——とを見ることができるのだと思われる。

3-4　本書の構成と内容

　本書が目指したいのは，この「フロー＝ネットワーク」の発想のもとで，東アジア海域という新たにおぼろげながらではあれ，生ま

れつつある境界線を越えて，フローが拡がっていく地平を可能な限り示し，そこにいかなる関係性が介在しているかを含め，そこに拡がる眺望を読者と共有することにある。我々が「東アジア海域」として捉える空間範囲からはみ出していく，あるいは東アジア海域内部の複雑な事物の移動を追い，それが創り出す多様な関係性を明らかにするなかで，海域史研究が自ずと抱え込む自己矛盾を乗り越え，新たな歴史像を築く足掛かりを築きたいのである。その歴史像は，おのずと世界全体を眺望しようとする意味でのグローバル・ヒストリーに接近していくだろう。ここで注意を喚起したいのは，必ずしも以下の議論で「ノード＝ネットワーク」を除外するのではないことである。むしろ，「ノード＝ネットワーク」として想起される商人集団などが，いかに「フロー＝ネットワーク」の一部として機能化するのかは本書の重要な論点となる。

　編者を含めた多くの執筆者たちは，幾度かの共同研究会を実施し，意見交換を重ねた。編者からの要求としては，上に述べたような眺望が東アジア海域から開けるような内容を執筆者にお願いするに留めた。また，構想の過程で，海外の研究者にも声を掛け，その趣旨に賛同してくれたお二方にも寄稿してもらった。その結果，8世紀から18世紀までのあいだの東アジア海域がより広い世界と密接な関係を持つ局面に着目し，その構造や動態を解明するうえで重要な論点を豊富に含む7本の論文を本書に収録することができた。本書の順番は，この序論のあと，各章が扱う主要な時間範囲に従って，時代順に並べた。各章の概要を以下にまとめたい。

　デレック・ヘン論文は，1998年にインドネシア・スマトラ島東岸付近のブリトゥン島の約1.6 km沖合で発見された沈船を題材に，この通称「黒石号」の中国における商業活動を論じている。黒石号は船体構造などからインド洋のダウ船であることが確実視されており，大量の積載物も発見されたことから大きく注目されてきたが，

その商業活動については，これまで十分に解明されてこなかった。ヘンによれば，黒石号の航海は 824 年とされ，それは黄巣の乱の約半世紀前にあたる。この乱によって，当時，数十万単位で広州や泉州に在住していたアラブ・ペルシア系コミュニティは壊滅的な打撃を被ったとされている。黒石号はこのような黄巣の乱以前の中東と東アジア海域とを結ぶ交易活動の在り方を具体的に伝える，ヘンの言葉を借りれば貴重な「タイムカプセル」なのである。ヘンは航海の季節性と中国で獲得された積載物の生産・輸送の季節性を連動させ，また，黒石号の中国における商業活動を媒介した仲介者の存在にも目を配り，この謎に満ちたダウ船の航海・商業活動の実態解明を試みている。

　向正樹論文と山内晋次論文が対象とする時代は，いわゆる「パクス・モンゴリカ」の時代にかかる。この時代はいわゆる中世の気候温暖期の後半にあたり，ユーラシア各地で人口増加や農業生産の拡大，商工業の発達が見られ，それらを背景にユーラシア規模で人びとの活動が連動した時代であった（向 2019）。

　向論文が注目するのは，中国沿海部のムスリムたちのあいだにみられるアイデンティティである。向は，各地に遍在する墓碑を丁寧に収集し，そこに刻まれる章句からこの問題に切り込む。墓碑の分析から明らかになるのは，「さすらいの人の死＝殉教」という預言者の聖伝承に基づくメッセージであり，向はそこに外来のムスリムとしての「非実体的なディアスポラ」を見出す。そして，この「非実体的なディアスポラ」とは現実のヒトの移動によって形作られる「実体的なディアスポラ」と折り重なるように広がっていく。ただし，「パクス・モンゴリカ」の時代が終わり，明代以降になると，このふたつのディアスポラが袂を分かつようになる。また，「非実体的なディアスポラ」自体にも変化が生じていく。明朝の臣となり，また，もはや「さすらいの人」ではなくなった彼らは新たなアイデ

ンティティを模索する。そうした実体的／非実体的ディアスポラ双方の動態が論じられるのである。

　山内論文は，14世紀から16世紀にかけての硫黄の流通（「硫黄の道」）を題材とする。硫黄はいうまでもなく，火薬の原料として不可欠であり，唐末に発明された火薬が五代十国時代の混乱のなかで武器への転用が進められていくと，その需要が不断のものとなっていく。特に本章が対象とする時代には，高麗王朝に火薬・火器技術が伝来していたのは確かであるなど，硫黄の需要は確実に広域にわたって増加していた。山内は，日本・琉球・朝鮮・明のあいだの交易関係を丹念に検討し，それらを相互に連関させ，構造的に把握するなかで，この時代に生まれていく硫黄の道の複線化を明らかにする。ここでいう複線化は，新たな産地や消費地の登場だけに起因するのではない。それらに加えて山内が重視するのは，流通にかかわる人びとの戦略である。

　中島楽章論文と伊川健二論文とが対象とする時代は，いわゆる「大航海時代」の初期にあたる。ヴァスコ・ダ・ガマがインド亜大陸西岸のカリカットに到達できた要因として，アフリカ大陸東岸のマリンディでインド系ともアラブ系ともされる水先案内人を獲得した事実は広く知られている。このように，ポルトガル勢の東アジア海域へと向かう東漸とそのなかでの商業活動とは，ポルトガル勢が独自に開拓を進めていった結果ではなく，彼らの行く先々での多様な交流――そこには武力的な衝突ももちろん含まれる――の結果でしかない。

　中島論文では，中国到達以前にポルトガル勢がインド亜大陸で獲得した中国情報に焦点を当てる。向論文や山内論文が対象とした「パクス・モンゴリカ」の時代には，マルコ・ポーロを筆頭に，中国を訪れた商人や宣教師の記録がヨーロッパに伝えられることで，ヨーロッパの人びとは同時代的な中国情報を獲得することができた

が，明朝成立以降は 150 年の長きにわたって，新たな中国知識が
ヨーロッパにもたらされることはなかった。それが大きく塗り替え
られるのが，ポルトガル勢の東アジア海域への進出である。この進
出は，長いあいだ更新されなかった古い知識に基づいていたもので
はなく，ポルトガル勢はインド亜大陸において，中国に関する情報
を入手していた。それが鄭和艦隊の記憶である。鄭和艦隊のインド
洋進出の事実を，インド亜大陸で出会った人びとの記憶を通して，
ポルトガル勢は知ることになるのである。

　伊川論文が冒頭で提示する疑問とは，ポルトガル勢の中国到達以
降の東への航路延長に要した時間の長さをいかに説明するのかとい
うものである。伊川はその答えを東アジア海域内の動向，すなわち
海禁と倭寇活動との相克のなかに求める。明朝領域内の人びとの出
国制限とその領域外の人びとの入国制限の双方を含む意味での「海
禁」下で，ポルトガル勢は東への航路の拡張を阻まれる。そこで，
彼らが結びつくようになったのが，そうした規制に抗って，沿海部
で活動をしていた倭寇や密貿易者と呼ばれる人びとであり，彼らと
協働するようになった結果，ポルトガル勢は最終的に日本までたど
り着く。伊川が注目するのは，そのような海禁と倭寇活動の相克の
実態であり，とりわけ密貿易港について，地名比定を含めて，その
機能を解明する。

　アンゲラ・ショッテンハマー論文と野上建紀論文は，ともに 16
世紀末以降，東アジア海域が太平洋を経由して新大陸とも関係を持
ち出す時代を扱っている。この時代は，近年，東アジア海域史のみ
ならず，グローバル・ヒストリーの文脈でも重要性が認められてい
る。たとえば，デニス・フリンは 15 世紀最末期に新世界が旧世界
と大西洋経由で結ばれ，その後，16 世紀後半にはマニラ・ガレオ
ン交易によって双方が太平洋経由でも結ばれた点をもって，そこに
グローバル化の起源を見出している。とりわけ，新世界の銀が旧世

界にもたらされた影響は広く知られている。マニラ・ガレオン交易が開始されたのは1565年，マニラ市が建設されたのは1571年であるが，ちょうどこの頃，東アジア海域が大きな変動を経験していたことも見逃せない。中島楽章によれば，16世紀中葉までに，海域と内陸アジアとの双方で，明の朝貢貿易体制が実質的に破たんし，各地で政治権力から距離を置いた交易が活発化しており，明朝の側も朝貢／海禁政策を大幅に緩和するようになった。こうして，1570年前後には貿易相手国との関係に応じて複数の交易ルートを併存させるという，朝貢体制に替わる「1570年システム」が構築されていく（中島 2011: 20-21）。このように，東アジア海域内で新たな交易秩序が立ち上がろうとするとき，南北アメリカ大陸とも直接的な関係を有するようになるというダイナミクスも現在，大いに注目されている。

　そのような新大陸銀の流通を考えるうえで興味深いのが，太平洋を跨ぐ水銀の密貿易を主題とするショッテンハマー論文である。北アフリカで最初発見されたとされる水銀アマルガムの一種「パティオ・プロセス」の再発見とポトシなどの銀鉱の発見は，ともに16世紀中葉に生じた。これがいわゆる新大陸銀として世界を席巻するのだが，水銀アマルガムで銀を鉱石から取り出すには，当然，水銀は欠かすことができない。ヌエバ・エスパーニャ内にも辰砂（赤色硫化水銀）の生産地は存在したが，水銀の貿易は王室の監督下に置かれる。このような状況のなか，東アジア海域から水銀の密貿易が行われるようになる。ただし，石見銀山など銀産出地を有する東アジア海域には高い水銀需要が存在していた。本論文は，そのような状況のなかで行われる太平洋を跨ぐ密貿易の実態を明らかにする。

　野上論文は，17世紀，景徳鎮や肥前を産地として，太平洋を渡った磁器製チョコレートカップに焦点を当てる。新大陸において，現地の人びとに飲用されていたチョコレートと出会ったスペイン人た

ちは，当初，それになじむことができなかった。しかし，シナモンや砂糖を加え，熱して飲むことで，次第に受容するようになると，専用の容器を求めるようになる。新大陸におけるチョコレートとスペイン人との邂逅が，東アジアに新たな種類の陶磁器生産の需要を引き起こしていたのである。なおかつ，肥前の場合であれば，注文を受注し，それを生産者に伝え，生産された製品をマニラに届けるのがオランダ東インド会社であったように，生産から消費のあいだに多様な人びとの参画を見ることができる。そのようなチョコレートカップの流通について，野上は広範な出土遺物の調査を踏まえ，その特質と変容を物質文化研究の視点も加味しながら明らかにする。

　このように，本書に収録された各論文は，東アジア海域を行き交う様々な事物が，様々な時代の局面でその空間範囲を飛び越えて躍動するあり方を明らかにしている。読者におかれては，各論文の眺望の拡がりを，別の論文との時間的・空間的な連続性のなかで読んでいただきたい。そこから浮かび上がる歴史像こそが，新たな東アジア海域史の可能性を示していると考えている。そこで，本書の最後の章では，とりわけこのような眺望を得るうえで重要な概念であるネットワークにひきつけて，編者が本書の論点を整理することにする。

注
1　たとえば，日本海事史学会の会則によれば，この学会は海事史を「船舶・航海・水運・水産に関する人文・技術の史的研究」と定義する（http://kaijishi.jp/pg170.html 最終閲覧日 2019 年 3 月 22 日）。ただし，この学会の英語名称には「マリタイム・ヒストリー」の語が用いられていない。
2　南洋史講座に関しては，（松田・陳 2014）および（周 2018）を参照。
3　戦前の東洋史学の形成とその意義に関するこのような見方については，とりわけ（吉沢 2006）を参照。

4　初出は，板垣雄三「歴史における民族と民主主義」1973 年度歴史学研究
　　会大会全体報告.
5　この研究会については，『東アジア海域交流史現地調査報告──地域・環
　　境・心性』2（2007）: 158-203 を参照.
6　この点については，（桃木 2008）に対する生田滋の批評（生田 2009）も
　　参照.

参考文献

【日本語文献】

秋田茂，2008,「グローバルヒストリーの挑戦と西洋史研究」『パブリック・ヒ
　　ストリー』5: 34-42.

荒野泰典，1988,『近世日本と東アジア』東京大学出版会.

荒野泰典・石井正敏・村井章介編，1992-1993,『アジアのなかの日本史』全 6
　　巻，東京大学出版会.

生田滋，2004,「〈学界展望〉海域東南アジア史研究の回顧と展望」『東洋史研究』
　　63: 3: 132-143.

───，2009,「桃木至朗編『海域アジア史研究入門』」『東南アジア──歴史
　　と文化』38: 230-234.

板垣雄三，1992,『歴史の現在と地域学──現代中東への視角』岩波書店.

NHK サービスセンター編，1989,『シンポジウム・シルクロード──海のシル
　　クロードを求めて』三菱広報委員会.

尾本惠市・濱下武志・村井吉敬・家島彦一編，2000-2001,『海のアジア』全 6
　　巻，岩波書店.

金井圓，1988,「岩生成一先生を偲ぶ」『史学雑誌』97: 1122-1124.

川勝平太，1996,『海から見た歴史──ブローデル「地中海」を読む』藤原書店.

───，1997,『文明の海洋史観』中央公論社.

桜井由躬雄，1996,「陸域と海域」『歴史学研究』691: 2-14.

「座談会 環インド洋世界のネットワーク」『南アジア──構造・変動・ネット
　　ワーク』3(1)（2000）: 52-78.

史学会，1939,『東西交渉史論』全 2 巻，富山房.

白坂義直，1942,『大南洋史』田中誠光堂.

杉原薫，1996,『アジア間貿易の形成と構造』ミネルヴァ書房.

鈴木英明，2016,「インド洋──海から新しい世界史は語りうるのか」羽田編
　　2016, 78-96.

立本成文，2008,「海域とネットワーク社会」小泉格・田中耕司編『海と文明』新装版，朝倉書店，189-199.

田中健夫，2003,『対外関係史研究のあゆみ』吉川弘文館.

―――，2012,『倭寇――海の歴史』講談社.

東京大学史料編纂所編，2002,『東京大学史料編纂所史史料集』東京大学出版会.

東京大学百年史編集委員会，1986,『東京大学百年史――部局史 1』東京大学出版会.

豊見山和行，2006,「琉球列島の海域史研究序説――研究史の回顧と二，三の問題を中心に」『琉球大学教育学部紀要』68: 253-264.

豊岡康史・大橋厚子編，2019,『銀の流通と中国・東南アジア』山川出版社.

中島楽章，2011,「14-16 世紀，東アジア貿易秩序の変容と再編――朝貢体制から 1570 年システムへ」『社会経済史学』76(4): 501-524.

羽田正，2011,『新しい世界史へ――地球市民のための構想』岩波書店.

羽田正編，2013,『海から見た歴史』東京大学出版会.

―――，2016,『地域史と世界史』ミネルヴァ書房.

濱下武志，1990,『近代中国の国際的契機――朝貢貿易システムと近代アジア』東京大学出版会.

濱下武志・川勝平太編，1991,『アジア交易圏と日本工業化』リブロポート.

浜名優美，2000,『ブローデル「地中海」入門』藤原書店.

松田吉郎・陳瑜，2014,「台北帝国大学文政学部南洋史学の成立と展開」酒井哲哉編『帝国日本と植民地大学』ゆまに書房，251-284.

水島司，2008,「グローバル・ヒストリー研究の挑戦」水島司編『グローバル・ヒストリーの挑戦』山川出版社，2-32.

向正樹，2019,「モンゴル帝国とユーラシア広域ネットワーク」秋田茂編『グローバル化の世界史』ミネルヴァ書房，19-70.

村井章介，1988,『アジアのなかの中世日本』校倉書房.

―――，2011,「日本史と世界史のはざま」『学術の動向』16/10: 37-39.

―――，2012,「解説」（田中 2012）に所収，250-260.

―――，2016,「古琉球から世界史へ――琉球はどこまで『日本』か」羽田編 2016，13-39.

桃木至朗編，2008,『海域アジア史研究入門』岩波書店.

桃木至朗・山内晋次・藤田加代子・蓮田隆志，2008,「海域アジア史のポテンシャル」桃木編 2008，1-12.

家島彦一，1967,「インド洋通商史に関する一考察――十二世紀の舶商（na-khuda）Ramasht について」『オリエント』10-1, 2: 193-212, 255.

―――――, 1993,『海が創る文明――インド洋海域世界の歴史』朝日新聞社.
―――――, 2006,『海域から見た歴史――インド洋と地中海を結ぶ交流史』名古屋大学出版会.
箭内健次, 1939,「史学会編『東西交渉史論』」『社会経済史学』9-7: 736-740.
吉澤誠一郎, 2006,「東洋史学の形成と中国――桑原隲蔵の場合」岸本美緒編『東洋学の磁場』岩波書店, 55-97.
李長傳編著, 今井啓一訳補, 1943,『南洋史入門』葦牙書房.
歴史学研究会編, 2005-2006,『港町の世界史』全3巻.

【欧文文献】
Hideaki Suzuki, 2018, "Kaiiki-Shi and World/Global History: A Japanese Perspective," Manuel Perez Garcia and Lucio De Sousa, eds., *Global History and New Polycentric Approaches*, New York: Palgrave, 119-136.

【中国語文献】
周婉窈, 2018,〈臺北帝國大學南洋史學講座, 專攻及其戰後遺緒（1928-1960）〉《臺大歷史學報》61: 17-95.
李東華, 2014,《光復初期臺大校史研究1945-1950》台北：国立台湾大学.

第 1 章

9 世紀の沈船黒石号から
見える港・航海・商人・国家

デレック・ヘン（鈴木英明訳）

第1節　はじめに

　唐代（705-907 年）の海上交易に関する諸研究を通読すると，中国の対外交易全体のなかでも重要性を持つこの交易のいくつかの鍵となる性格を抽出することができる。第一に，東南アジアやインド洋海域のみならず，日本や朝鮮半島の諸王朝ともつながって，中国の海上交易はこの時期に重要性を獲得するに至った（So 2000; Clark 1991）。第二に，国際的な交換が増大するにつれて，政治的な側面においても中国と諸外国の交流が深まっていった。そして，珠江デルタに位置する広州の港が南シナ海を跨いだあらゆる海運と海上交易における最重要の寄航港となったというのが 3 つ目の点である（關 1994; Kuwabara 1928）。最後に，国際交易と国際関係におけるこれらの発達と共に，市舶司の地位が唐王朝によって広州を拠点にして確立された（Wang 2003: 74）。驚くべきことに，このような包括的で一般的な着地点にもかかわらず，10 世紀以前の中国の海上交易の詳細な実態については，多くのことが不明のままである。この時期の海上交易の実態について，私たちの知識は極めて粗雑なのである。

　黒石号の発見と復元は，それゆえに，紀元後最初の千年間における中国の海上交流史を研究する者に一連の挑戦と可能性とを投げかける。沈船とその積み荷は，海上交易がどのように機能していたのかに関するミクロなレヴェルのデータが詰まったタイムカプセルである。中国の国際的な玄関口と物質生産の拠点とをつなぎ合わせる生産と輸送のネットワークの在りよう，それらの生産拠点が海外市場の固有の要求や嗜好に気づき，それらに製品を合致させようとする位相，さらには中国の対外交易における取引相手が関心を示す製品の種類，これらは黒石号の積み荷を通して，その詳細を把握する

ことが可能になるのである。物質的な証拠が引き揚げられ，沈船自体の沈没年代が確定できるのであれば，ミクロ・レヴェルの分析の可能性は，明確に飛躍するだろう。

　しかしながら，黒石号研究の根本的な難題とは，中国の海上交易に関する文献情報にある。この時期のアジア海域における海上交易については，後代と較べると文献情報に乏しい。その結果，黒石号を中国海上交易の歴史的文脈に位置づけることはそれほど容易くない。それにもかかわらず，個人やその活動を地域的な，あるいはグローバルな文脈におけるマクロなレヴェルのパタンのなかに定置するという世界史叙述におけるミクロ・ヒストリーの役割を念頭に置き，それを可能にするようなアプローチや方法論に基づくことができるならば，黒石号から得られる物質文化に関する情報は，中国における，またアジア海域における海上交易の機能と実践とに新たな光を照射する可能性を有するといえよう[1]。この点において，交易や商業そのものに関する文献情報が欠如した状態にあっても，ミクロ・レヴェルの事例研究から引き出された情報とマクロ・レヴェルのシステムや構造とをつなぎ合わせることが可能になるのである。

　以下では，唐代における中国の海上交易に関する4つの側面を黒石号から考察する。4つの側面とは，すなわち，1) 中国の港における寄港の手順，荷揚げ，中国での積み荷の獲得のあり方，2) 黒石号の所有にかかわる問題と，そこから導き出される中国での交易の地元の人びとの役割，3) 中国の海上交易における国家レヴェルの交換が果たした役割，4) 包括的な視点からみる中国の海上交易の姿である。

第2節　中国における寄航港と船積みのプロセス

　唐代において国際交易に従事した中国の港としては，杭州，寧波，

そして広州が知られている。杭州と寧波は揚子江の河口に位置し，基本的には黄海をまたいだ日本や朝鮮との交易に従事し，他方，より南の珠江デルタに位置する広州は南シナ海を航海してきた船の窓口となった。広州が担ったこの重要な役割によって，714年，この地の海上交易と輸送を監督する目的で市舶司が設置されるにいたった。市舶司の業務には，寄港した船舶とそこに乗船していた商人たちの荷さばきと買い入れに関する監督が含まれていた。

　黒石号が東南アジアを経由して中国に到達していたとすれば，寄港から出港までの一連のプロセスはいかなるものだったのだろうか。これを再構成するにあたり，以下のふたつの点に留意したい。ひとつは，中国沿岸の航海活動は，かなりの程度，季節風モンスーンのパタンに左右されていたことである。毎年，11月から2月まで，モンスーン風は一般的に北東から南西に吹く。船はこの時期，北から南へと針路を取らねばならない。一方，4月から9月のあいだは，モンスーンは向きを変え，南西から北東に吹く。したがって，この時期には船は南から北へと針路を取る必要がある（Heng 2012: 64）。アジア海域のセクターからセクターへの移動，また，しばしばセクター内の移動も，こうしたモンスーンのタイミングに左右されていた。

　その結果として，毎年，東南アジアからやってくる船は6月から7月にかけて南中国に到着し，11月から1月はそうした船舶にとって帰港の時期となった。（朱彧『萍洲可談』2: 1a & b）加えて，中国沿岸の航海——とりわけ，長い距離を隔てた港町同士の航海もまた，モンスーン風に依存していた。北へ向かう船の場合には，4月から9月のあいだに航海をする必要があり，南に向かう船ならば11月から1月のあいだに航海を執り行う必要があった（図1-1）。

　考察すべきふたつ目の点は，黒石号の積み荷の生産地である。積み荷には大量の長沙窯陶磁器が含まれており，鞏県，定，邢の窯で

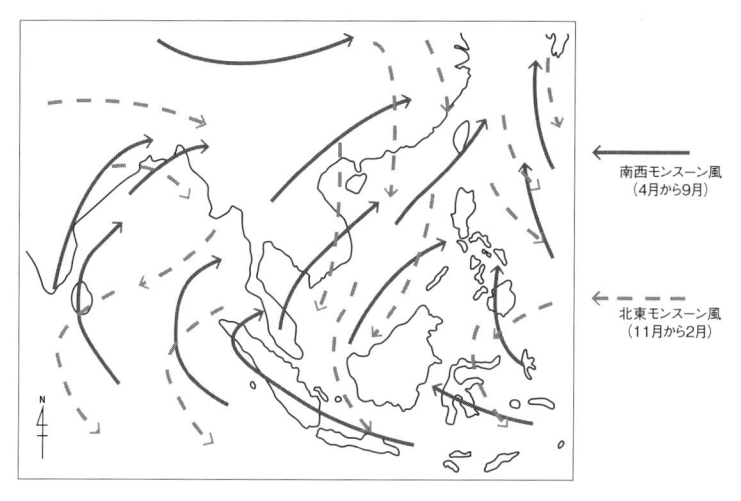

図1-1　アジア海域における季節風モンスーンの風向きと時期

南西モンスーン風
（4月から9月）

北東モンスーン風
（11月から2月）

生産された陶磁器も少量ながら含まれている。長沙窯が湖南に位置するのに対して，上記のうちでそれ以外は中原に位置している。浙江省の越窯産，あるいは広東省の梅県や広州といった南中国産の陶磁器は，積み荷のわずかな部分を占めるに過ぎない。言い換えれば，黒石号の積み荷にみえる陶磁器は中国の中央ないしは北部産によって占められているのであり，とりわけ揚子江や京杭大運河の窯で生産されたといえる（図1-2）。

　これらのふたつの点を踏まえるならば，中国にやってくる船の出発から到着までの一連のプロセスに関して考慮に値するシナリオとは，どのようなものだろう。ひとつは，船が広州に5月か6月に到着するというものである。唐王朝への進貢は，つねに6月から11月のあいだに行われていた。この期間，定窯などの北方のものも含めて，中国産物品の購入は広州で行われ，そして船に積載された。船は東南アジア方面に向けて，同じ年の11月から12月のあ

49

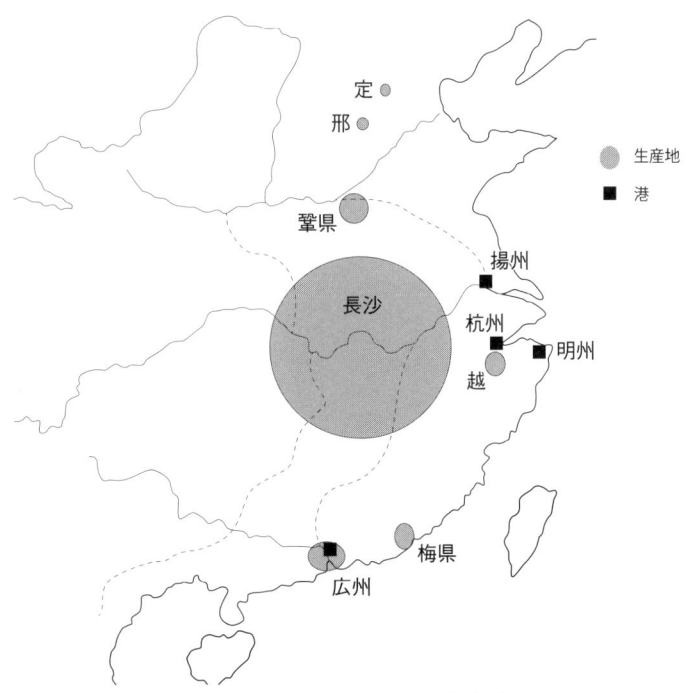

図1-2　黒石号の積み荷にみられる陶磁器の生産地（網掛けの大きさは積み荷に
みられる陶磁器全体のなかのそれぞれの規模に対応する）

いだに広州を出港したと考えるべきだろう。

　このシナリオの場合，黒石号は中国への到着とそこからの出発を
同じ港で行ったことになる。このことは，黒石号の陶磁器の積み荷
が，広州まで長大な距離を旅する必要のあったことを意味する。ま
た，積み荷に見える陶磁器の生産地の多様性は，それらの入手がか
なり複雑な過程を経ており，かつ，費用もかさんだことを暗示して
いる。広東の窯から陶磁器の大部分を購入すれば，そちらのほうが
ずっと容易だっただろうし，より費用効果もあったはずである。積
み荷を到着した港の直接後背地で生産された陶磁器で埋めてしま

うというのは，後代の中国—東南アジアルートの船に見られた方法
だった。たとえば，12 世紀初頭のプラウ・ブアヤ沈船は，積み荷
のほとんどが広東窯産の陶磁器で満たされていたし，13 世紀初頭
のジャワ海沈船が運んでいた大部分は南福建産の陶磁器であった
(Flecker 1997; Ridho and McKinnon 1998)。

　これ以外のシナリオについても，ここで立ち止まって考えてみた
い。第 1 のシナリオと同じように，黒石号は広州に 5 月ないしは
6 月に到着したとまず考えよう。進貢ののち，船は南西モンスーン
に乗って 9 月になる前に杭州，明州，あるいは揚州に向かう。積
み荷の購入と積み込みは中国中部沿岸に到着した後に行う。その後，
東南アジアやインド洋へ向けて同年 11 月か 12 月に出帆する。

　黒石号の積み荷の構成からすれば，乗船する商人たちは揚子江デ
ルタのどこかの港に停泊中に積み荷を獲得したように思われる。八
角などの広東地方の産品や腐敗しやすい亜熱帯産品を運ぶのに用い
た広東産の保存用の壺などは，船が南中国に到着した時に獲得した
と考えることもできるが，揚子江デルタで停泊中に獲得すること
も可能だったろう。

　広州に到着し，通関を済ませてすぐに揚子江デルタに北上すると
いうこの第 2 のシナリオは，黒石号のような船舶にとって多大な
経費削減につながる。まず，陶磁器の集荷作業にかかる費用は，広
州でそれを行うよりも断然に抑えることができた。第 1 のシナリ
オでは，生産地からはるばる陸路を通って，沿岸輸送で陶磁器を広
州まで運ぶ必要があり，その費用は莫大である。湖南，河北，河南
といった陶磁器の生産地から広州までは，いずれもかなりの距離の
輸送となる。さらに重要なのは，揚子江デルタから湖南の長沙窯ま
での距離の近さは，黒石号の商人たち，あるいは彼らの中国におけ
る代理人に陶磁器に関する細かい注文伝達を容易にさせた。このこ
とは，黒石号に積載されていた長沙窯陶磁器の多くにみられる独特

の装飾によって確かめることができる。このように，第2のシナリオのほうが，黒石号の中国沿海における実際の航跡により合致しているように考えられる。

　鞏県窯産の杯をはじめとする陶片の多くにみられる独自性や長沙窯産陶磁器にみられる装飾の種類，それらは中東における生活様式や民族性，用途を反映したものであるが，中国における外来商人の商業的主体性を探るうえでの重要なヒントになる。そして，それらはまた，唐末の中国諸港における外国船の滞在期間についての情報ももたらしてくれる。黒石号が中国から持ち出すことになった陶磁器について出されただろう注文は，陶磁器の完成までに十分な時間を要するものであった。それだけではない。陶磁器の生産に必要な資材の確保に始まり，生産，梱包を経て長沙から揚子江を下り，それらが黒石号に積み込まれただろう杭州までの輸送についても，やはり一定の時間を要しただろう。広州に到着し，杭州まで北上し，そこを11月に出発しようとすれば，いかなる船も杭州で4か月以上の猶予はなかった。そのように考えるならば，黒石号はおそらく北東モンスーン期が始まってからもしばらくは中国に留まり，そのあいだに陶磁器が積み込まれ，最終的には次の北東モンスーン期に中国を発ったと考えるべきだろう。結局，黒石号とその乗組員は少なくとも1年半を中国で逗留しなくてはならなかっただろうはずなのである。

　黒石号の積み荷は，杭州あるいは揚州がこの船にとっての主要な陸揚げ港であっただろうことを示唆する。加えて，中国での逗留期間は，唐末の南シナ海における海上交易や海運の常識からかけ離れるものであった。これらの暫定的な結論は，黒石号に関する別のきわめて重要な疑問にわたしたちを導く。すなわち，この黒石号について，中国における仲介業務はだれが行ったのか，そして，この船は誰によって所有されていたのかという疑問である。

第 3 節　中国における商業仲介者と交易

　黒石号はその所有者の所有と経営範囲に関する数多くの基礎的な手掛かりを与えてくれる。まず，この船の様式については，板を縫い合わせていることから，アラビア海の伝統にのっとった船であることがわかる。建造方法と使われている木材から，研究者たちは，それが中東の人びとの所有であっただろうと結論付けている（Flecker 2000）。

　もっとも，「中東の人びとの所有」とするだけでは，あまりにも漠然としている。この点に関するもうひとつの有力な手掛かりは，船の積み荷であろう。長沙窯産の陶器がほとんどを占めている黒石号の積荷から，わたしたちは船の所有者たちが意図していた海洋交易の在り方に迫ることができる。貿易陶磁であった長沙窯産陶器は，アジア海域各地に考古学的に大変興味深い足跡を残している。スリランカ，スィーラーフ，サーマッラー，バスラ，アンティオキア，カイロ，タンザニアの事例は広く知られているが，それらに限らず，多くの陶片がインド洋沿岸の各地で発見されている。東南アジアでは，クラ地峡の両側から――南側の方がより少ないが――大量の長沙窯産陶器が見つかっている（Tampoe 1989）。それらには，ドヴァーラヴァティーやチャムの遺構から発見された陶器も含まれている。黒石号の積み荷の構成を，チレボンやインタンといった西ジャワ海のいくつかの場所で発見された沈船の積み荷（Flecker 2001; Liebner 2014）やジャワ島中部のディエン高原の寺院群（Team Projek Dieng 2010: 15）出土の陶片と較べてみると，黒石号の積み荷は東南アジア島嶼部ではなく，インド洋沿岸の市場に向けられたものであったと考えた方がよい。東南アジア島嶼部市場の嗜好は，12 世紀初頭や 13 世紀初頭のプラウ・ブアヤ沈船やジャワ海沈船の積み荷から

も理解できる（Ridho and McKinnon 1998; Flecker 1997）。これらの沈船の積み荷と 10 世紀のチレボン沈船のそれとを較べると，構成は互いに非常に共通しているが，黒石号とは共通しない。ここにあげたうち，黒石号以外の沈船の積み荷は，主に広東や福建で製造された緑白釉陶器，鉄製品や鉛のインゴットによって占められている。

黒石号の積み荷は中国から直接，インド洋に向けて積み出され，東南アジア内で取引されたのではない。そこに含まれる陶器は主要なペルシアの遺構から出土した陶器と共通しており，5 世紀から 7 世紀の中東と中国のあいだの直接的な交易を想起させるのである。言い換えれば，黒石号が予定していた中国からの復路は，中国と東南アジアのあいだで寄港するのではなく，直航ルートだったと考えられるのである（図 1-3）。

黒石号が直行ルートを予定し，それに伴った商業活動を行うとすれば，はたして船の所有者たちは中東のどこを拠点としていたのだろうか。研究者たちは，中国の港町に滞在する中東の人びととをひとくくりにして理解しようとする傾向があるが，実際には，彼らは多様な集団から構成されていた。それぞれの集団は中国の港町に滞在するに至る個別の歴史的背景を有しており，そこで彼らが代理人を務める商業ネットワークも異なっていた。また，それぞれの集団は中国のそとで機能する海洋ネットワークにおいて有する性格も異にしていた。さらには，少なくとも唐代では，中国人は，中国において卓越したそうした中東の人びとからなる諸集団を活発に差異化してもいた。

まず，「中東」に匹敵する語は当時，存在しなかった。漢文文献で中東からやってきた人びとを意味する初出の単語は，「波斯」であり，これはペルシアからやって来た人を指し，より正確を期すれば，サーサーン朝からやって来た人を指し示す。サーサーン朝は 630 年代に崩壊するが，その後もこの単語は第 2 千年紀初頭まで用

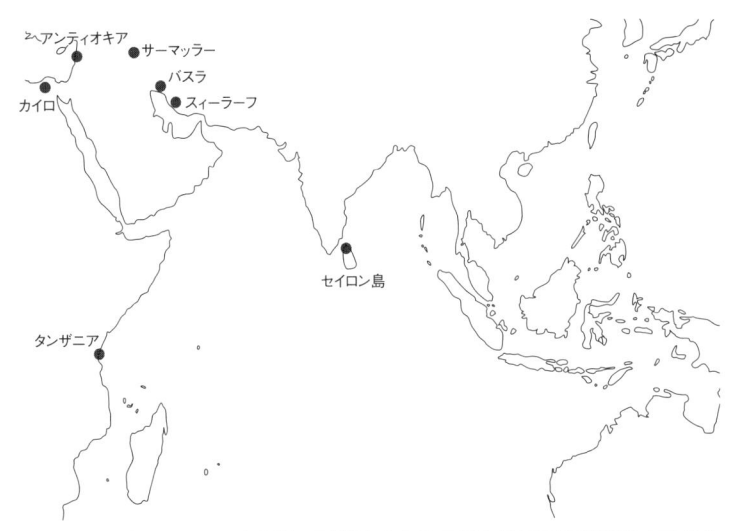

図1-3　アジア・アフリカ海域。網掛けの丸は主要な長沙窯陶磁器出土地点を示している。

いられ続けた。「波斯」はそれゆえに，第一義に，特定の民族集団を指し示すニュアンスを帯びつつも，地政学的な術語だといえよう（Wolters 1967: 133）。

　ペルシア人は唐代以前から中国でその姿を認めることができるが，唐代初頭に彼らのコミュニティは顕著な存在感を示すようになる。630年代にサーサーン朝がアラブに敗れると，中国に亡命宮廷が発足し，同時に多くのペルシア人が揚州を筆頭にいくつもの中国の主要都市に定着する。（朱江 1988: 81-84）興味深いことに，揚州はたしかに沿岸部にほど近く，中国に到着する海上交易にも関与してはいたが，南シナ海交易やインド洋交易の主要な港町ではなかった。揚州におけるペルシア人の商業的関心は，したがって，明州や杭州が接続する海洋ネットワークと内陸後背地とをつなぎ合わせる仲介業に限定されていたと考えることができるだろう（施 1992: 45

-51)。

　これに加えて，8世紀までに，別の中東出身者の集団の目覚ましい活躍が唐宮廷の目に留まるようになる。漢文文献では「大食」としてあらわれるアラブ人は7世紀後半から8世紀にかけて中東で日の出の勢いを獲得する。アッバース朝のもとで行われた751年のタラス河畔の戦いは，アラブの勢力範囲をタリム盆地に及ぼすようになる。これによって，その勢力がかつてペルシア人によって支配されていた中央アジアの西半分にまで及ぶ強力な隣人と唐宮廷は折り合う必要に迫られたのである（Liu 2010: 101）。バグダードにアッバース朝の都が設置されると，アラブ人はペルシア湾と紅海から拡がる海上交易を支配するようになる。それまでペルシアの商人と船舶とによって支配されていたインド洋西海域では，8世紀から9世紀にかけて，次第にアラブの商人と船舶の影響が及ぶようになっていく。その一方で，9世紀初頭までにアラブ人は海域アジアや中央アジアを横切るシルクロードにおいても姿を現し，勢力を保つようになる（陳 1991）。

　その後，アラブ人は唐代のアジア海域において経済的な優勢を誇る一方，ペルシア人たちは同じ交易において凋落していく。前者がアジア海域の方々で積極的に交易に従事できるようになっていく一方，後者の海洋交易はアフリカ東部沿岸，アラビア半島，インド亜大陸の西岸に局地化していく（Lam 1990; Park 2012: 29-31）。

　ベンガル湾を横切り東南アジアや南シナ海へと入り込むいかなる海上交易も，いずれにせよ，局地的であった。アラブ人が新興の政治権力の後押しを受ける一方で，ペルシア人たちは現実的ないかなる政治的な後ろ盾を獲得することもなかった。国レヴェルの関係性を仲介する機会が与えられたならば，ペルシア人たちもおそらくは中国における商業活動が円滑になったであろうが，それは現実には起こらなかったのである。

　「波斯」と「大食」の語は唐代のテキスト中にともに見ることができ，それらは中東出身の異なる人びとをそれぞれ指し示している。このことは，インド洋西海域からやってくる人びとのなかの異なる民族集団と政治的な忠誠を中国人が鋭く意識していたことを示唆する。民族的な差異については，唐代に彼らが逗留したり，中国を訪れた外国船や商人に対して彼らが商業代理人の役を担ったりした港町の違いにも対応している。この時期に多くの中東出身人口を抱えていた港町としては，広州と揚州とを挙げることができる。どちらの港町にも，彼らが国際交易に用いる中国産品を獲得できる後背地があったが，それぞれを拠点とする商業代理人が外来商人や外国船に提供できる産品は異なっていた。外来商人が商業代理人を選ぶにあたって，自らの出身地やそれに近い地域に起源を持つ人びと，ないしは，類似した民族的出自を持つ人びとを選ぶのが宋・元代になるまで続く傾向であったことを念頭に置くならば（Heng 2008），異なる商人集団が本国の市場用に獲得できた陶磁器や布といった産物の種類は異なっていたはずである。

　また，これらの港町に定着する中東出身者が自身のために海上商人としての機能を果たすことも可能であった。つまり，中国に拠点を置くこうした外国人商人たち自らが艤装することもあり，自分たちで商業活動を執り行うこともあったのである。彼らの商業活動は，集団によって大きく異なるものであった。この点において，広州と揚州のそれぞれの中東出身者コミュニティのあいだの差異は顕著になる。

　漢籍史料によれば，広州の中東系コミュニティには移動性があり，南シナ海を股にかけた活動を行うことができた。758年には，中国における政情不安の結果，中東系商人たちは，広州を拠点とするその他の外国人たちとともに，この港町を見切り，東南アジア大陸部の港へと去っていった（劉『舊唐書』6: 4a）。この後，こうした広州

を拠点としていた中東系の人びとは，紅河デルタやジャワ島北海岸など東南アジア各地に新たな交易拠点を形成していった（劉『舊唐書』222c: 3b）。広州のコミュニティがこのように容易に拠点を移転し，新天地である東南アジア各地に定着できた事実は，彼らが758年の移住活動以前から南中国と東南アジアのあいだのあちらこちらで交易活動を行っていたことを示唆する。彼らは移動性に富み，南シナ海を航海する能力も持ち合わせていた。より重要なのは，広州の中東系コミュニティは活動的で，自らを守ることにも，築いた富を維持することにも積極的であり，しかも集団的にそれらを実施していたことである。

一方，漢籍史料からは，揚州のコミュニティついて，広州のそれよりも移動性に優れていなかったことが浮かび上がる。8世紀半ばの中国における政情不安は，760年の揚州における外国人虐殺を招いた。このとき，数千の中東系の人びとの命が奪われたとされている（劉『舊唐書』144: 2b）。興味深いことに，人口自体は思いのほか早急に回復し，漢籍史料によれば，8世紀末には多くの中東系の人びとを擁する都市として再び言及されるに至る。

ここで明らかなのは，広州の場合とは異なり，揚州のコミュニティは移動性に富んでおらず，差し迫る虐殺を避けてどこかに移動することができなかった事実である。揚州のコミュニティはまた，広州のそれと較べれば，東南アジアにも通じていないようだった。したがって，中国沿岸のより南の地域や東南アジアにある無数の港町のような，より安全な場所でコミュニティを再興することができなかったのである。商業的な観点からは，揚州のコミュニティが揚子江流域やより北の京杭大運河沿いの地域からの製品について，外国商人の代理人を務めていたことに疑いはないが，彼らが東南アジア各地から持ち込まれる種々の商品を積極的に管理すること，自ら東南アジアに出向いて商売に勤しむことについては，できなかっ

たようである。

　黒石号の積み荷，想定される航海のパタン，そして広州と揚州とで見られる中東系コミュニティの差異，これらを総合すると，黒石号は，北西インドのパールシーのようなペルシア海洋コミュニティに起源を持つペルシア商人によって運営されていたと考えられる。また，その航跡をたどるならば，黒石号はまず広州に到着し，現地にいる唐の役人たちによる通関をすませ，杭州へと北上し，そこで乗船していた商人たちは揚州のペルシア人コミュニティに迎えられた。このコミュニティを通して，長沙窯へ陶磁器製造の注文が届けられ，これと同時並行で，鞏県，定，邢，浙江の窯からも高品質の陶磁器が集められた。その後，しばらく経つと，積み荷は集積され，船に積まれ，インド洋西海域へと直航すべく出帆したのだが，スマトラ島南部の沖合でもたついた挙句，最終的に沈没した。以上のようにまとめることができそうである。積み荷からは，黒石号がマラッカ海峡の南端で寄港地を探しているあいだに，航路を外れてしまった可能性を読み取ることもできるだろう。この寄港は，単に船の整備と食糧補給を目的としたものであったはずだ。

　このような長距離航海は，東南アジア各地の沈船に関する研究を参照すれば，9世紀にはまれであった。事実，黒石号以外には，東南アジアでは，インド洋西海域に起源をもつ──つまり，縫合船であったことが明らかな──沈船の事例はふたつだけしか知られていない。一隻はタイのサムート・サコンの事例であり，もうひとつはクラ地峡の西岸のトランの事例である（Fernquest 2014）。双方ともに，ベンガル湾と南シナ海を股にかけた交易に従事していたことが中国，東南アジア，南アジア，中東産品を含んだ積み荷から推察される。では，黒石号の問題の航海はどのようにその性格を理解できるだろうか。この疑問に関するあり得る答えは，黒石号が積んでいた黄金についての解釈を施すことによって得ることができるかもし

れない。

第4節　唐代の黄金と国家レヴェルの交換

　黒石号の最も特徴的な点として，積み荷に黄金が含まれていることを挙げられる。この積み荷については，製品の技量が唐代の揚子江デルタでなしうる最高のレヴェルに達していたことが，これまでの研究では指摘されてきた。黒石号積載の黄金製品の装飾様式は，揚子江デルタの職人によって施された銀製品のそれに類似している（Qi 2010: 221）。暫定的な結論とは，それらの黄金製品も，黒石号の商人たちのために，そうした銀製品を手掛けていた工房で制作されたというものである。

　黄金それ自体は，中国ではよく知られた材料であり，新石器時代より希少価値のある貴金属としてその価値を認められてきた。唐代までに，黄金は王朝にとって，価値保蔵と交換の道具として用いられるようになっていった。黄金はこの観点から以下のふたつの主要な機能を有する。第一に，高価値物品の査定や大規模な商業取引はしばしば黄金によって執り行われた。とりわけ銅貨を交換の単位にするとかさばって仕方のない場合などが，そのような場合にあたる。また，黄金自体は，高価値の商品も低価値の商品も大量に取引される中国の海上交易については特に，経済的な道具として特殊ではなかった。

　黄金製品の製作と使用は，その一方で，大変限定されていた。10世紀末の宋の宮廷における黄金製品の使用を統御する儀礼は，基本的には唐から受け継いだものである。つまり，黄金製品は最も高い威信を指し示す象徴として用いられていた。黄金製品は儀礼的な機能を有し，その機能は極めて重要な政治的関係を表現する場合のみにとっておかれた。それゆえに，黄金製品は中国王宮の庇護

のもとで生産され，使用される威信を背負った製品だったのである（Heng 2012: 152）。

　黄金製品のこのような限定的な使用は，考古資料からも確認できる。中国で唐代の銀製品が大量に発掘されたのに対して，現在までのところ，同規模の金製品は発掘されたことがない。事実，唐代の中国製金製品は次の3つの状況においてしか発掘されていないのである。ひとつは皇帝墓群から発掘される場合であり，もうひとつは，宗教的な重要性を持つ建造物の中に納められた聖的な遺物として発見される場合である。陝西省の法門寺の仏塔や敦煌の莫高窟から発見された事例がそれにあたる（Chong 2014; Whitfield 2000）。第3の文脈とは，王権的な重要性を持つ海外の遺構からの発見である。たとえば，奈良の古墳からは唐代の黄金が数点，発見されている。

　国際的な交換の文脈のなかでは，唐代，宋代を通じて，黄金は，宮廷と海外の交易相手のあいだといった国家レヴェルの交換においてのみ，もっぱら用いられた。そのような場合においても，実際に黄金が用いられることはまれであり，そのような贈り物は宮廷がその相手の重要性を認めたことの証でもあった。実際に，中国は国家レヴェルの交換において，相対的には，黄金や黄金製品の受け取り手であった[2]。漢籍史料に基づけば，黄金製品の授与が記録されているのは，638年の高麗への金製品の授与，716年の新羅からの使節への金が縫い込まれた漢服の授与，732年の新羅の使節団への透かし彫り細工を施した金杯の授与，そして，724年のシュリヴィジャヤへの微粒金の帯の授与，これら，わずか4例に過ぎない（Bielenstein 2005: 111-143）。これらの事例に共通するのは黄金製品が外国の使節団に贈られていることであるが，そのような国家レヴェルでの交換において用いられるという事例が散発的にしか史料中にみいだせないのは，そうしたことがまれにしか起きなかったことを反映しているのである。

では，黒石号の積み荷の黄金はどのように理解すべきだろうか。積み荷の黄金は，アジア海域の交易の文脈において，まさにユニークな存在である。この黄金製品について，インド洋西海域のペルシア人コミュニティから送られた使節団に唐の宮廷から贈与されたものであるとする直接的な証拠はない。ただし，漢籍史料には，そのように推論してもよさそうな間接的な情報が存在する。

　まず，唐の宮廷は，8世紀をとおして，中東からの使節団を数多く迎えている。これらの使節団は，名目上はペルシア人や，ウマイヤ朝やアッバース朝治下のアラブ人によって送られたとされている。次の一覧は，そのような使節団を列挙したものである（表1-1）。

　いくつかの点をこの一覧から読み取ることができる。まず，カリフを通じて国家的な後ろ盾を有していたアラブ人は，ペルシア人と較べて，唐宮廷とより一貫した関係性を維持しうるより強い立場にあった。アラブ人たちにとっては，タラス河畔の戦いはふたつの超大国のあいだの交流に拍車をかける重要な契機となり，740年代から770年代にかけてその最盛期が訪れている。この時期，アッバース朝は日の出の勢いであり，唐宮廷がカリフと政治的，軍事的な強い関係を結んだ時期であった（Park 2012: 25, 26）。これとは対照的に，唐宮廷へのペルシア人の進貢はより散発的であり，740年代半ばから翌50年代初頭に若干の集中を見る程度である。

　このような交流は，陸路を伝ってキャラヴァンが，海路を渡って船が中国に到着するところから始まる。すなわち，海路を利用する場合，それは記録上最も早い場合で6月，最も遅い場合で11月，その間で行われることになる。ここでいう「最も早い場合」とは，1116年ごろ完成の朱彧著『萍洲可談』に採録の東南アジアから到着した船団の記録に則り，「最も遅い場合」も同書で言及される中国から南シナ海へ向けて出帆できる最も遅いタイミングに基づいている（朱『萍洲可談』2: 1a & b）。陸路で中国に到達する中東からの使

表 1-1　ペルシア，およびウマイヤ朝・アッバース朝から唐への進貢の一覧

ペルシアからの使節団	ウマイヤ朝／アッバース朝からの使節団
	703 年　3-4 月
706 年　8 月-9 月	
708 年　3 月-4 月	
	711 年
	716 年　7 月-8 月
719 年　3 使節の記録有	719 年　7 月-8 月
722 年　11 月-12 月	
	724 年　3 月-4 月　（馬とスマトラ島北西岸のバールース産樟脳の貢納）
	725 年
730 年　1 月	
732 年　4 月-5 月および 5 月-6 月	
	733 年　1 月-2 月
739 年　2 月-3 月	
	744 年　8 月-9 月
745 年　4 月-5 月	745 年　6 月-7 月
746 年　7 月-8 月　（犀と象 1 匹ずつの貢納）	
747 年　5 月-6 月　（紅玉髄の長椅子 1 台と 4 匹の豹の貢納）	
750 年　5 月-6 月　（舞筵と真珠の貢納）	
751 年　9 月-10 月	
	753 年　2 使節の記録有
	754 年　2 使節の記録有
	755 年　8 月-9 月
	756 年
	758 年　6 月
759 年　8-9 月	
762 年　5 月-6 月および 9 月-10 月	762 年　6 月
	763 年　12 月-翌 1 月
771 年　（真珠と龍涎香の貢納）	
	772 年　秋
	773 年　12 月-翌 1 月
	774 年　8 月-9 月
	791 年　2 月-3 月
	798 年　10 月-11 月
824 年　9 月　（沈香製の小さな東屋の貢納）	
	924 年　10 月

（Bielenstein 2005: 353-366 より筆者作成）

節団はタクラマカン砂漠の西のパミール高原を横切るのだが，それは雪によって踏破できなくなる 12 月より前に行う必要があった。

パミール高原を超えたのち，さらにタクラマカン砂漠を横断するためには，旅行者は夏に旅を始める必要があり，その場合，唐の都にはその年の終わりに到達する（Foltz 2010: 10-16）。長安（現在の西安）が陸路の事実上の終着点であり，そこには外来商人相手の市場が設けられており，彼らとの商業取引や政治的な要求に対処するために，彼らが到着するとほどなく宮廷から派遣された使節団も長安に到達していたとされている（Wang 2014: 107, 108）。

中国に住む代理人は，中国の宮廷に対して国際的な使節団を装うこともあった。彼らのなかには，最近中国にやってきたばかりであるが，故郷に戻るのを遅らせ，中国で冬を越すような外国人の集団も含まれていたはずである。このような使節団は，1年を通して結成されていた。海路で使節団が通常，到着する6月から11月までの時期以外に記録に登場する使節団，また，通常，中央アジアから到着する年末年始以外の時期に登場する使節団，これらは中国に住む代理人たちによって結成された使節団であると考えてよいだろう。

ここまでの議論を踏まえると，先述の使節団についての一覧のなかでアラブに関して言えば，44％が海路，30％が陸路であり，そして，26％が中国在住の代理人によって組織された使節団であることがわかる。この一覧に7世紀の使節団も含むのであれば，キャラヴァンの形態をとる使節団の割合は一層上昇する。このことが示唆するのは，唐宮廷へのアラブ人使節団については，陸路と海路とのふたつの到達方法が主流だったということである。しかし，750年代以降，唐宮廷へのアラブ人使節団のうち，陸路で到達するのは10年から15年に一度の頻度になっている。ここで重要なのは，陸路で到達する使節団は一貫して外交使節団であるとして記録にあらわれるが，海路で到達する使節団に関する情報はより不確かになっている。798年以降，中国側の記録からは唐宮廷に到達したアラブ使節団はみられなくなる。

　他方で，ペルシア人使節団の内訳は，45％が海路から，40％が現地代理人によるもので，15％がキャラヴァンによるものとなっている。言い換えれば，唐宮廷へのペルシア人使節団は海路ないしは現地代理人によるものが中心である。キャラヴァンによる使節団はおそらく730年以降は見られなくなる。外交使節団については，それが明らかな739年の使節団以降，まれになる。771年以降になると，824年のペルシア人使節団が唐宮廷によって迎えられた唯一の事例になる。

　海路を舞台とする中国と中東の外交的交流の実態と唐代の黄金製品の使用のあり方とを重ね合わせれば，黒石号の果たした役割が浮かび上がってくる。9世紀にアラブ使節団が皆無であることから，黒石号の積み荷の一部は，唐宮廷に沈香の東屋を進貢した824年のペルシア人使節団のものである可能性が非常に高くなるのである。

　この824年の使節団についての情報は粗略である。『資治通鑑』には「九月丁未波斯李蘇沙献沈香亭」という記事が見える（『資治通鑑』243）。李蘇沙とはいったい何者か。もし彼がペルシア人だとすれば，すでに述べたように，南シナ海で域内商人として活躍するペルシア人は少なかったことから，彼もそうではなかったと考えるのが自然だろう。では，彼は中国に拠点を置く代理人であったのか，あるいは，長距離交易を専門とする商人だったのか。彼はいにしえのサーサーン朝の残党の代表だったのだろうか，彼は自ら商売を営む人物だったのだろうか。

　われわれはこれらの問いに対して決定的な回答を持っていない。しかしながら，『資治通鑑』の記事の言葉遣いからは，李蘇沙なる人物が唐の役人たちに知られた存在であり，李に対応した役人も初対面ではなかっただろうことが明らかである。おそらくは，824年の使節団はペルシア人と唐宮廷との交流の最盛期にあたっていた。もし黄金製品が使節団の代表に贈呈されたのであるならば，それは

中国にいるペルシア系住民と行政との継続的な経済交流の結果というべきだろう。この経済交流は，サーサーン朝の残党を名乗るペルシア系船舶が中国にしばしば到来したことと，9世紀初頭に入るまでそのような外交使節団が派遣されてきたことによって円滑に行われていたのである。

第5節　黒石号の航路復元に関する仮説

　以上の議論を総合するならば，黒石号の航路復元に関する仮説とその中国における活動は以下のようにまとめられる。船は826年以前のある時期にアラビア海海域を出発した。中国までの往路での活動については不明であるが，インドないしは東南アジアのどこかに寄港したものと考えられる。ただし，西ジャワ海以遠には行っていないだろう。そして，そうした寄港地で現地物産を入手し，その過程のなかで，沈香からできた小さな東屋も獲得されたのだろう。南西モンスーンに乗った黒石号は824年の6月か7月に広州に到着し，824年の9月に唐宮廷に沈香でできた東屋を進貢する。

　進貢が南西モンスーンの末期に執り行われたのであれば，黒石号は次の南西モンスーンが吹きだす翌年の4月まで広州に停留しなくてはならず，その後，揚子江デルタに向かって北上したと考えられる。広州での滞在期間中，黒石号の商人たちは広州の後背地から交易品を入手したと考えられる。ここでいう後背地には，広州の直接後背地や広東沿岸ばかりでなく，広西や福建といった亜熱帯地域も含まれていた。広東の保存用壺やそこに収められた八角などの自然産品は，黒石号が広州に停留していた短期間にそれだけのものを集められたことを示唆しているといえよう（Wilson and Flecker 2010: 36）。

　825年の4月までに，黒石号は揚子江デルタに針路をとり，杭州

か明州，あるいは大規模なペルシア人コミュニティのあった揚州に
寄港したと考えられる。長沙窯陶磁器を含んだ船の積み荷は，揚子
江流域の中国商人と商業的紐帯を維持していた揚州のペルシア系代
理人の差配で調達されたのだろう。陶磁器の特別な注文も彼らを通
してなされた。かくして陶磁器類は生産され，港へと運ばれ，出土
品である長沙窯陶磁器のひとつに示されている 826 年の夏という
日付を参考にすれば，825 年あるいは翌 26 年に積み込まれた（Guy
2010: 20）。量的にさほど多くはない鞏県，定，邢，浙江といった産
地からの陶磁器類も，揚州や広州の港町で獲得されたものだと思わ
れる。

　826 年の夏以降のある時期に，黒石号は中国を発ち母港へと向
かった。840 年代まで黒石号が東アジアに留まったとするレジー
ナ・クラールの説（Krahl 2010: 199）については，それを確かめる
手がかりはない。確からしいことは，しかしながら，中国を発つ際
に，黒石号が目指したのはアラビア海だったということであり，結
果として，この船はジャワ海に沈んことである。

第 6 節　おわりに

　黒石号は謎の多い沈船であり，アジア海域の歴史の中に容易に位
置づけることはできない。積み荷や船舶のいくつもの側面がこれま
でに分析され，詳述されてきたが，船舶とその経営者そのものにつ
いては，従来の研究の視野の外に置かれてきたといえよう。黒石号
の積み荷の独自性は，一見すれば，我々の現段階における唐代中国
沿岸部とそれ以外のアジアとのあいだの海上交易の理解とはきれい
に重なり合わない。

　ここで指摘すべき重要な点とは，この沈船は，現実世界における
中国と中東との間の多面的な経済的交流のミクロなレヴェルのタイ

ムカプセル，あるいは断面図であったという事実である。この巨大
で複雑な交流は，外交，政治，民族的・政治的なつながりに基づく
仲介，そして，異なる起源を持ち，さまざまな港町において実践さ
れる経済的生産といった多岐に跨るものである。その一方で，黒石
号は中東出身の特定の集団の具体的な商業的実践の諸側面を反映し
ているに過ぎない。とはいえども，黒石号の積み荷から得られる
データを，中国とアジア海域のあいだの交易に関する文献資料から
導き出されるより広範な情報に重ね合わすことができるならば，こ
の経済的な交流の本質と 9 世紀初頭のアジアを横断することで発
生した物質的・文化的交換に関連するより広い仮説的ないくつかの
結論とを導き出すことができるだろう。

注

1 ミクロ・ヒストリーに関する簡潔な説明としては，（Colley 2007: 38-43）
  を参照せよ。
2 朝貢使節団や国家レヴェルの交換を通して中国に流入した金に関する総合
  的な情報は，（Bielenstein 2005）を参照せよ。

参考文献

【欧語文献】

Bielenstein, C. F. Hans, 2005, *Diplomacy and Trade in The Chinese World, 589-1276*, Leiden: Brill.

Chong, Alan, ed., 2014, *Secrets of the Fallen Pagoda: The Famen Temple and Tang Court Culture*, Singapore: Asian Civilisations Museum.

Clark, Hugh, 1991, *Community, Trade and Networks; Southern Fujian Province from the Third to the Thirteenth Century*, Cambridge: Cambridge University Press.

Colley, Linda, 2007, "One Life Reveals A Global History," *RSA Journal* Vol.154, no.5531, Oct 2007: 38-43.

Fernquest, John, 2004, "1000-Year Arab Ship Found Under Shrimp Farm," *Bangkok Post*, 3 June 2014. http://www.bangkokpost.com/learning/learning-from-news/413368/1000-year-old-arab-ship-found-under-shrimp-farm (最終アクセス日 2019 年 3 月 12 日)

Flecker, Michael, 1997, *Archaeological Recovery of the Java Sea Wreck*, Annapolis: Pacific Sea Resources.

———, 2000, "A 9th-Century Arab or Indian Shipwreck in Indonesian Waters," *International Journal of Nautical Archaeology* 29(2): 199-217.

———, 2001, *The Archaeological Recovery of the 10th Century Intan Shipwreck* (PhD Dissertation, National University of Singapore).

Foltz, Richard, 2010, *Religions of the Silk Road: Premodern Patterns of Globalization*, New York: Palgrave Macmillan.

Guy, John, 2010, "Rare and Strange Goos; International Trade in Ninth-Century Asia", in Krahl, Guy, Raby & Wilson, eds, 2010, 19-27.

Heng, Derek, 2008, "Shipping, Customs Procedures and the Foreign Community: The *Pingzhou ketan* on Three Aspects of Guangzhou's Maritime Economy in the Late Eleventh Century AD," *Journal of Song Yuan Studies* 38:1-38.

———, 2012, *Sino-Malay Trade and Diplomacy from the Tenth through the Fourteenth Century*, Singapore: Institute of Southeast Asian Studies Press.

Krahl, Regina, 2010, "Green Wares of Southern China", in Krahl, Guy, Raby and Wilson, eds., 2010, 185-199.

Krahl, Regina, John Guy, Julian Raby and J. Keith Wilson, eds., 2010, *Shipwrecked: Tang Treasures and Monsoon Winds*, Washington, D. C.: Arthur M. Sackler Gallery.

Kuwabara, J., 1928, "On P'u Shou-Keng," *Toyo Bunko Research Department Memoirs* 2: 1-79.

Lam, Timothy See-Liu, 1990, *Tang Ceramics: Changsha Kilns*, Hong Kong: A Lammett Books.

Liebner, Horst Hubertus, 2014, *The Siren of Cirebon: A Tenth-Century Trading Vessel Lost in the Java Sea* (Unpublished PhD Thesis, University of Leeds, School of Modern Languages and Cultures, East Asian Studies).

Liu Xinru, 2010, *The Silk Road In World History*, New York: Oxford University Press.

Park, Hyunhee, 2012, *Mapping the Chinese and Islamic Worlds: Cross-Cultural Exchange in Pre-Modern Asia*, New York: Cambridge University Press.

Qi Dongfang, 2010, "Gold and Silver Wares on the Belitung Shipwreck," in Krahl, Guy, Raby and Wilson, eds., 2010, 221-227.

Ridho, Abu and McKinnon, W. Edwards, 1998, *The Pulau Buaya Wreck; Finds from the Song Period*, Jakarta: The Ceramics Society of Indonesia.

So, Kee Long, 2000, *Prosperity, Region and Institutions in Maritime China; The South Fukien Pattern, 946-1368*, Massachusetts: Harvard University Asia Center.

Tampoe, Moira, 1989, *Maritime Trade between China and the West: An Archaeological Study of the Ceramics from Siraf (Persian Gulf), 8th to 15th centuries A. D.*, Oxford: B. A. R.

Team Projek Dieng 2010, *Dieng Temple Complex Excavation Report*, Jurusan Arkeologi, Fakultas IImu Budaya, Universitas Gadjah Mada.

Wang Gungwu, 2003, *The Nanhai Trade: Early Chinese Trade in the South China Sea*, Singapore: Eastern Universities Press.

Wang Shen, 2014, "Tang China and the World," in Chong, ed., 2014.

Whitfield, Roderick, Susan Whitfield and Neville Agnew, 2000, *Cave Temples of Mogao: Art and History on the Silk Road*, Los Angeles: Getty Conservation Institute and the J. Paul Getty Museum.

Wilson, J. Keith and Michael Flecker, 2010, "Dating the Belitung Shipwreck", in Krahl, Guy, Raby and Wilson, eds., 2010, 35-37.

Wolters, O. W., 1967, *Early Indonesian Commerce*, Ithaca: Cornell University Press.

【中国語文献】

朱彧『萍洲可談』.

劉昫『舊唐書』.

『資治通鑑』.

朱江, 1994,〈唐代楊州市舶司的機毅其職能〉《海交史研究》13(1)：81-84.

關履權, 1994,《宋代廣州的海外貿易》, 広州：広東人民出版社.

施存龍, 1992,〈唐五代兩宋兩浙和明州市舶機構建地建時問題探討（上)〉,《海交史研究》21（1)：45-51.

陳達生, 1991,〈中國東南沿海地區伊斯蘭碑銘研網要〉in Quanzhou International Seminar on China and the Maritime Routes of the Silk Roads

Organization Committee, *China and the Maritime Silk Route; UNESCO Quanzhou International Seminar on China and the Maritime Routes of the Silk Roads*, Fujian: Fujian People's Publishing House, 158-182.

第2章

モンゴル帝国と中国沿海部の
ムスリム・ディアスポラ
——アラビア語墓碑にみえる聖伝承より

向　正樹

第1節　はじめに

　中国福建省の港町泉州には，かつてアラビア語で「アスハーブ・モスク」，漢語で「清浄寺」と呼ばれた古いモスク（イスラーム寺院）の建築がいまも残る[1]。塗門街に面して聳えるヴォールト天井（穹窿）のファサード，そして，円柱が整然と立ち並ぶ礼拝空間，キブラ（メッカの方角）を示すアーチ型の壁龕（ニッチ）など，世界最大と謳われた国際貿易港の往時を偲ばせる。ファサードの内壁に刻まれた二列のアラビア語碑文は，ヒジュラ暦710年（1310～11年）にアーチ，回廊，窓とともに立派な門を作った，と記すので，14世紀に入って10年のうちに，いまのペルシア様式の建築が姿を見せたということになる（中田 1989; 向 2002）。

　「パクス・モンゴリカ」（モンゴルの平和）の時代にあたる14世紀，泉州をはじめとする中国沿海部の諸港には，海路はもちろん，内陸ルートでもユーラシアの西方から人々が集まってきていた。現在までに，こうした人々のものとみられる，漢語・アラビア語・ペルシャ語の墓碑が，北京・揚州・杭州・福州・泉州・広州で多数発見され，研究されている。それらの多くは，墓主である外来のムスリム（イスラーム教徒）たちの出身地や没年のほか，イスラーム聖典に由来する言葉や預言者ムハンマドの聖伝承などを記す。米国の人類学者ドリュ・グラドニーは，中国ムスリム（回族）のエスニック・アイデンティティにとってこうした墓がもつ重要性について，このように述べている。

　　墓は回族の祖先伝承とエスニック・アイデンティティを鮮やかにカプセル化している。アイデンティティの証左（チャーター）として，それらは過去とのつながりの感覚や変化する社会的現

写真 2-1　泉州塗門街アスハーブ・モスク（清浄寺）のファサード

実への適応を手助けする……（中略）……墓は，かれら回族コミュニティ群と外来人である祖先との系譜的なつながりをたしかに表示するものであり，かれらの少数民族としての地位主張を正当化するものであった（Gladney 1987: 497, 516）。

　これらの碑文は，過去の歴史を知る史料として重要であるばかりではなく，いまもムスリムたちのアイデンティティの核として，現に機能しつづけているのだ。

　グラドニーは，国家による民族識別工作（1950 年代〜）以前，中国ムスリムはいわゆる現代的な意味での民族ではなかったとし，「回族」の民族形成（エスノジェネシス）を論じる。つまり，回族という存在は，国家の民族識別工作によって具象化され，民族として創出されたというのだ。ただし，この見方は，回族を長い歴史の文脈のなかでとらえる中国の回族研究者の立場からは「回族のひとつの民族実体としての内在合理性を無視しており，かなり偏ったとこ

ろがある」と批判される。グラドニーが，ベネディクト・アンダーソンが国民国家について論じた「想像の共同体」概念を，「少数民族」である回族に適用している点についても，疑問が呈される（馬 1998: 81）。一方で，羽田正が指摘するように，「イスラーム世界」もまた，イデオロギーとしては存在するが歴史的な実体を伴うものではない（羽田 2005）。また，それはムスリム人口を多く抱える中国にとっては国家としての一体性を否定する厄介な概念でもある（羽田 2011: 74）。

　したがって，歴史的なムスリムについては，現代みられるような強固な民族的同一性も宗教的一体性も想定することはできない。しかし，だからといって，広域の結びつきを一切もたなかったのか？　何ら宗教を通じた連帯性を有してはいなかったのか？　ムスリム・アイデンティティの史的考察は十分になされていない。そこで本稿では，現代の回族アイデンティティへのリンクを視野に入れつつも，主として碑文に残された過去の語りを手掛かりに、ひとつひとつの碑文のテキストの読解に基づき，現代的な強固な輪郭をもったエスニック・アイデンティティとは異なる，分散しつつもゆるやかに結びつく「ディアスポラ」的なアイデンティティのありようを丁寧に発掘し，提示してみたい。

　本章では，ムスリムたちの墓石に刻まれた聖伝承のひとつに着目し，その由来と時期的・地理的分布を探る。また，その意味するところの分析を通じて，当時の外来のムスリムたちの「ディアスポラ型アイデンティティ」の様相とはいかなるものであったのか，そしてその後どのように変遷したのか，概観してみる。それは，5章で触れられる，ポルトガル語文献における鄭和の記憶と並んで，かつての交流の記憶が新たな交流のなかで再構築され，それらが堆積した結果としての海域世界の「地層」をひとつひとつ掘り起こす試みでもある。

写真 2-2　広州・先賢古墓にあるサアド・イブン・ワッカスの墓

第 2 節　ディアスポラ型アイデンティティの考古学？

　14 世紀当時，中国各地のムスリムの間で，イスラームがはじめて中国に伝わった時期を隋の開皇年間（581 〜 600 年）とする伝承が共有されていた[2]。広州（広東省）の「重建懐聖寺記」（1350 年）は，ムハンマドの弟子「撒哈八（サハーバ）」がイスラームを広州に伝えたと記す。泉州の「清浄寺碑記」（1350 年）および定州（河北省）の「重建礼拝寺記」（1348 年）も，隋の開皇年間に広州にイスラームを伝えた人物として「撒哈伯撒哈的幹葛思（サハーバ・サアド・ワッカス）」なる名を記す。これらは明らかにムハンマドの教友（サハーバ）の一人サアド・イブン・ワッカスを指す[3]。そもそもムハンマドが啓示を受けたのが 610 年であるから非現実的な話ではあるのだが，このような説が，モンゴル時代の中国ですでに広まり，しかも，異なる地域のムスリムの間で共有されていたことは，ディアスポラ型アイデンティティの証拠として興味深い[4]。

　中国沿海部のムスリム・コミュニティは 13・14 世紀あるいはそ

れ以前にさかのぼる長い歴史をもつ「ディアスポラ」として興味深い例である。「ディアスポラ」は，語源的には古代ギリシャ語のdiaspeirein（多方向に種を播く）に由来し，一般的には「分散」，「離散」を意味し，おもにユダヤ民族の離散と故郷喪失状態にあてはめられてきた（赤尾 2009: 50-53）。しかし，90年代以降は，越境的な移動民が形成するゆるやかな共同体をひろく指す概念として，移民・難民研究で盛んに用いられるようになり，その流れは歴史学にも波及してきた。歴史的なディアスポラ研究では，しばしば「交易ディアスポラ」という語が用いられる。「交易ディアスポラ」は，多分に能動的・自発的なディアスポラであり，組織としての性格や結合の程度はさまざまながら，相互のネットワークを維持しながら異邦で生活する商人の共同体を捉える枠組みとして一般化されてきた。それは，仕事を探し求めたり，交易の利益を追求したり，または植民地獲得のためのヒトの拡散が，企業家的なネットワークないしディアスポラ・ネットワークを形成するというものであり（Cohen 1971; Curtin, 1984），エスニックな背景を共有する商人たちの血縁集団や地縁集団がゆるやかに組織化されたりする（McGabe et al. 2005, xviii）。

　紀元前後にアラビア海のインド貿易に従事したギリシャ・ローマ人たち，7世紀〜12世紀頃に中国・東南アジア貿易に従事したタミル商人のギルド，アラブ・ペルシャ人の海上商人たちが，こうした「交易ディアスポラ」の類型に当てはまる[5]。当然のごとく，このような交易ディアスポラのネットワークは，キリスト教・ヒンドゥー教・イスラームなどの宗教の伝播拡散にも一役買っている。北米と南米におけるラテン系ディアスポラとその宗教について研究したマニュエル・A・ヴァスケスは，ディアスポラと宗教の親近性を次のように指摘する。

　　宗教とディアスポラは，時間・空間の制御，個人的・集合的ア
　　イデンティティの統合において類似したやり方で機能する。両
　　者は歴史的に緊密に結合し，しばしば互いに互いを強化しあっ
　　てきたのだ（Vásquez 2010, 128-133）。

　たしかにディアスポラは，ヒンドゥー教・シク教・仏教・儒教・
プロテスタント・イスラーム・カトリックを信奉する集団のディア
スポラを含むグローバルな宗教コミュニティについて議論する際に
きわめて示唆的なタームである。ただし，宗教と結びつけたディア
スポラ概念の一般化は，それがヒンドゥー教・ユダヤ教・シク教な
ど他者への伝道に積極的ではない「民族宗教」には適用できないと
いう問題を含み，注意が必要である（Brubaker 2005: 14, n. 3）。
　ディアスポラは，もはや使い古された概念となってしまったとい
う議論さえある。つまり，幅広く適用されすぎたために内容の空洞
化を起こしており，意味するものについて的確な合意を欠いた概念
となってしまっているというのだ（Knott et al. 2010: 2）。この点につ
いて，例えば社会学者ロジャー・ブルーベイカーは，ディアスポ
ラを「境界線を引くことのできる存在物のような実体的概念として
ではなく，イディオム，スタンスあるいは主張として，捉えるべき
である」と提案する。つまりわれわれは，「ディアスポラを第一に，
行動の類型（カテゴリ）として考え，そうした前提ではじめて，分析上の類型化
に使用可能かどうか，また，それはどの程度妥当なのか，を問うべ
きである」とする（Brubaker 2005: 12-13）。
　歴史学者ケヴィン・ケニーは，ディアスポラは「分析的な類型で
あり，かつ，実体的な類型でもある」と主張している。そのうえで，
次のようにいう。

　　移民について書く者は，ディアスポラをかれらの議論にとって

中核をなす類型のひとつとして使用する。しかし，実際の移民たちやその子孫たちは……ディアスポラというアイデアをかれらの経験を意味づけたり，コミュニティを立ち上げたり，彼ら自身を文化的に表現したり，政治的に利用したりするために用いる（Kevin 2013: 14）。

　このような，「実体的なディアスポラ」から「非実体的なディアスポラ」へ，またはそれら両方へ，といった議論のシフトは，ムスリム・ディアスポラについても当てはまる。実際に，いくらかの研究者がすでに，過去や現在のムスリムたちの「ディアスポラのアイデンティティ」（diasporic identity）や「想像のアイデンティティ」（imagined identity）について議論している[6]。後述のように，中国での外来系ムスリムたちの死について，それらの人々の墓石のテキストは，イランから中国へ伝わり広まった預言者の聖伝承を引用し，「さすらい人の死＝殉教」と捉える。これは，まさしく「ディアスポラ型アイデンティティ」に関わるテーマであり，「非実体的なディアスポラ」の問題群に含まれる。一方，そうしたアイデンティティ自体が，実在するかれらのネットワーク上を行き来し広まっている。その意味では，「実体的なディアスポラ」の問題でもある。以上を踏まえ，本章では，実体的なディアスポラとしてのムスリムたちを取りかこむ環境の変化を踏まえつつ，ディアスポラ型アイデンティティの変遷を探る，というスタンスを取る。

　「実体的なディアスポラ」として，中国沿海部のムスリム・コミュニティの動向をとらえる際，その背景となる，南シナ海から東南アジア島嶼部にかけての「海域世界」の動きを無視できない。中国沿海部への海路によるムスリムを含む人の移動は，当然，東南アジア海域を経由したはずである。これに関連する，東南アジア海域（マレー世界）へのイスラーム伝播の問題について，ウカ・チャン

ドラサスミタによれば，研究者の間で大きく分けてふたつの見解が
あった。ひとつはヒジュラ暦 1 世紀すなわち西暦 7 世紀頃とする
もの，そして，13 世紀頃とするものである。前者の根拠は直接に
は漢籍史料に基づいているが，西アジアにウマイヤ朝が，東アジ
アに唐が出現し，東南アジア海域にシュリヴィジャヤが登場し，東
西アジアの海上交易が大いに発展したという時代背景も踏まえてい
る。後者の根拠はヒジュラ暦 696 年（西暦 1297 年）の紀年をもつサ
ムドラ（現アチェ州ロークスマウェ）出土のマリク・アッサーリフの墓
碑，マルコ・ポーロ『世界の記述』（1292 年頃の状況を記す），マレー
語年代記などであり，サムドラへの最初のイスラーム伝来を 1270
〜 1275 年であるとみる。ただし，イスラーム伝播は，その前提と
して，南アジアと東南アジアの交通・交易の状況を考慮に入れるべ
きであり，ウカ・チャンドラサスミタは，漢語・アラビア語・ペル
シャ語文献に基づくならば，少なくとも 7 〜 8 世紀にインドネシ
アや東南アジアの一部には，イスラームは到来していたとみている
(Tjandrasasmita 2002: 11-14)。

　中国と東南アジアの海上交易を通じた繋がりを考えあわせると，
7 〜 8 世紀に中国港市に最初のイスラームが到来したという説は十
分に頷ける。そして，13 世紀以降，モンゴルの覇権のもとで再び
リンクした陸と海のルートを通じて，海域のムスリム・コミュニ
ティがさらなる発展をみたことは疑いない。これらユーラシア交流
が活況を呈したふたつの時代における「実体的な」ムスリム・ディ
アスポラについて，それが担った広域およびローカルなコネクショ
ンの観点から概観してみよう。

第 3 節　モンゴル時代までのムスリム・ディアスポラの概況

　中国沿海部には，中国に統一王朝が出現して早々より海外から訪

れる人びとに開かれてきた広州をはじめ，長江沿岸から北上する大運河の起点となり内陸と海の交通の十字路にあたる揚州，南宋の都杭州，その外港として台頭した明州，そして，広州にとってかわるほどの貿易の隆盛をみた泉州などが，相次いで西アジアやインドや東南アジアの物産を運ぶ船舶をひきつける誘蛾灯の役割を担った。「パクス・モンゴリカ」の時代においても，上記の港湾都市が貿易の窓口として開かれ，いろんな文化的背景をもつ商人・旅人・外交使節・宗教者を引き寄せた。中国沿海部におけるディアスポラ集団として，さしあたりこの種の「往来する外来人」の一群を想定しうる。同時に，宋代以来，これら港湾都市に移り住んだ外来人たちのなかには，中国に定着しその社会に適応しつつ，海の向こうの仲間たちのコミュニティと紐帯を維持するものが現れる。こうした「定着する外来人」はハイブリッドな文化的特質を有し，そのアイデンティティは複雑な様相を呈した。

　宋の時代の中国東南沿海地帯では，国家（あるいは地方の州や市舶司）が貿易管理を強化した時期もあったが，基本的に外来人やその貿易活動に対する支配はゆるやかであった。その結果，しばしば外来商人の勢力拡大を許すこととなった。その一例を挙げよう。南宋で編纂された史書『中興小紀』によれば，南宋初の高宗の治世，広州にアラブないしペルシア系とみられる大商人の蒲阿里が居ついていた。その財力に目をつけた地方エリートの曹訥はこれと婚姻関係を結ぶ。結局，蒲阿里には帰国が促された。高宗の考えは，蒲阿里に蓄貨（海外の物品）を運んで往来させることは，貿易収入を増大させるので，民から搾り取るよりも良いというものであった[7]。そして，南宋時代，同じくアラブないしペルシア系とみられる蒲姓が中国に定住し占城国との間を往来していた。その邸宅の豪奢ぶりは凄まじく，法規に違反するほどであった。ところが，国計をゆたかにし，かつわが国の人ではないという理由で，不問とされた[8]。外来

商人の地域社会での影響力が強まっていく趨勢がみてとれよう。

　モンゴル帝国＝元朝の貿易支配は，辺縁の貿易港と中央とがさまざまな種類のコネクションによって結びつけられることで強化された。元朝が南中国を併合したのち，まず貿易関係を復興することから始めなくてはならなかった。元朝皇帝クビライは，泉州・杭州などにいちはやく市舶司を置くと同時に，海外諸国に貿易商人を派遣した。元朝の貿易関係は，宋代以来のアラブ・ペルシャ系商人の子孫である蒲寿庚の貿易網の上に立って形成された（向 2008: 3-4）。

　泉州に駐留するモンゴル人将軍唆都は，蒲寿庚と結びついて南海諸国招諭を独自に進めようとする動きをみせる一方，クビライの親衛隊（ケシク）出身であり，クビライとの個人的紐帯も保っていた。福州で福建の行省の長となったマングタイも，中央に戻るとクビライとじかに会い，真珠を献上するとともに臣従の儀礼を行っていた。元朝ではこのようにして，皇帝（大ハン）と遠くの部下との主従関係が絶えず確認され，そのコネクションが強化されていたのである（向 2008: 2-3; 向 2009b: 41-42）。

　元朝の統治機構の中では，西方出身のムスリム・エリート層が活躍し，その地縁的・血縁的なコネクションもまた，主要な貿易港を擁する沿海部と，大都（現在の北京）を擁する燕京地区と，経済の中心地である浙江地方とを結びつける働きをしていた。

　例えば，シハーブ・ウッディーン（沙不丁）というクンドゥーズ（アフガニスタン北部）出身の財政官僚は，1284 年に福建から浙江に移って行省の長となっていたマングタイと結託し，海上貿易に関与した。ラシード・ウッディーン『集史』には，泉州の港の長官は，クンドゥーズ出身のバハー・ウッディーンであったというが，かれはシハーブ・ウッディーンと同郷である（Rashīd al-Dīn 1971: 282）。ちなみにマングタイが福建から浙江に移ったあとも，兄のジャライルタイが転運使として送り込まれ，一族の福建への影響力は持続し

ていた（高 2006; 向 2009b: 35, 38）。

　広域にまたがる一族のコネクションの例として，さらに，ブハラ出身で預言者ムハンマドの聖裔と名乗るサイイド・アジャッル・シャムス・ウッディーン・ウマルの一族を挙げることができる（Vissière 1908; Leslie 1986: 85; Paul Buell 1993）。『集史』によれば，かれの子ナスル・ウッディーンは父の雲南行省長官の職を継承したが，孫のバヤン（成宗テムル朝の宰相）はかつて泉州の長官であったという。そしてのちにバヤンの弟であるアミール・ウマルも福建で行省の長官となった（Rashīd al-Dīn 1971: 282, 288）。

　また『集史』によれば，アミール・ウマルの前に福建行省の長官であったのは，ダシュマン（またはダーネシュマンド）の兄弟であった（Rashīd al-Dīn 1971: 282）。ダシュマンはクビライの親衛隊（ケシク）の 4 人の隊長のひとりである。同時に，モンゴル王侯らの資金を借り受けて遠距離交易などに従事したオルトク商人の活動や中国沿海部の海上貿易を統括する役所である泉府司の長官でもあった。さらに，宮廷で高価な商品の買取りを担当する集団の一員でもあった（四日市 1999）。かれにはブカ・テムル（不花帖木兒）という名の弟がいたが，同名の普化帖木爾が福建行省の平章政事として，明代に福建で編纂された地方志にみえる [9]。

　かれらの一族のネットワークが，港湾都市や経済の中心地を結んで張り巡らされていた背景として，オルトク商人の海上貿易進出との関わりが無視できない。元朝の正史『元史』によると，負債を抱えたオルトク商人の子であるアリー（阿里）が，チャンパーとカンボジアを訪れるためにジャワ遠征への従軍を申し出た [10]。このアリーを含め，多くのイスラーム名をもつ人物が元から東南アジアへ派遣された使節として知られている（向 2008: 136-137; 向 2010: 439-440）。

　以上のように，外来系の人々のコネクションが，宋から元にかけ

ての時代の中国に，広域に，あるいは，ローカルレベルで，ますます拡大伸張していく趨勢がみられた。こうした流れのなかで，本章で扱う中国沿海部の外来系ムスリムたちの「ディアスポラ」も実体として顕在化し，モンゴル時代には，はっきりとその存在を確認できるようになる。とりわけ，ペルシア様式の建築物やアラビア文字を刻んだ墓石といったモノを通じ，外来系コミュニティがそのアイデンティティを視覚的に強烈に主張する。この時代の，実体としての外来系ムスリムの「ディアスポラ」およびそのアイデンティティを，イスラーム墓碑の分析から探ってみよう。

第4節　イスラーム墓碑の年代・地名データ分析

　現在も北京と浙江地方を結ぶ運河沿いには，ムスリム集住地帯が分布している。この現代のムスリム・ディアスポラの生活形態は，「商務を自営し，農業を兼ねる」と表現される（王 2001）。大運河沿いの古い清真寺の由来について調べると，明の朱棣（のちの永楽帝）が北元（北方に後退した元朝政権）を攻撃するため南京から北上した際に扈従したムスリム集団に結びつける伝承にしばしば出くわす。こうしたありようは，モンゴル時代の外来系ムスリムの商業や輸送の分野での活動を考えるならば，何ら不思議ではない。

　西方出身のムスリム・エリートの協力が，人口的には圧倒的少数のモンゴルが中国の大規模な漢族社会を統治するうえで，欠かせないものであったことはよく知られている。かれらは主に財政や輸送を担当する経済官僚として活躍する。官僚と商人の顔をあわせもつ存在形態はモンゴル時代以来のものであった（Rossabi 1981: 258; Leslie 1986: 86-88; Kumar 1987: 604）。モンゴル帝国治下で地方官に任じられた，旧ホラズム国人などイラン・トランスオクシアナ地方出身者は，代々官僚や大商人を出す名門の一族の出であり，

おそらく元朝治下の中国でも，官僚や商人を輩出しつづけた。例えば，元代末期の詩人丁鶴年は死後，杭州の西湖の畔のムスリムの共同墓地に葬られたが，かれの先祖について記した「高士伝」によれば，かれは「西域の人」であり，曾祖父のアラー・ウッディーンは「巨商」であった。そして祖父のシャムス・ウッディーンはクビライの王子ノムガンに仕え，ノムガンの所領である臨江路（現江西省樟樹市）の長官（ダルガチ）となったという（向 2010: 441-442）[11]。

中国沿海部では，こうした外来系ムスリムたちの来歴と没年を記したアラビア語銘文をもつ墓石が多数発見されている。墓主たちの来歴は，墓碑の中に現れるニスバ（由来名）というアラビア語やペルシア語の人名の末尾につく一要素から判明する。ニスバはそれを帯びる個人と，部族・支族・王朝・家・氏祖などの集団名，国・地域・都市・村落・街区・街路などの地名との関係性を示す（Lewis et al. eds. 1971: VIII, 54, "NISBA"）。墓主が帯びるニスバが示す地名と没年（ヒジュラ暦を西暦になおして示す）は以下の表の通りであった。

表 2-1　中国沿海部各都市出土イスラーム碑文のニスバと没年

出土地	墓主のニスバ（由来名）	件数	没年（西暦）	典拠
北京	カズウィーン Qazwīn (Iran)	2	1280, 1371	趙，白 1936，（一）
	ブハラ Bukhara (Transoxiana)	1	1283	趙，白 1936，（二）
揚州	エルサレム Jerusalem (Palestine)	1	1310	Mukai 2016b[12]
	アルマリク Almaliq（新疆）	1	1324	Mukai 2016b[13]
杭州	大都 Daidu（中国）	1	1318	莫爾頓 2015, 3
	ブハラ Bukhara (Transoxiana)	1	1326	莫爾頓 2015, No. 5
	イスファハーン Iṣfahān (Iran)	2	1317, 1323	莫爾頓 2015, No. 2, 4
	ホラーサン Khorasan (Iran)	1	1353	莫爾頓 2015, No. 6
	シムナーン Semnān (Iran)	1	13XX	莫爾頓 2015, No. 7
	ハラブ Ḥalab (Aleppo)	1	?	莫爾頓 2015, No. 10

出土地	墓主のニスバ（由来名）	件数	没年（西暦）	典拠
福州	ホラズム Khwarazm	1	1365	Chen et Kalus 1991[14]
泉州	ティハーマ Tihāmah (Ḥejaz/Ḥijāz)	1	1336	Chen et Kalus 1991 他[15]
	タブリーズ Tabrīz (Iran)	2	1362-3?	Chen et Kalus 1991 他[16]
	アフラート Akhlat (Armenia)	1	1173?	Chen et Kalus 1991 他[17]
	ジャージャルム Jājarm (Iran)	2	1272, 1310	Chen et Kalus 1991 他[18]
	カズウィーン Qazwīn (Iran)	2	1304, 1371	Chen et Kalus 1991 他[19]
	シャフリスターン Shahristān (Korasan, Iran)	1	1325	Chen et Kalus 1991 他[20]
	ジュルジャーン Gurgān／Jurjān (Iran)	1	1329	Chen et Kalus 1991 他[21]
	ギーラーン Gīlān (Iran)	1	1357	Chen et Kalus 1991 他[22]
	イスファハーン Iṣfahān (Iran)	1	1358-9	Chen et Kalus 1991 他[23]
	ファールス Fārs (Shīrāz)	1	1362-3	Chen et Kalus 1991 他[24]
	ホラズム Khwarazm	2	1272, 1322	Chen et Kalus 1991 他[25]
	ブハラ Bukhara (Transoxiana)	1	1302	Chen et Kalus 1991 他[26]
	バラーサーグーン Balāsāghūn（新疆）	1	1301	Chen et Kalus 1991 他[27]
	アルマリク Almaliq（新疆）	1	1290	Chen et Kalus 1991 他[28]
	大都 Daidu（中国）？	1	1303	Chen et Kalus 1991 他[29]
	アルダビール Ardabīl	1	？	Chen et Kalus 1991 他[30]
	ハムダーニー Hamdānī (Yemen)／ハマダーン Hamadān (Iran)	1	？	Chen et Kalus 1991 他[31]
広州	高麗／大都 Korea to Daidu（中国）	1	1352	中 et al. 1989: 91

　北京では，イランのカスピ海南部の町カズウィーン，トランスオクシアナのオアシス都市ブハラ。

　揚州では，シリアのエルサレム，イリ地方のアルマリク。杭州では，大都（北京），ブハラ，イランのイスファハーンやホラーサーン，シムナーン，シリア地方のハラブ（アレッポ）である。

福州では，ニスバを有する墓碑が一件あり，ホラズムである。

泉州は最も残存するイスラーム墓石の数が多く，ティハーマ（紅海〜ヒジャーズ地方），タブリーズ，アルメニア地方のアフラート（ヒラート），イラン北部カスピ海南西のジャージャルム，カズウィーン，シャーフリスターン（同地名は多数あるがおそらくホラーサン地方[32]），ジュルジャーン（グルガーン），ギーラーン（イラン北西部カスピ海沿岸），イスファハーン，ファールス（シーラーフ），ホラズム，ブハラ，カシュガルの北に位置するかつての西遼（カラ・キタイ）の都バラーサーグーン，アルマリク，大都。ほかに死没年不詳のものでタブリーズ，イラン北部カスピ海南西岸のアルダビール，イエメン北方のアラブ部族名ハムダーニーまたはイランのハマダーン出身とみられるものがある。

広州では，漢文・アラビア文の銘文をもつ刺馬丹（アラー・ウッディーンの子ラマダーン）という名の大都在住の高麗人で廣西道容州陸川県ダルガチとなった人物の墓碑があるが，そのほかのアラビア語墓碑でニスバが判明する例はない。

これらの墓主のニスバが示すものは，必ずしも墓主である故人の代にそこから直接中国へ渡ってきたことを示すものではないものの，主として故人やその父祖の出身地もしくは故人が自身のアイデンティティを求める地名と考えられる。それらのニスバは新疆，トランスオクシアナ，イラン，ホラーサン，ホラズム，アルメニア，シリア，アラビアに分布する。意外にもインドや東南アジアの出身を示すものは皆無であった。

これらの墓碑に預言者ムハンマドの言葉として，次のような銘文が繰り返し見られる。

（Ⅰ）さすらいの地で死せる者は殉教者として死せる者である
（Ⅱ）さすらい人の死は殉教である

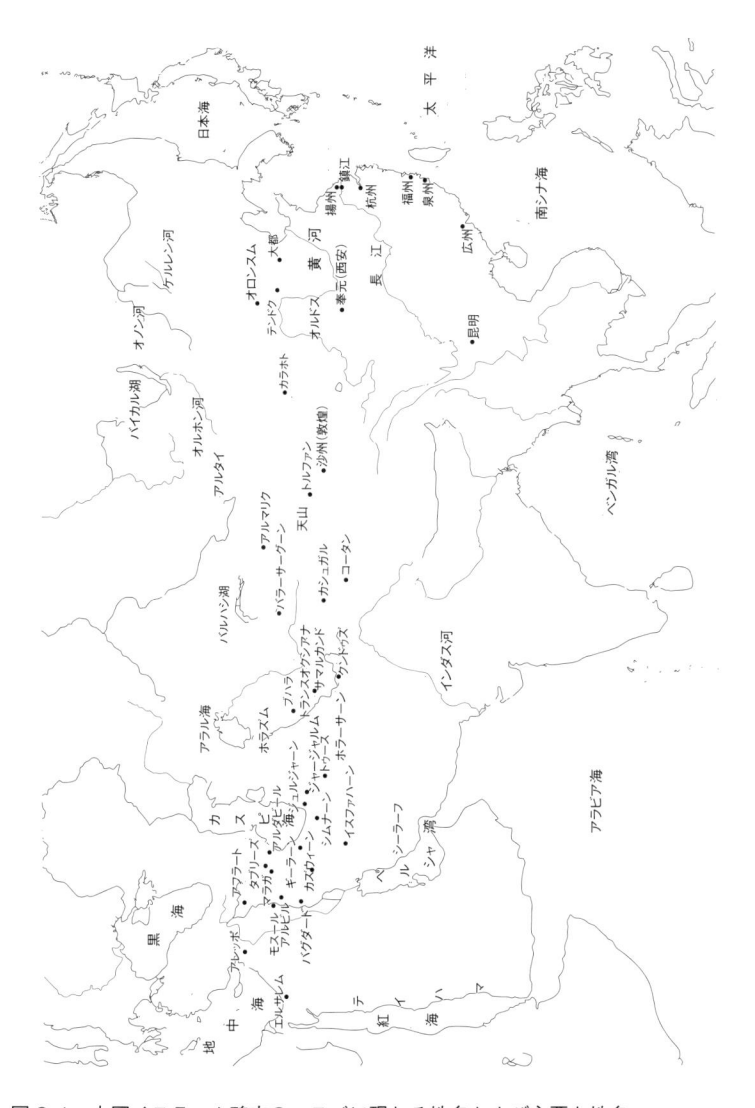

図2-1　中国イスラーム碑文のニスバに現れる地名および主要な地名

これらは，預言者の聖伝承であるとされるものの出典は明らかでない。管見の限りでは中国沿海部それも揚州・杭州・福州・泉州・広州にしか見られない（陸 2000）。（Ⅰ）のタイプの銘文の初出は 1290 年の没年を刻む泉州出土の墓碑であり，（Ⅱ）のタイプの初出は 1302 年の揚州出土の碑文である。

　ロンドン大学の故Ａ・Ｈ・モートン教授は「これらの語は元代の中国において非常に一般的であり，したがって，杭州とその隣接地域である福建で見られるということは自然である」とする（Morton 2015: 12, n. 4）。モートン教授の指摘するように，これらの銘文は，中国のアラビア語墓碑には預言者ムハンマドの語ったことであると書かれているが，そのままの形では，預言者の言行を収録した主要なハディース集に確認することができない[33]。

　しかしながら，筆者は同様の意味内容をもつ次の言葉をイブン・マージャ・アブー・アブドゥッラー・ムハンマド・イブン・ヤズィード・アッラビーイー・アル＝カズウィーニー（887 年没）による預言者の言行録『キターブ・アル＝スナン』に見いだすことができた[34]。

　　　さすらいの死は殉教である

　イブン・マージャ『キターブ・アル＝スナン』は六大真正ハディース集のひとつに数えられるものの比較的権威は低く，ここにしか見いだせない預言者の聖伝承は信頼性が低いとされる。しかし，イランとりわけ彼の出身地であるカズウィーン（テヘランの北西にある）出身の学者たちの間では高い評価を与えられていたようである[35]。一方で，「さすらい人の死は殉教である」という考えは世界各地のムスリム社会で一般的な認識であった[36]。

　ここで，これらの「さすらい人」と「殉教者」とを結びつける，

次のフレーズを，比較的古い泉州のアラビア語墓碑に見出すことができる。

（A）さすらいの殉教者

　これは，他のいずれの銘文よりも古い 1272 年という没年を刻む墓碑に見られる言葉である。1272 年といえば，泉州が元朝の支配下に入る 4 年前である。しかもこの墓の主は，驚くべきことに「ホラズム・シャー（ホラズム国王）の子ムハンマド・シャー」であるという [37]。この墓碑は元来，泉州東郊の霊山にあるムスリム聖人墓地にあったといい，特別な崇拝を受けていた可能性がある。

写真 2-3　泉州モスク内にある　アラビア語墓碑（下段左端がホラズム＝シャーの碑文）

写真 2-4　泉州東郊の霊山聖墓

1220 年，モンゴルの西征軍によりホラズム国王アラー・ウッディーン・ムハンマドがカスピ海の畔で討たれ，再起をはかりインド・イラン・イラクの各地を奔走していた王子ジャラール・ウッディーンも，1231 年，イラク北部で殺される。その後，ジャラール・ウッディーンは生きているという英雄伝説が各地に広がったという。家島彦一は先述の墓碑の主について「この人物は，ジャラール・ウッディーンその人か，あるいは彼の兄弟の一人と考えられる」とする（イブン・バットゥータ 1999: 3）

　直接に「フワーラズミー（ホラズム人）」というニスバをもつものも，ほかに泉州に一件，福州に一件あり（Chen et Kalus 1991: 268-270, No.185, Pl. XC e, f），いずれも（Ⅰ）タイプの銘文をもつ。前者の人物は「○○・シャー」という名前を歴代受け継ぎ，後者の人物は「アミール」やトルコ語起源の「テギン」という称号を帯びるなど，トルコ系イスラーム王国であったホラズム王国の名族出身を想像させる。

　ホラズム王国の由来となった狭義のホラズムは，西トルキスタンにあって，アム河の下流，アラル海の南岸の現ウズベキスタンのホラズム州を中心とする地方を指す。興味深いことに狭義のホラズム人たちは高度な文化・経済水準を誇り，また，偉大な旅人でもあり，商人として南ロシアからドナウ河流域まで幅広い地域で活躍した（Boyle 1968: 141-142）。

　表 2-1 に挙げたニスバを有するアラビア語墓碑のうち，旧ホラズム王国領のイラン・トランスオクシアナの地名のものはほぼ半数を占めている（32 件のうち 17 件）。それらのほとんどが，モンゴル帝国＝元朝期に属するものである。このことは旧ホラズム王国の遺民たちが中国沿海部のムスリム・ディアスポラのなかで重要な位置を占めていたことをうかがわせる。

　中国沿海部の外来系ムスリムは，カラキタイや旧ホラズム王国

支配下にあったイラン・トランスオクシアナ地方の在地エリート層や富裕層の出身者を多く含んだであろう。かれらは代々官僚や大商人を出す名門の一族の出であり，カラキタイやホラズムが征服された際モンゴルに投降し，政権に取り込まれた。そしてその後，元朝治下の中国でも，官僚や商人を輩出しつづけた（Rossabi, 2014: 425-433; Biran 2005: 122; Lane 2015: 187-188）。

　しかしながら，ホラズム王国の評判は，実は当時のムスリムたちの間では芳しくなかったとされる。ホラズム王国の崩壊は恐るべき無秩序状態をもたらし，ホラズム軍はその野蛮さと略奪のひどさで知られ，直接の被害を被ったイランの人々にとって，ホラズムは「抑圧」と「略奪」の象徴であった（Lane 2003: 184, 209）。したがって，中国の，とくにイラン出身のムスリムの間では，ホラズム王国の王族に対する敬意や忠誠心は厚くなかったとも考えられる。さらには，ホラズム国王アラー・ウッディーン・ムハンマドは当時のムスリムが敬意を払ったアッバース朝カリフの権威に挑戦し危害を加えた（Barthold 2012: 374-375; Boyle 1968: 293; Lane 2003: 184, 195）。このことも，ホラズム王家の評判を著しく下げたであろう。したがって，泉州においてホラズム国王の息子の墓が崇拝を受けていたとするならば，それは高貴な血筋のため，というよりも，その死の悲劇性や，まさしく「さすらい人の死」という点に殉教性が見いだされたため，とみる方が適当であろう。そして，その死を偲んだ墓碑に記された言葉（A）は，（I）や（II）のようにムハンマドの聖伝承であることを明示する一文に置き換えられ，「さすらいの地で死ぬ＝殉教」という集合的自己認識を，中国沿海部一帯に拡散していくこととなったのではないだろうか。

　この特異な聖伝承の中国沿海部への拡散の過程を完全に復元することはもとより不可能であるが，現時点で入手可能な手がかりをたよりに，そのかすかな痕跡を辿ってみたい。表2-2は，中国沿海

表2-2　中国沿海部出土アラビア語墓碑における伝承 (A)(Ⅰ)(Ⅱ) の分布状況

	(A)	(Ⅰ)	(Ⅱ)	(Ⅰ) および (Ⅱ)
揚州			2 (1310, 1324)	2 (1302, 1324)
杭州		1 (1317)		2 (1307, 1318)
福州		1 (1365)		
泉州	1 (1272)	10 (1290, 1299, 1302, 1303, 1304, 1325,…)	1 (1366)	
広州		1 (1352)		

部出土アラビア語墓碑における伝承 (A)(Ⅰ)(Ⅱ) の分布状況とそれぞれの都市にそれらが見える年代を示したものである。

　(Ⅰ) の銘文のみをもつ墓碑は泉州に多く見られ (10件)，没年が判明する者はほぼ1290年代，1300年代である。これらの墓碑の墓主にはアルマリクとカズウィーン出身のハージー (メッカ巡礼の経験者)，スルタン＝フサインの子カランター＝タキーン (トルコ語「テギン」に当たる)，ブハラ出身で聖裔「サイイド・アジャル」を名乗るトガン・シャー，ハンの称号を名乗る大都出身のシャイフ (ムスリムの長老) を含む。

　北京の墓碑では (Ⅰ) と (Ⅱ) どちらの銘文も見られない。

　揚州では合計4つの墓碑のうち，2件が (Ⅱ) の銘文のみをもち，2件が (Ⅰ) と (Ⅱ) の銘文をともにもつ。前二者は，一人は1310年没のイェルサレム出身の人物で漢文銘によれば徽州路ダルガチの捏古伯という名の人物であり，もう一人は1324年没のアイーシャ・ハトゥンという名の女性である。後二者は1302年没のアラー・ウッディーンと1324年没のアルマリク出身のシャムス・ウッディーンである。

　杭州では19件のアラビア語墓碑のうち (Ⅰ) の銘文のみを有する墓碑は1件あり，商人とみられるイスファハーン出身のフワージャ・シャムス・ウッディーン・ムハンマド (1317年没) のものである。(Ⅰ) と (Ⅱ) の銘文をともに有するものは2件で，1件

は 1307 年没のフワージャ・フサーム・ウッディーンのものであり，もう 1 件は 1318 年に没した大都出身のアルスランの子マフムードの墓碑である。前者の父ヤガーン・トゥグリルという名やイェケ・ワリーという称号はトルコ・モンゴル語の要素を感じさせる。

　広州の陸川県ダルガチのラマダーンの碑文は（I）の銘文のみを持つ。

　つまり，現在知りうる情報に基づく限りで推測すると，（I）の銘文の使用は泉州で始まり，杭州で（II）の銘文が（I）から派生し，泉州に伝わった，とみることができる。

　いずれにせよ，中国沿海部の外来系ムスリム・エリート層のうち，かなりの割合を占めた旧ホラズム地方出身者の間で，（A）およびそれに類する（I）（II）の銘文にみえる，「さすらい人の死」と「殉教」を結びつける伝承が共有されていた。旧ホラズム王国の出身者の間でよく知られた預言者ムハンマドの言葉であったのかもしれない。

　ここで，改めてこれらの墓碑の被葬者の肩書きに着目してみたい。路や県のダルガチという官職を帯びる者，シャー，テギン，ハン，ハトゥンなどペルシア語，トルコ語，モンゴル語で王族を彷彿とさせる称号，ハージー，シャイフ，フワージャなどいずれもムスリムの間で尊敬を受ける地位にある人物の称号をもつものの墓碑ばかりである。これらの墓碑のニスバが示すように，墓主が帰属意識をもつ地域はヴァラエティーに富む。墓主は本人または数世代の内におそらくそれらの地域を離れモンゴルに仕え，支配階層に組み込まれて中国各地の任地を転々とした西方出身のエリートおよびその一族であろう。

　さらに敷衍すると，このエリート層に属する被葬者たちの家族は，ちょうど前節で取り上げたサイイド・アジャッル家の例にみられるように，任官して，あるいは商人として各地を転々としながら，中

国沿海部に地縁・血縁のコネクションを張り巡らせていたのではないか。このネットワークが，共通する預言者の伝承を墓に刻むという文化の広がりとも関係するだろう。現時点で考えられる伝承の拡散の仕方から見て，泉州（ないし福建）がこのネットワーク上で重要な位置にあったと推察される。これらのことを，元朝のムスリム官員の任官状況についてのデータと照らしあわせながら，検討してみよう。

すでに述べたように，モンゴル治下の中国においては，貿易や輸送に関わる官職に，外来商人が任命されることが多かった。なかでも福建沿海部におけるムスリム名をもつ官員の高率は際立っている。とくに貿易港を擁する泉州路や税関業務に関わる市舶司・転運司におけるムスリム名の官員の率は他の追随を許さない（向 2009a）。ムスリム名をもつ官員の多さは，具体的な政治動向との関連もおそらく皆無ではない。例えば泰定帝期前後の泉州市舶司のムスリム名の官員は，中央で権力を握ったダウラト・シャーの派閥に連なるものたちである可能性がある。一方でまた，福建のように帝国中心部からひどく離れた地は，官吏任用にも特別な規定が適用されており（『元史』巻83・選挙志3・詮法中），現地に赴任した者が同じ地域の官職を歴任することや，世代を超えて同地域で引き続き任官することが可能であった（向 2009a: 89-90）。

帝国の中心が置かれた燕京地区や経済先進地域の浙江と比べると辺境であった福建は，モンゴルや漢人たちからは赴任先として敬遠され，イラン系〜中央アジア系のムスリムをはじめとする非漢人の官員が世襲的な地方エリート層を形成していく傾向を助長した。無論，アラブ・ペルシャ系商人の子孫の蒲寿庚が福建地域の行政官となり，泉州大商の馬合馬丹的がその船団を率いての海運を任されたように，海外からのアラブ・ペルシャ系移民の有力者も沿海地方エリート層のなかで無視できない勢力となっていた。その結果，福建

においてはムスリムが「色目人」(本来は様々な種類の人びとの意味) の代表格となる。また，こうして沿海地方に拡散した外来系の人びとが現地の漢人と通婚したり，接触したりすることによって，民族的・文化的にハイブリッドな集団が形成された (向 2009a：90) [38]。こうしたハイブリッドな集団のアイデンティティは複雑な様相を呈することとなる。そのありようをポスト＝モンゴル期の事例を通じて見てみたい。

第 5 節　ポスト＝モンゴル期のムスリム・ディアスポラ

　まず，ポスト＝モンゴル期の東方海域世界における「実体としての」ムスリム・ディアスポラについて概観してみよう。中国沿海部において，1360 年代以降——すなわち当該地域におけるモンゴル支配の終焉以降——，アラビア語墓碑の出土例は激減する。この急激な変化についてのもっとも妥当とおもわれる説明は，「亦思巴奚 (イスパーハ) の乱」と関連させるものである。つまり，ムスリム商人が多く来航し居住していた泉州で，ムスリム自衛軍団「亦思巴奚」が町を占拠し，その平定後に数千人のムスリムが殺害され，あるものは周辺農村に逃れ，あるものは海外に逃れるなどしたのである [39]。さらに，追い打ちをかけたのが，明の洪武帝による，泉州における蒲寿庚一族に対する貿易従事禁止令であったとされる (川越 1977, 69-70; 泉州海交史博物館調査組 1978: 19)。その結果，海上商人たちの船が集まる交易センターの役割は東南アジアの諸港に移らざるをえなくなった。

　海外貿易への従事を禁じられた外来商人の子孫たちの一部は郊外または海外に離散し，地方のエリート層は科挙試験を目指すようになった。一方，反体制の傾向が強い漳州は，海賊ないし私貿易の拠点となっていった。

宗教とディアスポラの関係性という観点からは，こうした変化にともなう東南アジアのイスラームの動向も注目される。上述のように，東南アジアへのイスラーム伝播は，7〜8世紀に萌芽的にみられ，13世紀には——特にスマトラ島北部のサムドラ周辺で——それが再び加速したとみられる。

　もともと仏教・ヒンドゥー教にシヴァ教や土着の信仰が共存していたジャワにおいては，イスラーム受容の歴史は，「九聖人」（ワリ・ソンゴ）の伝承によって語られてきた。「九聖人」とは，15世紀の始めから16世紀末にかけてジャワの各地でイスラームの伝道に功績のあった一群の人びとである。こうした聖人のなかにはアラビア，ペルシア，インド，中国の出身とされる者がいたという（中村 1991；Fedelspiel 2007: 62）。かれらの伝道によって崩壊に導かれたとされる最後のヒンドゥー・仏教王国マジャパヒトの王都トロウランのイスラーム墓園マカム・トロロヨ（「死者の広い土地」の意）からは，プトリ・クンチャナ，デヴィ・アンジャスモロといったマジャパイト王族のものをはじめ14世紀後半の没年を刻んだジャワ人ムスリムの墓碑が多数発見されている（Ricklefs 2006: 12-15）。これらは，15世紀初頭の王の周囲のムスリム・コミュニティの存在や王宮周辺のムスリム居住地の存在を示す年代記の記述を裏付けるものとして注目される。ジャワにおけるイスラームの浸透は，15〜16世紀に急激に始まったのではなく，漸新的に進んでいった可能性が高い。その過程で，ムスリムである富裕な中国系商人も関わっていたということは，海を越えるムスリム・ディアスポラと宗教伝播という観点で興味深い[40]。

第６節　中国沿海部ディアスポラ・アイデンティティの
その後

　モンゴル時代以降，西方のムスリムとの接触の機会が減少した中国においては，中国沿海部のムスリムたちのアイデンティティの様相に変化が生じた。明の政権と結びつき引き続き支配層に組み込まれたムスリムたちとっては，明朝の臣としてのアイデンティティと，ムスリムとしてのアイデンティティとが，彼らの内に併存することになる。一方で，明朝による，「漢人による王朝が異民族の前王朝を倒したのだ」という正統性主張に加え，モンゴル政権に優遇されていた分，その後ろ盾を失い，マイノリティーとして中国沿海部に取り残されたことで，ムスリムたちは難しい立場におかれた。明代の泉州で編纂されたムスリムの一族の族譜の中には，外来系ムスリムであった祖先のことを隠蔽したり，同姓の漢人の名族に一族の起源を結びつけたりする，といった例が少なからず確認される[41]。

　元末に泉州から，その郊外の陳埭（ちんたい）へと移っていったムスリムの丁氏一族は，明代になって科挙合格者を輩出するなど，地元の名族として知られるようになった。現在もそこにモスクを併設した祠堂を営み，一万人規模のコミュニティを維持している。この一族の各家には，多くの種類の族譜が伝わっている。厦門大学の庄景輝教授は陳埭鎮回族事務委員会の協力により残存する族譜の校勘作業を行い，複数系統のテキストを集成し『陳埭丁氏回族宗譜』（以下，『宗譜』）として出版した（庄 1996）。そこに収録された『丁氏譜牒』の序によると，南宋末期から元朝初期のころ，その祖先で洛陽出身の節齋公丁謹は，はじめ任官して蘇州に赴き，そこに住んだが，やがて商売のために泉州にやってきたという[42]。同様の記述は，細かい異同はあるものの他系統の族譜にも見え，これが一族の間で共通認識と

なっていたようである。

　ところが一方で，『宗譜』に収録された『族譜記略引』は，模糊とした一族の由来について述べるなかで，「(未完成の族譜の)原稿に"われら，賽典赤の後裔は中国に入ってきたが，そのとき，瞻思丁^(ママ)という者がいた。そのため(丁を)姓とした"と記すものがある」という(庄　1996：8)。『福建泉州晋江県南関外二十七都陳江雁溝里丁氏族譜序』(一)にも，「あるいは遡って賽典赤回回瞻思丁^(ママ)の後裔に由来する」と述べる(庄　1996：12)。

　「回回」とはイスラームまたはムスリムを指す古い漢語である。「賽典赤」^(ママ)「瞻思丁」とは，それぞれサイイド・アジャッルとシャムス・ウッディーンの音訳である。つまり，一族の由来を預言者ムハンマドの子孫たるサイイド・アジャッルと結びつける伝承が存在していたことを示す。同じく『宗譜』に収録される「感紀旧聞」なる一篇には，この伝承についての推測が語られる。そこには次のように記されている。

　(明)嘉靖丙申年(1536)私はちょうど二十歳(弱冠)であった。汾祖の書き残した族譜の序文を読み，その書物が未完であるのを残念に思い，ひそかにその書物を完成させようと心に決めた。従伯父(父の従兄)で諱は博，字は遵厚という人が，私がこのような決心をしていることに感心し，所蔵する毅祖の手になる高さ1尺(31cm)ばかり，長さ二尺(62cm)ほどの一幅の褙褚(壁掛け布)を取り出してきて私に見せてくれた。そこには草書の一寸(3cm)あまりの大きさの字百余字で，わが一族の系譜を記してあった。その冒頭には「賽典赤回回の瞻思丁より云々」とあった。当時，私は寡聞にして無知であり，賽典赤がどういう意味なのか知らなかった。……このことを放っておいて追求しなかった。近頃，李氏の『因果録』を入手し読んでみ

ると，中に「将官章」というのがあり，「賽典赤贍思丁は回回人である。かの国の言葉の賽典赤とは漢語の貴族である。仕官して平章政事を拝命し，雲南に行省した。……」と記していた。ここから判断すれば，贍思丁は有名な人であり，だから県の佐官もその名を自称したのであろう。贍思丁が寛大で仁愛にみちた人物であったので，偽りの子孫が勢いを得ることが多かったに違いない。明朝になって一族は散らばり，夷狄の姓を廃してその名前の末字をとって氏としたことは，知るべくもない。元朝以前の中国にも丁姓はあったが，決して回教を祖とするものはいなかった。わが一族が回回（イスラーム）の教えを奉じ，代々の祖が寛容で知られているのも，その祖先に似たのであろうか。毅斎公が書き記した時代は，贍思丁が蘿槃（雲南）を招撫したときからわずかに百年あまりであり，あながち根拠のない出鱈目ともいいきれない。

　このように，丁氏がサイイド・アジャッルの子孫であるという説は，丁氏の一族の間でときおり持ち上がることがあった。しかし，一族のうちには，サイイド・アジャッルが何者であるかを知る者は多くなく，ことさらに強調すべき理由もなかった。しかし，この通常は伏せられていたサイイド・アジャッルの後裔とする伝承が，丁氏の一族がムスリムであったという事実と結びついて，俄にリアリティをもち，積極的に主張される時代がやがてくることとなる。
　ところで，明清時代において，中国のムスリムたちがアラビア語・ペルシャ語の石碑を全く作成しなくなったわけではない。例えば，北京の牛街礼拝寺や西安の化覚巷清真寺には，明代以降もアラビア語やペルシア語のテキストを含む碑が立てられている。しかし，モンゴル時代の外来系ムスリムたちの墓碑に使用されたような，さすらい人と殉教者とを結びつけるような文句は，当然，もはや「さ

すらえる存在」ではない，その後裔たちの墓に用いられることはなくなった。

　モンゴル時代の沿海部ムスリムの墓碑では，上述の（I）（II）(A) に劣らず，『クルアーン』「イムラーン一家」（第3章）第182/185節，「預言者」（第21章）第36/35節，「蜘蛛」（第29章）第57節にあらわれる次の一節も良く使用された[43]。

　　　誰でもみんな一度は死の味を見ねばならぬもの

　現在の上海市の西郊にある松江の清真寺（真教寺）に，上の言葉を記した元の時代のものとされる墓石が残されている。松江は元の時代には上海を含む地域の中心都市として路の政府が置かれ，上海は松江路に属する県のひとつであった。真教寺の墓石の傍らに立つ清・康熙年間の碑文によれば，「真教寺傍の墓道は元□□達魯花赤の故塚に係り，□蒙古人にして教は西域を宗とし（?）……官に没

し遂に此に葬る」と読める。要するにこの『クルアーン』の一節を刻んだ墓石は，この地で没した元のダルガチのものであるらしい。

　この清真寺に併設されたムスリム墓園には，現代の墓石も多数見られるが，そのうちには，上部にアラビア文字が刻まれているものがある。しかも，1968年，1973年，1974年に建てられた墓石に，上記のダルガチの墓石と同じ『クルアーン』由来の言葉がみえる。

写真 2-5　松江清真寺にある元代ダルガチの墓石

　境内にある近年作られた説明パネル

によれば，サイイド・アジャッル・ナスル・ウッディーンが松江路ダルガチとして赴任し，至正元年（1341），ナスル・ウッディーンがこの真教寺を建てたという。たしかに『正徳松江府志』を確認すると，松江路ダルガチとして「納速剌丁（元貞元年［1295］在任）」とみえる[44]。ただし，1295年に松江路ダルガチとなった「納速剌丁」と，1292年に没したサイイド・アジャッル・ナスル・ウッディーンとが同一人物であるということはありえない。しかしながら，現地のムスリムにとって，それは真実であり，サイイド・アジャッル・ナスル・ウッディーンの墓は，この人々のアイデンティティの拠り所となり，墓石に刻まれた『クルアーン』の言葉は特別な重みをもつにいたる。

　明清時代のムスリムたちのアイデンティティに関わる興味深い碑文をふたつ紹介したい。ひとつは現在，広州の先賢古墓（サアド・イブン・ワッカスの墓）の敷地内にある「三忠墓」の漢文碑である。この碑自体は新しいものだが（時期は不明），その内容は清・樊封『南海百咏続編』に収録される「広州教門三忠墓」という文章をもとにしている。「広州教門三忠墓」のテキストは下記の通りである。

　　教門三忠墓は流花橋北にある。順治庚寅（1650），（広州）大城はすでに復旧し，回民（ムスリムたち）は明の四衛指揮使の羽鳳麒，撒之浮，馬成祖の三者（の遺骸）を収容し埋葬した。旧碑はすでになくなり，『（広東？）通志』がその欠文を紀す。死をもって国に報い，事とする所に忠なる者であったからだろう。……

　　三人はもと南京の回民であった。（明・憲宗）成化の時（1465～1487），徴兵を受けて徭排（瑶族の大村[45]）を征討し，戦功があった。奏上して広州に留まらせ，四衛を置いて編入し，指揮の官

職を加えて世襲させ，それぞれ差級があった。永暦時（1647〜），三人は優遇・推薦されて都督同知の肩書を加えられた。庚寅（1650），（広州）大城は（清軍に）包囲され，鳳麒は南門を防御して昼夜懈らなかった。大城を守り切れなかった杜永和，張月らの将は南へ遁走した。そのとき，逃げるよう誘うものがいたが，鳳麒はこれを厳しく叱責した。ついに家人百名を一室にこもらせ，兵装のまま城楼で自縊した。之浮および成祖もまた殉死し，家口はことごとく俘虜となった。都司の崔応龍，守備の郭瑶は三君の義烈を目睹し，同じく降服せず自刎して死んだ。回人（ムスリムたち）は旧俗によりここに藁葬した。重垣を繚らせ，円壟（円墳）を築き，題して「先賢古墓」と称した。ひとつの亡骸の埋葬にとどまらず，賢といい，また忠というのは，実は三人をもっていうのである。……（呉 2002: 406）

写真 2-6　広州先賢古墓敷地内の三忠亭（三忠墓の碑文が建つ）

清軍に徹底抗戦し，自殺した南京出身の三人のムスリムは，中国における同じ外来者である満洲人の清朝に寝返ることなく，恩義ある漢人王朝である明朝に対する忠誠を貫き通したのである。

もうひとつの碑文は，これも広州にあったという，1751 年 11 月 16 日（乾隆 16 年 8 月 29 日またはヒジュラ暦 1164 年ズー＝ル＝カアダ（11）月 27 日）の紀年をもつ漢語アラビア語ペルシア語碑文である。墓主は，乾隆帝の時代にトルコ（オスマン帝国）から広州先賢古墓にやってきたムスリム巡礼者である。もともと先賢古墓にあったとされ，拓本の写真も先行研

究で紹介されているが，現在の所在は不明である（Broomhall 1910: 112-144）。そのメインのテキストは下記の通りである。

　　神──讃えられ，至高ならんことを！──は言われた。
　　誰でもみんな一度は死の味を見ねばならぬもの。そのあとで，みんな我らのもとに連れ戻されて来る，と。（井筒中 264）（コーラン 29: 57）
　　預言者──かれに平安あれ！──は言われた。
　　さすらいの地に死すことは殉教者として死ぬことである，と。

　　この弱りて，病みたるもの，神──至高なれ！──のお慈悲を求めるもの，ルーム（トルコ）人，ハージー・ムハンマド・エッフェンディの子ハージー・マフムードは我らが主なるサアド・イブン・ワッカス──神がかれに満足なさいますように！──とダルガーハ（ペルシア語で「宮殿」）モスクの中のかれの住処を訪れるという望みを 2 年にして達した。そして 1164 年のズー＝ル＝カアダ月 27 日に没した。

　碑の右端にはペルシア語で，次のように記す。

　　サアド・イブン・アビー・ワッカス──神がかれに満足なさいますように──はズー＝ル＝ヒッジャ月 27 日に亡くなった。

　漢文テキストは次の通り。

　　阿知墨克目徳特，来たりて先賢古墓に朝す。
　　乾隆拾四年八月二十六日──蕃勒格阿徳（ズー＝ル＝カアダ）月に係る──此に到る。

乾隆十六年八月二十九日——また蚤勒格阿徳（ズー＝ル＝カアダ）月に係る——世を辞す。

先賢，唐の貞観三年（629）欧墨勒爸爸（ウマル・ババ）の克里法（カリフ）たる年（634-644）の蚤勒哈者月二十七日に世を辞す。

ちなみに629年はムハンマド在世時であった。興味深いことに，「さすらい人」と殉教者を結びつけた，かの預言者の言葉（I）は，先賢のためにリザーブされており，新たな「さすらい人」が現れたときに，再び用いられていたのである。

最後に，現代における中国ムスリム・アイデンティティの再強化と対外的アピールの事例として，再び泉州の陳埭の丁氏一族の例を取り上げたい。

1991年，丁氏祠堂の傍らに陳埭清真寺が建設された際，その先祖をサイイド・アジャッルに繋げる説がにわかに公然と主張される形となった。清真寺の内壁に掲げられた「陳埭清真寺籌建寺碑記」によれば，「始祖は元代の著名な政治家，賽典赤・贍思丁である」と明言し，次のように謳っている。

元末の泉州では戦乱が十年つづき，色目人は大いに圧迫追放に遭い，遂に陳埭に避居し，そこに身を隠して無欲恬淡にいままで六百余年を過ごした。十一世より始まり，ようやく祖教（イスラーム）は次第に移り変わり，民俗は逐に変化し，すでに四百年以上が経過した。ただ民族意識は強烈であり，先世の遺風はなおも存している。抗日時期，祖教はまた蘇生し，中国回教救国協会福建分会と檀江・陳江分会を成立させた（庄 1996: 316）。

写真 2-7　泉州陳埭の丁氏祠堂の傍らに建つ清真寺

　このような対外的なアイデンティティのアピールの背景には，何があったのか。ひとつは，引用文に触れられている通り，「抗日時期」（日中戦争）の日本が大陸のムスリムと連携しようとする動きに対抗した愛国的な中国ムスリムの民族意識覚醒が関係するかもしれない。

　しかし，おそらくは丁氏一族への幅広い関心の高まりこそが，より直接的な要因と思われる。1974 年に泉州后渚港で宋代の沈没船が発掘されたことがひとつのきっかけとなり，鄧小平主導の改革開放政策の追い風も受けつつ，中国史上の開放政策の時代と捉えなおされた宋元時代の海上シルクロード史に関する研究が隆盛を迎えたことが影響していよう。研究の進展の結果，丁氏をはじめ泉州のムスリムが，海上交易に従事して中国に移り住んだアラブ・ペルシャ人の子孫として注目を浴びた。泉州ムスリムの先祖に対する歴史的評価が大いに高まったことは，対外的なアピールへの方向転換を後押しした。また，グローバル化の進展のなかで，泉州が歴史的に中東地域と馴染みの深かったことにちなみ，1980 年代後半に中東諸国からの投資や海外ムスリムとの交流の機会が増えた結果 [46]，「預

言者ムハンマドの子孫である」というムスリムとしての由緒正しさの意識も大いに刺激されたためであろう。現在，丁氏祠堂には，サイイド・アジャッル・シャムス・ウッディーンの肖像が飾られている。

第7節　おわりに

　中国沿海部におけるムスリムのディアスポラ型アイデンティティは，ユーラシア交流の拡大やグローバル化の趨勢に大いに影響された。おそらく唐代の海域交流の時代に中国へのムスリム・ディアスポラは始まり，しばらくのちのモンゴル時代にさらに促進された。明・清代にやや中国外部の世界と隔離され，その間，漢と回をめぐる自己認識の融通性，または，漢と回の区別の明瞭化，明王朝への忠誠心など，アイデンティティは揺らぎをみた。そして，現代のグローバル化の時代に，再度大きく外部世界と接触し，世界的なイスラームの動きとも連動しながら，外来のムスリムであった祖先への同一性が強く意識されるようになる。その際に，この外向性へ回帰するムスリム・アイデンティティを鼓舞したのは，かつての外来系ムスリムの先祖たちの墓やそこに刻まれた言葉であった。

　現代の中国ムスリムにおいては，社会・政治・経済・宗教的なイスラームの適用や解釈はそれぞれに非常に異なるものの，墓や墓地は重要である。グラドニーによれば，泉州の回族にとっては，外来ムスリムである祖先との血のつながりがその回族としての個人的そして法的なアイデンティティにとって決定的である。北西においては，「西域」から来た外来ムスリムやスーフィーの子孫であることは，より抽象的かつ観念的な言葉で言い表される。両者は，どちらも外来ムスリムの子孫である，という認識をもつが，それが，実際的であるか，それとも，観念的であるか，の違いがある（Gladney

1987:515)。

　モンゴル時代のムスリムたちのアイデンティティはこうした分岐の前段階に位置する。モンゴル時代に中国沿海部に来た，旧ホラズム王国支配下のトランスオクシアナやイラン出身者たちは——おそらく中央アジア・中東出身のムスリムたちも——，さすらい人と殉教者とを結びつける認識を共有していた。これは，その時代のムスリムに広く受け入れられていた伝承であったには違いないが，それでも，本章で紹介した（Ⅰ）（Ⅱ）の銘文のように，まったく同一種類の伝承が，中国沿海部の異なる港市のあいだで共有されていたこと，しかも，イランのカズウィーン周辺で受容されていたイブン・マージャによって伝えられた，あまり有力ではない聖伝承が，墓石に刻む言葉としてことさらに選ばれ，モンゴル統治下の中国沿海部において流布していたことは注目される。ここに，これら諸港のムスリムたちが，浙江・福建・広東といった地域区分を超えて，この中国沿海部地域に移ってきたムスリム移民の子孫が形成した，ディアスポラ型アイデンティティのありようを見て取ることができるからである。

　モンゴル時代においては，「さすらい人＝殉教者」に加え，「人はみな死をあじわう」という伝承もアイデンティティの証左として刻まれた。しかし，世代を降ると，前者はムスリムの先賢および稀であるが新たなムスリムの「さすらいの外来者」に限定され，清朝末期のムスリムの墓にアラビア語が刻まれるときにはムスリムの子孫たちのアイデンティティの証左としては後者が選ばれることとなった。

　以上のように，歴史上の中国沿海部ムスリムも，現代的な宗教や民族意識を紐帯とするはっきりとしたまとまりはもたないが，地域を超えたゆるやかな共同性としなやかな持続性をもっていた。そうしたネットワーク的な人々のアイデンティティのつながりの結節点

に，墓碑・族譜・記念碑とそこに刻まれた言葉が位置していた。これらは単に「歴史的実体としてのディアスポラ」の来歴を伝える記憶媒体であるばかりでなく，海域世界のリズムと連動して，新たな外部とのネットワークの結節点となったり，ムスリム・アイデンティティの発電機となったりすることもあった。

このような死者を記念するモノを結節点としたアイデンティティのあり方は，本来は墓を作ったり，死者を祀ったりすることのないアラブ的な伝統からは外れており，離散（ディアスポラ）したムスリムたちのハイブリッドな文化形態という印象が強い。そうした意味で，海域アジアという異質なもの同士が出会う空間が生み出した，独特なディアスポラ型アイデンティティということができる。

注

1 現存するモスクの遺構のファサードの内側にはめ込まれたアラビア語碑文はアスハーブ・モスクという名を記し，その敷地内に立つ漢文碑文は清浄寺と記す。中国ではモンゴル時代に異なるふたつのモスクがあったという説が有力であるが，中田吉信の研究で，どちらも同じモスクについての碑文であるという指摘がなされた（中田 1989）。本章も中田説に従う。

2 また明・何喬遠『閩書』に載るよく知られた俗説として，唐武徳年間，ムハンマドのとき中国に来たという四人の大賢の伝承もある。第一賢は広州へ，第二賢は揚州へ，第三賢と第四賢は泉州に伝道したという。泉州の東郊にある霊山聖墓の中心は，第三賢・第四賢のものと伝えられる墓石が並ぶ小亭がある。

3 サアド・イブン・ワッカスはムハンマドの母の伯父にあたり，17番目に改宗したため，サアド（17番）と呼ばれる。ムハンマドとじかに接した最初期の教友＝サハーバである。

4 西安（陝西省）の「創建清真寺碑記」も，隋の開皇年間にイスラームが中華に入ったという。これは唐代の碑文と称するが実際には元代頃に建てられた可能性がある（中田 1996）。

5 歴史学においてディアスポラの視点からインド洋や中国のムスリム商人ネットワークについて述べる研究が90年代以降盛んになってきた。（Wink

1990; 家島 1991, 1993, 2006; Chaffee 2006, 2018)。

6　英・マンチェスターのムスリムについての研究（Werbner, 2002: 10-11）
　　のほか，歴史上の中国ムスリムについてもそうしたシフトが見られる
　　（Chaffee 2006, 2018）。

7　宋・熊克『中興小紀』巻 23・紹興七年（1137 年）閏十月辛酉の条。

8　宋・岳柯『桯史』巻 11・「番禺海獠」。

9　清・銭大昕『元史氏族表』によれば答失蛮（ダシュマン）には不花帖木児
　　（Buqa Temür）という名の兄弟がいて，四川行省の平章政事となっている
　　が，ブカテムルなる人物が福建行省の宰相となった事実は同時代史料には
　　確認できない。しかし，明・黄仲昭纂修『八閩通志』巻 30・秩官・歴官・
　　方面・元・福建行中書省（15v）には，至元年間の平章政事として普化帖
　　木爾（ブカテムル）の名が見える。

10　『元史』巻 17・世祖本紀・至元 29 年（1292）7 月の条。

11　元・戴良『九霊山房集』巻 19・高士伝（四部叢刊・影印明正統刊本）。

12　Mukai 2016b: 237-241, No.1.

13　Mukai 2016b: 241-247, No.2.

14　Chen et Kalus 1991: 268-270, No. 185, Pl. XCe, f.

15　墓主は女性でハディージャ・カトンといい，父はティハーマ出身。墓主は
　　「カトン」というトルコ・モンゴル語由来の称号を持つ（Chen et Kalus
　　1991: 181-182, No.103, Pl. XLIX a, b; 陳 1983, No.51）。

16　Chen et Kalus 1991: 183-185, No.105, Pl. LI a, b; 陳 1983, No.57.

17　Chen et Kalus 1991: 178-179, No.100, Pl. XLVIII a; 陳 1983, no.30.

18　Chen et Kalus 1991: 114-115, No.28, Pl. XXV a, b; 陳 1983, No. 31 およ
　　び Chen et Kalus 1991, No.87, Pl. XXVII a; 陳 1983, No. 32.

19　Chen et Kalus 1991: 106-107, No.20, Pl. XXII a; 陳 1983, No.414 および
　　Chen et Kalus 1991: 112-114, No.27, Pl. XXIV b, c, d; 陳 1983, No.58. 後
　　者は墓主が "Amīr al-tūtqāsūn" という肩書を帯びる。これは元朝の駅伝を
　　管理する脱脱禾孫という官職に相当するとされる。

20　Chen et Kalus 1991: 122-124, No.34, Pl. XXVIII a, b; 陳 1983, No.48.

21　Chen et Kalus 1991: 233-234, No.160, Pl. LXXVI a; 陳 1983, No.50. 墓
　　主はアリー・テギンの娘ファーティマ・カトン。

22　Chen et Kalus 1991: 141-142, no.55, Pl. XXXV b; 陳 1983, no.53.

23　Chen et Kalus 1991: 246-247, No.169, Pl. XXVIII a, b; 陳 1983, No.54.

24　Chen et Kalus 1991: 162-163, No.79, Pl. XLIII d; 陳 1983, No.55.

25　Chen et Kalus 1991: 158-159, No.75, Pl. XLII b および Chen et Kalus

1991: 134, No.47, Pl. XXII b; 陳 1983, No.21. 前者の墓主は「ホラズム・シャー（ホラズム国王）の子ムハンマド・シャー」。詳細は後述。

26 Chen et Kalus 1991: 154-156, No.72, Pl. XLI a, b; 陳 1983, No.37. 墓主は預言者ムハンマドの聖裔サイイド・アジャッル・トガン・シャーである。本章で触れたサイイド・アジャッルの一族である可能性はあるが詳細は不明である。

27 Chen et Kalus 1991: 240-241, No.165, Pl. XXVIII a, b; 陳 1983, No.35.

28 先行研究ではアルマリクではなくスペインのマラーガ（Malaga）の可能性も併記される（Chen et Kalus 1991: 117）。アラビックの綴りの上ではどちらの可能性もあるが，スペインは地理的に無理がある。考古学者の黄文弼が 1958 年の踏査にもとづき，イリ地区霍県城の東 13 km 地点の古城をアルマリク遺址と確定した。この遺址からの中国陶磁などの出土状況を鑑み，本章では泉州・揚州の碑文に見える地名もアルマリクであると判断した。

29 Chen et Kalus 1991: 137-138, No.52, Pl. XXXIV b; 陳 1983, no.39. 先行研究では墓主のニスバをハナーラク人（Hānālaqī）と読み，ハーンバリク（大都）人（Khānbaliqī）の可能性には触れていない。原碑の該当部分は摩滅がひどく文字を正確には判別しがたいが，同時代のペルシャ語・アラビア語文献では大都の別称としてハーンバリク（つまり「大ハンの都」）は広く見られたので，ここでもハーンバリクと記されていた可能性は高いと考えた。

30 Chen et Kalus 1991: 127-128, No.38, Pl. XXIX b; 陳 1983, no.64.

31 Chen et Kalus 1991: 163-164, No.80, Pl. XLIV a; 陳 1983, no.62.

32 シャフリスターンという地名は複数存在する。しかしおそらくホラーサン地方の Nāsā から三日行程のところにある Shahristān/Shahrastān であろうとされる（Chen et Kalus 1991: 123）。

33 ヴェンシンクのハディース索引（Wensinck 1992）にもとづく。

34 ヴェンシンクのハディース索引（Wensinck 1992, tome 8: 472）およびイブン・マージャ『キターブ・アル＝スナン』所収 'Kitāb al-Janā'iz'（墓の書）（Ibn Māja 2000: 61-1613）参照。

35 イブン・マージャの『キターブ・アル＝スナン』はアル＝カイサルーニー（1113 年没）によって六大真正ハディース集に数えられたが，それらはマグリブ地方では認められていない（Lewis 1971: 3, 856, "IBN MĀDJA"）。

36 イスラームの伝承において，殉教の概念は拡大を経た結果，多様な意味を含みもつに至った。中国のアラビア語墓碑にも見える，故郷から遠く離れ

た地で死んだ者（shuhadā' al-ghurba）をはじめ，神への奉仕のさなかで殺された者，信仰のために死んだ者，病気や事故によって死んだ者が殉教者とされるほか，自然死であっても殉教者とみなされる場合や生ける殉教者さえも存在した（Lewis 1971: 9, 205-206, "SHAHĪD"）。

37　Chen et Kalus 1991:158-159, No.75, Pl. XLII b.

38　『栄山李氏族譜』（泉州市歴史研究会 1980: 76）。

39　「亦思巴奚」はペルシャ語 Ispāh（騎兵）の音訳とする説が有力である（前嶋 1974；努爾 1983）。

40　これら中国系ムスリムは，モンゴル時代の中国沿海部で外来系ムスリムと漢人の通婚の結果形成された集団であるのか，それとも，ジャワに来てからイスラーム化したのか，分からない（Reid 1996）。

41　『資料選編』（泉州歴史研究会 1980）の前言によれば「泉州回族の族譜は，政治的あるいは社会的な理由——色目人に対する蔑視と圧迫のため，一族の起源を直言することなく，中原の望族の後裔であると記すことがあるという」という（寺田 1983: 626）。

42　「始祖節齋公，諱は謹，字は慎思である。代々洛陽に住み，蘇州に任官してきて家とした。節齋公は蘇州から福建泉州に商売に来て，泉州城内に住んだ。宋の淳佑辛亥（1251）年八月十五日辰の刻に生まれ，元の大徳戊戌（1298）年七月二十五日戌の刻に亡くなった。」また，そこには，「寒家の蔵譜を惟るに，その先は蘇州太守維清公の後なり」と注記される。

43　『クルアーン』の各章の節の分け方は版により異なるが，一般的とされるフリューゲル版（Gustav Flügel による 1841 年初版の校訂本）とカイロ版とで異なる場合「フリューゲル版／カイロ版」の形で併記した（井筒 1958: 3–6）。

44　影印明正徳七年刊本の巻 22・守令題名・元，2 葉右（明・顧清等修纂，『松江府志（一）』（中国方志叢書・華中地方・455 号・江蘇省），成文出版社，1983, 953 頁）。元代にダルガチとして名の挙がる人名のうちムスリムらしき人名はほかに，麻合馬（至元末）・暗都刺（元統二年五月任）・哈只（後至元六年）・密里沙（至正二年）・哈散沙（至正十一年）が挙がる。

45　ヤオ族の大村を「徭排」という。小村は「冲」という。

46　例えば，クウェートが 1980 年，厦門付近の空港建設に，85 年に閩江の水力ダム建設に投資し，同じころヨルダンの投資家が泉州のモスクの修築に 150 万米ドルを拠出したという（Gladney 1987: 498）。

参考文献

【日本語文献】

赤尾光春，2009，「追放から離散へ——現代ユダヤ教における反シオニズムの系譜」臼杵陽監修，赤尾光春，早尾貴紀編『ディアスポラから世界を読む——離散を架橋するために』明石書店，45-79.

アンダーソン，ベネディクト，1997，『想像の共同体——ナショナリズムの起源と流行』，白石さや，白石隆訳，東京：NTT 出版.

井筒俊彦訳，1958，『コーラン』上中下，岩波書店.

イブン・バットゥータ，1999，『大旅行記』4，イブン・ジュザイイ編，家島彦一訳注，平凡社.

川越泰博，1977，「所謂"鄭和行香碑"について」佐久間重男，山根幸夫編『中山八郎教授頌壽記念 明清史論叢』燎原書店，59-76.

高栄盛，2006，「シハーブッディーンと元代の行泉府司」森川哲雄，佐伯弘次編『内陸圏・海域圏交流ネットワークとイスラム』櫂歌書房，93-117.

陳達生，1993，「中国沿海地域のイスラム」溝口雄三他編『アジアから考える [2]——地域システム』東京大学出版会，167-188.

寺田隆信，1983，「明代泉州回族雑考」『東洋史研究』42(4)：53-76.

中田吉信，1980，「海外における中国イスラムの研究」『東方学』東方学会編 65：129-143.

———，1988，「中国におけるイスラム史の研究状況——宋元時代の史蹟研究を中心に」『東方学』東方学会編 76：154-169.

中田吉信，1996，「創建清真寺碑についての一考察」『就実女子大学史学論集』11：1-73.

———，1989，「泉州清浄寺の創建問題について」『東洋学報』70(1・2)：1-24.

———，1997，「元代のムスリム」『就実女子大学史学論集』就実女子大学史学科編 12：69-222.

中村光男，1991，「東南アジア史のなかのイスラーム——秩序と変革」石井米雄編『講座東南アジア学 第 4 巻 東南アジアの歴史』弘文堂，189-216.

羽田正，2005，『イスラーム世界の創造』東京大学出版会.

———，2011，『新しい世界史へ——地球市民のための構想』岩波書店.

傳統先著，1942，『支那回教史』井東憲訳，東京：岡倉書房.

前嶋信次，1974，「元末の泉州と回教徒」『史学』三田史学会編 27(1)：16-69.

向正樹，2002，「モンゴル時代泉州の清浄寺修築について」『関西アラブ・イスラム研究』2：89-105.

114

―――，2008,「クビライ朝初期南海招諭の実像――泉州における軍事・交易集団とコネクション」『東方学』東方学会編 116：127-145.

―――，2009a,「モンゴル治下福建沿海部のムスリム官人層」『アラブ・イスラム研究』関西アラブ研究会編 7：79-94.

―――，2009b,「元朝初期の南海交易と行省――マングタイの市舶行政関与とその背景」『待兼山論叢』大阪大学文学会編，史学篇 43：29-54.

村上正二，1993,「元朝に於ける泉府司と斡脱」村上正二『モンゴル帝国史』風間書房，55-96（原載『東方学報』東方文化学院東京研究所編 13(1)，1942, 143-196）.

家島彦一，1991,『イスラム世界の成立と国際商業――国際商業ネットワークの変動を中心に』岩波書店.

―――，1993,『海が創る文明――インド洋海域世界の歴史』朝日新聞社。

―――，2006,『海域から見た歴史――インド洋と地中海を結ぶ交流史』名古屋大学出版会.

四日市康博，1999,「元朝宮廷における交易と廷臣集団」『早稲田大学大学院文学研究科紀要』早稲田大学大学院文学研究科編 45(4)：3-15.

【欧語文献】

Arnaiz, Greg. et Max van Berchem, 1911, "Mémoires sur les Antiquités Musulmanes de Ts'iuan-tcheou," *T'oung Pao*, série 2, 12: 677-727.

Barthold, W. W., 2012, *Turkestan: Down to the Mongol Invasion*, The E. J. W. Gibb Memorial Trust (First Published in Russian, 1900, Fourth Edition, 1977).

Biran, Michal, 2005, *The Empire of the Qara Khitai in Eurasian History: Between China and the Islamic World*. Cambridge University Press.

Blair, Sheila S., 1992, *The Monumental Inscriptions from Early Islamic Iran and Transoxiana*, Leiden-New York-København-Köln: Brill.

Boyle, J. A. ed., 1968, *The Saljuq and Mongol Periods* (Cambridge History of Iran, 5), London: Cambridge University Press.

Broomhall, Marshall, 1910, *Islam in China: A Neglected Problem*, London: Morgan & Scott.

Brubaker, Rogers, 2005, "The diaspora 'diaspora'," Ethnic and Racial Studies 28 (4): 1-19（ロジャーズ・ブルーベイカー，「『ディアスポラ』のディアスポラ」臼杵陽監修，赤尾光春，早尾貴紀編『ディアスポラから世界を読む――離散を架橋するために』明石書店，2009, 375-400）.

Buell, Paul D., 1993, "SAIYID AJALL (1211-1279)", in Igor de Rachewiltz, ed, *In the Service of the Khan: Eminent Personalities of the Early Mongol-Yüan Period (1200-1300)*, Otto Harrassowitz Verlag, 466-479.

Chaffee, John W., 2006, "Diasporic Identities in the Historical Development of the Maritime Muslim Communities of Song-Yuan China," *Journal of Economic and Social History of the Orient* 49 (4): 395-420.

―――, 2018, *The Muslim Merchants of Premodern China: The History of a Maritime Asian Trade Diaspora, 750-1400*, Cambridge: Cambridge University Press.

Chen Dasheng 陳達生, 1991, "Synthetical study program on the Islamic inscriptions on the southeast coast land of China 中国東南沿海地区伊斯蘭碑銘研究綱要," in *UNESCO Quanzhou International Seminar on China and the Maritime Routes of the Silk Roads* 連合国教科文組織海上絲綢之路綜合考察泉州国際学術討論会組織委員会（編）中国与海上絲綢之路, Fuzhou: Fujian renmin chubanshe, 158-182.

Chen Dasheng, 1999, "Iranian Impact on the Southeastern Coast of China in the 7th-15th Centuries: A Study on the Archaeological Evidence," *Maritime History Studies* 海交史研究, 1999(2): 98-116.

Chen Dasheng & Claudine Salmon, 1989, "Rapport préliminaire sur la découverte de tombes musulmanes dans l'Ile de Hainan,"*Archipel*, 38: 75-106.

Chen Dasheng et Ludvik Kalus, 1991, *Corpus d'Inscriptions Arabes et Persanes en Chine 1: Province de Fu-Jian (Quan-zhou, Fu-zhou, Xia-men)*, Paris: Librairie Orientaliste Paul Geuthner, S.A.

Curtin, Philip D., 1984, *Cross-Cultural Trade in World History*, Cambridge: Cambridge University Press（フィリップ・カーティン著，田村愛理・中堂幸政・山影進訳『異文化間交易の世界史』NTT 出版，2002）.

Cohen, Abner, 1971, "Cultural strategies in the organization of trading diasporas," in C. Meillassoux, ed., *The Development of Indigenous Trade and Markets in West Africa*, London: Oxford University Press.

Federspiel, Howard M., 2007, *Sultans, Shamans, and Saints: Islam and Muslims in Southeast Asia*, Honolulu: University of Hawai'i Press.

Gardner, Iain, Samuel Liu, Ken Parry, 2005, *From Palmyra to Zayton: Epigraphy and Iconography (Silk Road Studies X)*, Turnhout, Belgium: Brepols.

Gladney, Dru C., 1987, "Muslim Tombs and Ethnic Folklore: Charters for Hui Identity," *The Journal of Asian Studies* 46(3): 495-532.

―――, 1991, *Muslim Chinese: Ethnic Nationalism in the People's Republic,* Cambridge, Mass.: Harvard University Press.

Israeli, Raphael, 1977, "Muslims in China: The Incompatibility between Islam and the Chinese Order," *T'oung Pao* 63 (4-5): 296-323.

Kenny, Kevin, 2013, Diaspora: *A Very Short Introduction*, New York: Oxford University Press.

Knott, Kim, Seán McLoughlin, eds., 2010, *Diasporas: Concepts, Intersections, Identities*, New York: Zed Books.

Kumar, Ann L., 1987, "Islam, the Chinese, and Indonesian Historiography: A Review Article," *The Journal of Asian Studies* 46(3): 603-616.

Lane, George, 2003, *Early Mongol Rule in Thirteenth-Century Iran: A Persian Renaissance*, New York: Routledge.

―――, 2015, "Persian Notables and the Families Who Underpinned the Ilkhanate", in Reuven Amitai, Michal Biran, ed., *Nomads as Agents of Cultural Change: The Mongols and Their Eurasian Predecessors*, Honolulu: University of Hawai'I Press.

Leslie, Donald Daniel, 1986, *Islam in Traitional China: A Short History to 1800*, Belconnen, A. C. T.: Canberra College of Avanced Eucation.

Lewis, B., V. L. Ménage, Ch. Pellat, J. Schacht, eds., 1971, *The Encyclopaedia of Islam*, New Edition, Leiden: Brill.

McGabe, Ina Baghdiantz, Gelina Harlaftis, Ioanna Pepelasis Minoglou, eds., 2005, *Diaspora Entrepreneurial Networks: Four Centuries of History*, New York: Berg.

Mukai Masaki, 2010, "The Interests of the Rulers, Agents and Merchants behind the Southward Expansion of the Yuan Dynasty," in *Journal of the Turfan Studies: Essays on The third International Conference on Turfan Studies The Origins and Migrations of Eurasian Nomadic Peoples* 吐鲁番学研究――第三屆吐鲁番学暨欧亜遊牧民族的起源与遷徙国際学術研討会論文集, Shanghai : Shanghai guji chubanshe, 428-445.

Mukai Masaki, 2016a, "Introduction: New Approaches to pre-Modern Maritime Networks," *The Asian Review of World Histories* 4(2): 179-189.

―――, 2016b, "'Muslim Diaspora' in Yuan China: A Comparative Analysis of Islamic Tombstones from the Southeast Coast," *The Asian Review of World Histories* 4(2): 231-256.

Rashīd al-Dīn, 1971, *The Successors of Genghis Khan*, translated by John Andrew Boyle, New York : Columbia University Press.

Reid, Anthony, 1996, "Flows and Seepages in the Long-term Chinese Interaction with Southeast Asia," in Anthony Reid, ed., *Sojourners and Settlers: Histories of Southeast Asia and the Chinese*, Honolulu: University of Hawai'i Press.

Ricklefs, M.C., 2006, *Mystic Synthesis in Java: A History of Islamization from the Fourteenth to the early Nineteenth Centuries*, Norwalk: East Bridge.

Rossabi, Morris, 1981, "The Muslims in the Early Yuan Dynasty," John D. Langlois, Jr., ed., *China under Mongol Rule*, Princeton University Press, 257-295.

―――, 2014, "The Legacy of the Mongols," in Morris Rossabi, *From Yuan to Modern China and Mongolia: The Writings of Morris Rossabi*, Leiden: Brill, 423-442 (Originally in Beatrice Manz ed. Central Asia in Historical Perspective, Boulder: Westview Press, 1994, 27-44).

Vásquez, Mannuel A., 2010, "Diasporas and religion," in Knott and McLoughlin 2010.

Wensinck, Arent Jan and J. P. Mensing, 1992, *Concordance et indices de la tradition musulumane*, 8 vols., Brill.

Werbner, Pnina, 2002, *Imagined Diasporas Among Manchester Muslims*, Oxford: James Currey/

Wink, André, 1990, *Early Medieval India and the Expansion of Islam, 7th-11th Centuries* (Al-Hind: The Making of the Islamic World, vol. 1), Leiden, Boston, Köln: Brill.

Vissière, A., 1908, "Le Seyyid Edjell Chams ed-Din Omar (1210-1279) et ses deux sépultures en Chine," *Revue du Monde Musulman* 4(2): 330-346.

【中国語文献】

白寿彝，馬志祥漢訳，1936,〈杭州出土伊斯蘭教先賢墓碑拓片（一）（二）〉（国立北平研究院蔵),《禹貢半月刊》5(11)，巻頭図片 3.

陳達生，1983,《泉州伊斯蘭教石刻》陳恩明英文翻訳，福建省泉州海外交通史博物館編，福建人民出版社.

―――, 1991,〈論中国東南沿海古代阿拉伯，波斯文碑銘之研究〉,《回族研究》

寧夏社会科学院編，1991(1)：60-67.

陳達生，(法)克洛蒂娜・蘇爾夢 (Claudine Salmon)，1993,〈海南島穆斯林墓地考〉,《回族研究》寧夏社会科学院編 1993(2)：50-57.

郭成美，郭群美，1993,〈杭州伊斯蘭教暦 707 年碑，730 年碑考〉,《回族研究》寧夏社会科学院編 1993(3)：26-30.

陸俊嶺，何高済，1983,〈泉州杜安沙碑〉，福建省泉州海外交通史博物館，泉州市泉州歴史研究会編《泉州伊斯蘭教研究論文選》，福建人民出版社，136-147 (原載《考古》考古編輯部 1980(5)：72-477).

陸芸，2000,〈14 世紀中国東南沿海伊斯蘭墓碑石研究札記〉,《海交史研究》海交史研究編輯部編 2000(2)：78-83.

蘭，喬治(Lane, George)，2012,〈聚景園穆斯林塋地的墓碑〉，李治安，宋濤主編《馬可波羅遊歴過的城市——Quinsay 元代杭州研究文集》杭州出版社，238-251.

馬海雲，1998,〈回族研究的新視野——一個方法論的討論　兼評杜磊《中国穆斯林》〉,《回族研究》1998-4(32)：77-87.

莫頓，亜暦山大 (Morton, A.H.)，2011,〈元杭州鳳凰寺回回墓碑考〉，姚大力，劉迎勝主編《清華元史》清華大学国学研究院編 1：193-214.

莫頓，2012,〈波斯語詩歌的元代杭州〉，李治安，宋濤主編《馬可波羅遊歴過的城市——Quinsay 元代杭州研究文集》杭州出版社，235-237.

莫爾頓(Morton, A.H.) 著，2015,《杭州鳳凰寺蔵阿拉伯文，波斯文碑銘釈読訳注》(杭州宗教歴史文化研究叢書) 周思成訳注，烏蘇吉 (Vosougi)，王一丹，張帆，呉志堅，党宝海監訳，中華書局.

努爾 (陳達生)，1983,〈亦思巴奚〉，福建省泉州海外交通史博物館・泉州市泉州歴史研究会編《泉州伊斯蘭教研究論文選》福建人民出版社，48-52.

努爾，1983,〈揚州伊斯蘭教碑文新証〉,《海交史研究》海交史研究編輯部編 5：105-109.

———，1985,〈論中国東南沿海伊斯蘭碑刻之研究〉,《世界宗教研究》中国社会科学院世界宗教研究所編 1985(2)：122-131.

泉州海交史博物館調査組，1978,〈陳埭丁姓研究〉,《海交史研究》海交史研究編輯組編 1：17-19.

泉州市歴史研究会，1980,《泉州回族譜牒資料選編》出版社不明.

王樹理，2001,「大運河与我国回族散雑居格局的形成」『回族研究』2001-4(44)：102-104.

呉建偉主編，2002,《回回旧事類記》，銀川：寧夏人民出版社.

呉文良，1957,《泉州宗教石刻》(考古学専刊乙種第七号) 科学出版社.

——, 2005,《泉州宗教石刻》(増訂本), 呉幼雄増訂, 科学出版社.

向正樹, 2005,〈元代"朝貢"与南海信息〉,《元史論叢》元史研究会編 10：389 -406.

趙振武拓, 白寿彝漢訳, 1936,〈北平牛街清真寺先賢墓碑拓片 (一) (二)〉,《禹 貢半月刊》5(11), 巻頭図片 2.

中田吉信, 1989,〈中国伊斯蘭史研究状況——以宋元時代史迹研究為中心〉, 曲 鴻亮訳,《海交史研究》海交史研究編輯部編 1989(2)：117-130.

中元秀, 馬建釗, 馬逢達, 1989,《広州伊斯蘭古蹟研究》寧夏人民出版社.

庄景輝編校, 1996,《陳埭丁氏回族宗譜》香港：緑葉教育出版社.

【アラビア語文献】

Ibn Mājah, 2000, *al-Kitāb al-sitta (Mawsūʻat al-ḥadīth al-sharīf)*, 3rd edition, ar-Riyādh: dār al-salām.

【インドネシア語文献】

Guillot, Claude & Ludvik Kalus, 2008, *Inskripsi Islam Tertua di Indonesia, Kepustakaan Populer Gramedia*, Ecole francaise d'Extreme-Orient, Forum Jakarta-Paris.

I Made Kusumajaya, Aris Soviyani, n.d. Wicaksono Dwi Nugroho, Jawa Timur, *Mengenal Kepurbakalaan MAJAPAHIT Di Daerah Trowulan*, Balai Pelestarian Peninggalan Purbakala Jatim.

Tjandrasasmita, Uka, 2002, *Arkeologi Islam Nusantara*, Jakarta: KPG (Kepustakaan Populer Gramedia).

120

第 3 章

海を渡る硫黄
──14 ～ 16 世紀前半の東アジア海域

山内晋次

第1節　はじめに

　軍事史の重要な構成要素である火薬・火器技術に関する研究は，歴史学研究において世界的に盛んな分野のひとつであり，日本の学界においても数多くの成果が蓄積されている。そして，それらの諸研究では，火薬・火器の成分・性能・構造・伝播や，火薬・火器が戦術・権力支配・社会編成などにおよぼした影響などの多様な問題が議論されている[1]。ところが，このいっぽうで，偏在性の高い資源であるがゆえに世界商品ともなりうる，硝石・硫黄・鉛などの火薬・火器の原材料の生産・流通や，それらの権力支配などの問題に関しては，研究がおおきくたち遅れているように思われる[2]。

　このような研究状況の認識にもとづき，私はこれまで，火山列島という特殊な地質条件を有する日本列島で豊富に産出される硫黄が，火薬の不可欠な原料のひとつとして 10 世紀末〜 13 世紀頃の宋代中国に大量に輸出されていた状況を明らかにしてきた。本章では，この 10 世紀末〜 13 世紀頃の状況にひきつづき，14 世紀〜 16 世紀前半頃の東アジア海域（日本列島・朝鮮半島・中国大陸に囲まれた海域とその後背陸域）において，日本列島で産出される硫黄がどのように流通していたのかという問題を検討してみたい。そこでまず，14 世紀〜 16 世紀前半頃の流通状況の前提として，私がこれまでに明らかにしてきた 10 世紀末〜 13 世紀頃の流通状況を以下に概観しておきたい（山内 2009・2011・2014）。

　960 年に趙匡胤によって創始され，979 年に五代十国の分裂を再統一した宋王朝のもとで，中国の経済は急速に発展し，それにともなって中国・日本間の貿易も前代よりさらに盛んなものとなった。これがいわゆる「日宋貿易」である。日本・中国双方の現存史料をみる限り，この日宋貿易は宋王朝による中国再統一直後の 980 年

代に始まり，1270 年代の南宋の滅亡まで継続された。

さて，日本列島で産出された硫黄の国際流通の問題に焦点を絞っていくと，それが中国に輸出されていた事実についてはこれまでも，専門研究ばかりでなく一般向けの概説書や教科書のなかでもふれられてきた。ただ，それらの記述では，あいまいなままに残されてきた点がある。それは，日本列島で産出される硫黄の中国への輸出が開始されたのは具体的にいつの時点か，という問題である。そこであらためて，現存する 700 〜 1200 年頃の日本・朝鮮・中国史料のなかにその輸出関連記録を探っていくと，その輸出の初見史料が『宋史』巻 491・日本国伝にみえる 988 年の記事であることがわかった。このことは，7 世紀前半〜 9 世紀前半の遣唐使の時代および 9 世紀に開始された唐との貿易，さらにその後継である 10 世紀の呉越との貿易の時代には，日本列島で産出される硫黄が中国に輸出されていないということを物語っている。つまり，日本列島で産出される硫黄の輸出は，10 世紀末の日宋貿易の開始とほぼ同時に始まったということになるのである。

この 10 世紀末という時点で硫黄の輸出が始まった背景には，中国における火薬の発明とその武器への転用の歴史がある。「黒色火薬」と呼ばれる世界初の火薬は，唐末の中国における煉丹術の実験のなかで発明されたと考えられており，その原料は硝石・硫黄・木炭粉であった。907 年に唐王朝が滅亡すると，中国は五代十国の分裂・抗争の時代に突入し，この時期に火薬の武器への転用が進められ，いわゆる「火器」が発達していった。そして，この分裂を再統一した宋王朝のもとで火薬・火器の技術はいっそうの発展をみせ，その利用も拡大した。すると当然，宋代の中国において火薬の不可欠な原料である硫黄の需要も増大していくことになる。ところがここで，その需要の増大にとって致命的な問題につきあたる。というのも，当時，火薬の原料として必要とされた硫黄はおもに，活火山

から放出されるガスのなかに含まれる硫黄成分が空気中で冷やされて凝結した，非常に純度の高い「自然硫黄」というタイプの鉱石であった。しかし，北宋・南宋両王朝の支配領域のなかには，地質構造上まったくといってよいほど活火山が分布していない。このため，火薬原料としての硫黄の需要は高まっていくが，宋の領域内においてそれを自給することは不可能であった。そこで，この問題を解決すべく，おそらくは宋朝廷の主導のもとに選択された方策が，火山国の日本から海上貿易を通じて硫黄を輸入することで火薬の原料を確保するというものであったと考えられる。

　文献史料からみる限り，この日宋貿易の時代において，輸出用硫黄の日本国内における主要な産地は，現在の鹿児島県三島村に属する小さな火山島の硫黄島であったと推測される。この硫黄島で採鉱された硫黄は，国内商人の船で九州の西岸航路を通って対宋貿易の拠点港市であった博多まで運ばれ，そこで宋海商の大型貿易船に積み替えられて中国に輸出された。このように日宋貿易を通じて日本列島の硫黄が中国へ輸出されていた 10 世紀末〜 13 世紀頃の時期について，さらに考察の視野をアジアに拡大すると，宋代の中国には朝鮮半島や東南アジア地域さらには西アジア地域からも海上貿易を通して「一極集中」的に硫黄が流入していた状況がみえてくる（図 3-1）。私は，このような汎アジア的な硫黄の流通ルートに対して，「硫黄の道」という呼称を提案している。当時のアジア地域において，硫黄の国際的な流通構造がこのような一極集中的な形態をとる最大の要因は，この時期にはいまだ中華王朝による火薬・火器技術の独占状態がほぼ維持されていたためであると考えられる。

　それでは，以上のような 10 世紀末〜 13 世紀頃のアジアにおける「一極集中」的な「硫黄の道」は，その後どのような歴史的推移をたどっていくのであろうか。しかし残念ながら，現時点でこの疑問に全面的かつ精確に回答するだけの研究の蓄積は私にはない。世

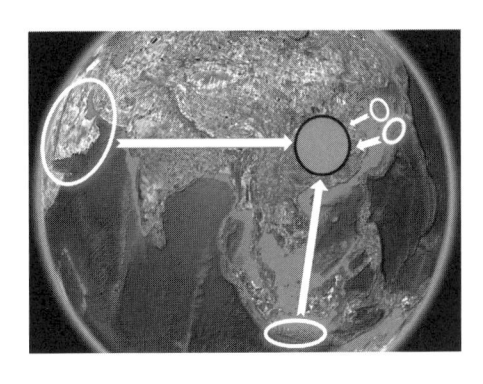

図 3-1 10 世紀末 −13 世紀
の硫黄の道概念図

界的な歴史学研究の動向を勘案してもおそらく，この問題に関しては
これまでほとんど関心が向けられなかったのではなかろうか。ただ，私がおもな研究範囲とする東アジア海域についてはとりあえず，後背諸地域に残されている漢文史料を突き合わせることにより，その流通構造の推移をある程度具体的に描きだせるのではないかと思う。そこで以下，これまでの私の研究成果に後続する 14 世紀から，日本において火器が伝来・普及する直前の 16 世紀前半頃までの東アジア海域において，火薬原料としての硫黄の生産・流通・消費に深くかかわっていた日本・朝鮮・琉球・明の間で，「硫黄の道」がどのような推移をたどっていったのか，4 地域の動向を相互に関連づけつつ俯瞰的・一体的に検討することにより，暫定的な仮説を提示してみたい。

　なお，以下の行論で硫黄の産地にふれる際に，「日本産」とはおもに薩摩・豊後の火山で産出される硫黄を指し，「琉球産」とは琉球の硫黄鳥島で産出されるものを指すこととする。そして「日本列島産」と表記する場合には，その両者を含むものとする。また，年次の表記については，煩雑さを避けるために，とくに必要のない限り中国・日本の元号や朝鮮の国王即位以来の年数を併記することなく，基本的に西暦を優先しておきたい。

第2節　日本・琉球から中国への硫黄輸出

　まず，14世紀〜16世紀前半頃の日本および琉球から中国（元・明）への硫黄輸出の状況について検討してみたい。

2-1　日元・日明貿易と硫黄

（1）日元貿易

　13世紀末〜14世紀半ばの日元貿易の時期における日本産硫黄の貿易状況に関しては，現時点で私の史料検索があまり進んでおらず，以下に示すわずかな史料を把握しているだけである。

　元代の寧波地域の地方志である『至正四明続志』（1342年成立）の巻10・釈道・玄妙観の条には，1309（至大2）年のこととして，当時中国最大の対日貿易港であった慶元（寧波）で，日本から来航した海商が元朝官吏の貿易に対する圧迫に耐えきれなくなり，日本から舶載してきた硫黄などに火をつけて慶元の市街地を焼いたという暴動の記録が残されている（榎本 2007: 120-123）。

> 　島夷は歳ごとに土物をもって互市す。郡境の吏卒のこれを侵漁するに，もって忿に堪えず，賫す所の流黄等の薬をもって城中を火く。官府・故家・民居，ほとんど尽き，（玄妙）観もまたこれと与にす。蓋し至大二年なり。

　この史料からは，日元貿易の時代においてもひきつづき，日本から中国に硫黄が輸出されていたことが明らかである。このことは，同書巻5・土産・市舶物貨の条で，日本から輸入される「麤色」（単価が安くかさばる品物）のひとつとして硫黄が記録されていることからも確実である。

　ちなみに,『元史』巻 12・成祖本紀・至元 20（1283）年 10 月壬寅条には, 中国内陸部に位置する甘州の貧しい硫黄貢納戸に対して皇帝フビライより鈔が賜与されたことが記録されている。この時期の元朝は, 1274・1281 年の 2 度にわたる日本攻略の失敗をうけて, 3 度目の日本遠征を準備している。周知のように, 1281 年の 2 度目の遠征では, 元軍は「てつはう」と呼ばれる火器を使用している。そうすると, この硫黄貢納戸への優賞は, 従前の 2 度の派兵により日本からの硫黄輸入が一時的に途絶えてしまったために, 3 度目の遠征用の火薬原料を国内で確保するためになされた措置のひとつと理解できるではなかろうか。もしこの仮説が認められるとすれば, このことの裏返しとして, 元朝期の中国においてもひきつづき日本から輸入される硫黄が火薬原料として重視されていたと考えてよいのではなかろうか。

（2）日明貿易

　つぎに, 元朝に替わって中国を支配した明朝とのあいだで展開された日明貿易に関して, 14 世紀後半〜 16 世紀半ば頃の硫黄の貿易状況をみてみたい。この時期の中国においても, 日本列島産の硫黄が火薬原料として利用されていたことは, たとえば, 15 世紀前半に朱権によって著された本草書『庚申玉冊』に, 琉球・倭から輸入されれてくる硫黄は硝石と配合して烽燧・烟火に利用される重要な軍需物資である, と記されていることからも明らかである（李時珍『本草綱目』巻 11・石 5・石硫黄）。また, 1562 年に編まれた鄭若曽『籌海図編』の巻 13 下・火器総論にも, 当時の倭寇勢力が利用していた火器原料の硫黄が琉球を含めた倭寇勢力側の根拠地で産出されるものである, と記されている。さらに, 1565 年頃に成立したと考えられる鄭舜功『日本一鑑』窮河話海・巻 2・珍宝附言土産でも, 火薬原料としての直接的な言及はないものの, 硫黄の産地とし

て「筑紫等島・大小琉球」があげられているが，この情報は鄭舜功自身が1555年に琉球列島経由で来日し，豊後などに2年間ほど滞在した際の実地見聞にもとづいているとくに貴重な情報といえる。

　さて，日本産の硫黄が明に輸出されたことを物語る最初の記録は，1373年の足利義満による最初の遣明使にかかわる硫黄使節記事である[3]。なお，すでに1371年に南朝の征西府の懐良親王を「日本国王」として認定していた明は，このときの義満の国交要求を拒絶している。これにつぐ記録として1376年の記事があり，そこでは滕八郎という商人が皇帝に貢献した品物のなかに硫黄がみえる（『明実録』太祖・巻8・洪武9年5月壬午条）。この滕八郎という商人に関しては，他の関連史料がみあたらず，具体的な人物像については不明とするしかない。ただ，後述のように，1401年に足利義満が明への使節派遣を再開するにあたって，「筑紫の商客肥富，大明より帰りて，両国通信の利を陳ぶ」（『善隣国宝記』巻中・文明2年瑞渓識語）と，その派遣を強く勧めたのが明に渡航して密貿易をおこなっていたと推測される筑紫＝博多の商人（小葉田 1969: 250, 村井ほか編 2015: 7 / 84 / 117）の肥富であることを勘案すると，問題の滕八郎もまた博多を拠点として日明貿易に携わっていた商人の1人であった可能性が高いであろう。ここで，初期の日明貿易の現場に博多商人たちが深くかかわっていたと推定される点は，のちの行論との関係でとくに注目しておきたい。さらに，1379年には，「日本国王良懐」名義の使者により硫黄などが貢上された記事がみえるが（『明実録』太祖・巻125・洪武12年閏5月丁未条），懐良親王の拠点であった征西府は1372年の九州探題今川了俊による攻略のためにすでに没落しているため，その名義をそのまま信用してよいかは疑わしい。とはいえ，この使者もまた硫黄を貢上している点はやはり重視されるべきであり，硫黄は日本からの必要不可欠な貢物のひとつと認識されていたといえよう[4]。

　こののち，南北朝の合体や九州の完全掌握を実現した足利義満は，1401 年に明への使者の派遣を再開し，1403 年の使船には進貢物として 10,000 斤（1 斤＝約 600 g）の硫黄を積載した。そして，「日本国王」に冊封された義満はこののち，1404 年・1405 年・1406 年・1408 年と遣明使を連年派遣し，それらの使節はすべてすくなくとも進貢物としての硫黄 10,000 斤を積載していたと考えられる（伊藤 2010: 156）。足利義満によって開始されたこのような日明の国交・貿易は，息子の足利義持によって 1411 年から 1431 年にかけて中断するが，1432 年に足利義教により再開された。この約 20 年間にわたる日明の国交・貿易の中断は，日本列島産の硫黄の国際的な流通にとってきわめて重要な画期となったと考えられるが，この点については後文であらためて検討する。

　足利義教によって再開された 1432 年の遣使には，進貢物として 10,000 斤，附搭物として 22,000 斤の硫黄が積載され，つぎの 1434 年の遣使にも進貢物の硫黄 10,000 斤が積載された（伊藤 2010: 156）。こののち，将軍義教の暗殺事件などによる幕府権力の混乱と低下により，ふたたび 20 年近くの派遣の中断を経て，1451 年に足利義政によって派遣された使節団は，船 9 隻，人員 1,200 名で構成された空前絶後の規模の使節団であり，その積載した硫黄も進貢物と附搭物を合わせて 407,500 斤に達した。ただ，きわめて大量の硫黄の舶載に対して明朝は，買い上げ価格の低減を命じるいっぽうで，硫黄のすべてを買取ることも拒否し，結局多量の硫黄を日本使に返却するとともに，以降の硫黄の舶載についても附搭分は 30,000 斤までとする貿易制限を命じた。さらに，このときのきわめて規模の大きな日本の使節団のとりあつかいに難渋した明朝は，1454 年，日本に対して，次回の遣使以降，10 年 1 貢，船 3 隻以内，1 隻の乗員 100 人以内というきびしい朝貢制限を命じた。いわゆる景泰約条と呼ばれる制限規定であり，この制限をうけて博多などの

商人の対中国貿易経営は，おおきな打撃を受けたと考えられる（橋本 2014b: 61）。日本に対するこのようなきびしい朝貢制限の背景には，この数年前の 1449 年に勃発した土木の変を契機とする明朝の対外政策の消極化や，それ以前から進行していた王朝財政の悪化があった（小葉田 1969: 319-322；鄭 1985: 34-36；佐久間 1992: 151-153；中島 2013b: 21；岡本 2015: 97）。また，上述の将軍義持による国交・貿易の中断を経て，1430 年代の明朝では，ほとんど来貢してこない日本の朝貢が重視されなくなっていた可能性もある（岡本 2010: 36）。

　このような朝貢制限もあり，15 世紀の後半になると，日明貿易における硫黄の輸出はしだいに振るわなくなっていったようである。この点に関してこれまでも注目されてきた史料が，『蔭涼軒日録』文明 19（1487）年 5 月 19 日条の以下のような記事である（小葉田 1969；391・1976: 188-189；伊藤 2010: 160；橋本 2014a: 132-133）。

　　堀川殿をもって，天龍寺船（1451-1453）の事，天源粛元東堂の白す所を台聴に達す。粛元日く，日本よりの進物，天龍寺船の時は馬廿匹これを渡す。文明十五（1483）年は馬五匹これを渡す。大唐においてこれを内官に相い尋ぬるに，硫磺・馬等は大唐において簡要たるかと。内官日く，簡要ならず，硫磺は□（多く？）琉球より来たると云々。硫磺・馬の渡唐の大義はこれに過ぎず。故に為来りこれを来問すと云々。以後は硫磺・馬を略され，黄金をもって銚子・提子・香爐等これを鋳て渡されるれば，則ち他より然るべきの由，粛元長老白すの由し，これを白す。

ここにみえる，天龍寺の外交僧であり 4 度の入明経験をもつ粛元寿厳の証言からすれば，1480 年頃の明朝においては，日本から

進貢されてくる硫黄がかならずしも重視されなくなっていた可能性が高い。しかもその理由として明朝の宦官があげたのが，硫黄であれば琉球から進貢されてくる，というものである。はやくにこの史料に注目した小葉田淳は，この宦官の言葉の背景に日本産硫黄と琉球産硫黄の競合という状況があったことを推測している（小葉田 1976: 188-189）。小葉田も指摘するこのような背景については，のちの第 4 節であらためて検討する。

　1454 年の景泰約条以後も，日本の遣明使は，1476 年・1483 年・1493 年・1506 年・1520 年・1538 年・1547 年と，すくなくとも進貢品としての 10,000 斤の硫黄は搭載し続けたようである（伊藤 2010: 156）。これ以外の附搭物の数量に関する記録は残されていないが，もはや 1451 年ほどの大量の硫黄が輸出された痕跡はみあたらない（小葉田 1976: 188）。

　なお，文献史料からみて，この日明貿易の時期には，有力な輸出硫黄の産地が新たに勃興していることが注目される。先述のように，13 世紀頃までの輸出硫黄の主要な産地は薩摩の硫黄島であったと推定される。そして，この硫黄島は 14 世紀以降も重要な硫黄産地としての地位を維持し，伊集院氏や島津氏の支配のもとで遣明船に搭載される硫黄がここから調達されていく。このいっぽうで新たに有力な硫黄産地として登場してくるのが，大友氏の支配下にあった豊後の伽藍岳・鶴見岳・硫黄山などの火山群である。薩摩の硫黄島や豊後の火山群で採鉱された硫黄は，遣明船用の硫黄を調達するために幕府によって派遣された硫黄使節を介して，島津氏・大友氏のもとから下関・門司・博多・平戸・五島・坊津などの諸港湾に運ばれ，そこで遣明船に搭載されて東シナ海を渡っていった（伊藤 2010；鹿毛 2006・2015: 60-86）。

　それでは，さきほど紹介した小葉田の指摘のような，15 世紀後半以降の日明貿易における硫黄輸出の不振と琉球の硫黄輸出は具体

的にどのように関連していたのであろうか。そこでつぎに，この問題を考察するための基礎的なデータを得るためにも，日明貿易と併行する時期の琉球から中国（明）への硫黄輸出の状況をみてみたい。

2-2　琉明貿易

明王朝の成立からほどない 1372 年，洪武帝は琉球にも朝貢をうながす使者を派遣してきた。当時の琉球は，沖縄島に中山・山北・山南という有力な王権が鼎立する，いわゆる三山の時代であった。この洪武帝の招諭にいちはやく応えて明に遣使・朝貢したのは，中山王の察度であった。ただ残念ながら，このときに察度が献上した貢物の具体的な内容は不明である。とはいえ，この招諭を起点として明と琉球の諸王権との政治的・経済的関係が形成されたのは確実であり，これ以後，明と琉球との関係の推移なかで硫黄が重要な役割を演じていくことになる。

現存史料による限り，琉球から明へ硫黄が輸出された最初の記録は，洪武帝の使者の李浩が馬 40 匹と硫黄 5,000 斤を琉球で購入して帰国したという 1376 年の記事である（『明実録』太祖・巻 105・洪武 9 年 4 月甲申朔条）。そして翌 1377 年には，中山王の察度が硫黄 1,000 斤を貢上している（『明実録』太祖・巻 111・洪武 10 年正月是月条）。中山王の察度はこののちも，1382 年に 2,000 斤（『明実録』太祖・巻 142・洪武 15 年 2 月乙丑条，原文は「二十斤」），1386 年には 11,000 斤（『明実録』太祖・巻 177・洪武 19 年正月辛酉条）を貢上している。ほかの 2 王権については，1390 年に山北王の帕尼芝が 2,000 斤の硫黄を貢上し（『明実録』太祖・巻 199・洪武 23 年正月庚寅条），さらに 1394 年には山南王承察度が中山王察度とともに遣使し，数量は不明ながら硫黄を貢上したことが確認できるので（『明実録』太祖・巻 231・洪武 27 年正月乙丑条），結局，琉球の 3 王権すべてから明に硫黄輸出が行われたことになる[5]。このような琉球から明への硫黄輸出開始期の

状況からは，14 世紀半ばの明王朝の成立とほぼ同時に，琉球とい
う新しい有力産地・輸出元が「硫黄の道」に登場してきたというこ
とがいえるであろう。

　ここで，明朝と琉球の朝貢関係における貢期の推移を概観すると，
両者の関係が成立した当初は，とくに貢期を設定しない「朝貢不
時」とされ，1 年に複数回の朝貢もおこなわれた。1429 年に中山
王権によって三山が統一され琉球国が成立したのち，1460 年代頃
までにはほぼ 1 年 1 貢となったが，琉球使節が明で起こした犯罪
をきっかけに 1475 年に 2 年 1 貢を命じられた。その後，1507 年
にまた 1 年 1 貢を認められるが，1522 年にふたたび 2 年 1 貢とさ
れ，この貢期がこれ以後の定例となった（入間田・豊見山 2002: 293-
294; 岡本 2010: 15-54）。この推移をみると，琉明関係においては日
明関係と比べてはるかに頻繁な朝貢と貿易が行われたことが容易に
理解されるであろう。そして，この頻繁な朝貢の機会を通じて琉球
は，日明関係よりもはるかに安定的に明朝に硫黄を輸出し続けたの
である。ただ，三山時代の朝貢 1 回あたりの硫黄貢上量は，上述
のようにほぼ数千斤の単位であり，この時期の琉球内部では硫黄の
供給体制がいまだ十分には確立されていなかったと考えられる（岡
本 2010: 47）。しかし，琉球国が成立した頃から以後は，進貢船 1
隻あたり 10,000 〜 20,000 斤程度が積載され，しだいに 20,000 斤
にほぼ固定されたため，1 回の朝貢で数万斤の硫黄が輸出され続け
た。こののち 1520 年代末頃以降は，進貢船の小型化もあって 1 回
あたりの貢上量があきらかに減少し，数千斤から 30,000 斤程度と
ばらつきがみられるようになった（小葉田 1968: 265-277; 岡本 2010:
21; 山田 2013）。そして，明朝最末期の 1638 年には，旧米の進貢硫
黄（原鉱）の定額を 20,000 斤とみなし，それをあらかじめ琉球で
精錬して 12,600 斤としたうえで貢上することが命じられ（『歴代宝
案』1 集・巻 20・6 号），この精錬硫黄の定額がつぎの清代にもうけつ

がれる（宮田 1984: 97）。ちなみに，小葉田淳は，1425 〜 1588 年の174 年間に琉球から明に輸出された硫黄の総量を約 4,000,000 斤と推計している（小葉田 1968: 277）。

　以上のような琉球による中国への継続的な硫黄輸出を支えたのは，沖縄島の北方約 110 km に浮かぶ小さな火山島の硫黄鳥島であった。薩摩の琉球侵略（1609）以前の古琉球期における硫黄鳥島での硫黄採掘の状況については，1471 年に成立した朝鮮の申叔舟『海東諸国紀』所載の「琉球国之図」に「此の島の硫黄は琉球国の採る所なり。琉球に属す」とみえるように，琉球王権による採掘が行われていたことは確実であるが，その現地での具体的な採掘状況については関連史料がほとんどなく，よくわからない。しかし，17 世紀以降の近世琉球期においては，琉球王府がこの島に硫黄採掘に専従する戸を配置し，採掘された硫黄は硫黄鳥島→伊是名島・島尻→沖縄島北部・満名川河口→同中部・比謝川河口と経由して，那覇近郊の泊港まで運ばれ，その後，那覇港の硫黄グスクと呼ばれる専用の貯蔵施設に蓄えられ，進貢船に積載されて中国に輸出された（豊見山 2002）。

　琉球国によって硫黄鳥島で採鉱された硫黄が明朝に安定的に供給され，明朝側にとっても依存するに足る資源であったことは，先述の『蔭凉軒日録』文明 19（1487）年 5 月 19 日条の明朝の宦官の言葉からも理解できるであろう。そして，この琉球国による安定的かつ継続的な硫黄輸出こそが，併行する時期の日明貿易における硫黄輸出の不振を招いた可能性が非常に高い。この点についてはさらに，第 4 節であらためて検討してみたい。

第 3 節　日本・琉球から朝鮮半島への硫黄輸出

　本節では，14 〜 16 世紀前半頃の日本・琉球から朝鮮半島（高麗・

朝鮮）への硫黄の流れを検討してみたい。

3-1　日麗・日朝貿易と硫黄

（1）日麗貿易

　まず，高麗王朝期（918〜1392）の朝鮮半島への日本産硫黄の輸出の有無という点について諸史料を検索していくと，『高麗史』巻10・世家10・宣宗10（1093）年7月癸未条に，

　　　西海道按察使奏す，安西都護府轄下の延平島巡検軍，海船一艘を捕う。載する所は宋人十二・倭人十九にして，弓箭・刀剣・甲冑并びに水銀・真珠・硫黄・法螺等の物あり。必ずやこれ両国の海賊の共に我が辺鄙を侵さんと欲する者なり。其の兵仗等の物は，請うらくは官所に収納し，捕うる所の海賊は並びに嶺外に配し，其の巡捕せる軍士を賞されんことを，と。これに従う。

という記事がみえる。ここにはたしかに，高麗の沿岸で拿捕された貿易船の積荷のひとつとして硫黄が記録されている。しかし，11世紀当時の高麗にはいまだ中国から火薬・火器技術が伝来していなかったと推定される。とすれば，この記事にみえる貿易船とは，火薬原料としての硫黄を積荷のひとつとする日本から宋に向かう船であり，悪天候などなんらかの事情で通常の東シナ海直航ルートをはずれ，高麗の西北海域に迷い込んでしまったものと考えられる。そうするともちろん，この記事は高麗王朝期の朝鮮半島に日本産の硫黄が輸出されていたことを物語る記録ではないということになる。では，高麗王朝期を通じて，ほかに日本産硫黄の輸出を証明する記録があるかといえば，管見の限りそのような記録はみあたらない。そうであれば，すくなくとも高麗王朝期の朝鮮半島には，日本

産の硫黄は輸出されていなかったと考えざるをえない。つまり，私の提唱する「硫黄の道」は，日本と高麗の間では未開通であったということになる。

ただ，ここで注意しなければならないのは，火薬・火器技術自体は高麗王朝末期には中国から確実に伝わっているという点である。たとえば，1356年には銃筒による箭の発射記録がある（『高麗史』巻81・志35・兵1・兵制・恭愍王5年9月条）。その後，崔茂宣という官人が中国人から焔硝抽出技術を習得し（『新増東国輿地勝覧』巻2・京都下・文官公署・軍器寺，『朝鮮王朝実録』太祖・巻7・4（1395）年4月壬午条），1377年には火薬を製造する火桶都監が設置されている（『高麗史』巻81・志35・兵1・兵制・辛禑3年10月条）。さらに，1378年には火器部隊の火桶放射軍が設置されている（『高麗史』巻81・志35・兵1・兵制・辛禑4年4月条）。これらの火薬・火器は，倭寇の防禦に活用されたという（有馬 1962: 226-232; 全 1978: 198-199; 山本 2016: 42）。このように，高麗王朝末期の朝鮮半島においてすでに，火薬・火器が製造・使用されていたのであれば当然，火薬原料としての硫黄の需要が発生していたはずである。しかし管見の限り，当時そのような需要を満たすために日本産の硫黄が朝鮮半島に輸出されたことを記録した史料をみいだすことはできない。では，この時期の高麗王朝は火薬原料としての硫黄をどこから調達していたのであろうか。

そこであらためて『高麗史』をみていくと，巻44・世家44・恭愍王22（1373）年11月是月条や同王23（1374）年6月壬子条に，倭寇対策のための火薬に使用する焔硝・硫黄などを明王朝に請い，それらを下賜された記事がみえる。これらの記事からみて，倭寇がさかんに朝鮮半島を襲っていた高麗王朝末期の時期には（李 1999: 240-255），倭寇の防禦用に用いる火薬原料の硫黄を日本から入手することが困難であったため，高麗王朝はおもに明王朝を通じてそれを入手し，火薬を製造していたと考えられる。このような推測が認

められるとすれば，上述のように日本産の硫黄が火薬・火器伝来ま
もない朝鮮半島に輸出されたことを物語る記録がみあたらないこ
とも，整合的に理解できるのではなかろうか。ところが，日本と朝
鮮半島の間におけるこのような硫黄の流通状況は，つぎの朝鮮王朝
の時期になるとおおきく変化していくことになる。そこでつぎに，
1392 年以降の朝鮮王朝の時期における日本産硫黄の貿易状況をみ
てみたい。

（2）日朝貿易

　先述のように，すでに高麗王朝の末期には中国から朝鮮半島に火
薬・火器技術が伝来していたため，1392 年に成立した朝鮮王朝は
当初から火薬・火器を使用していた。そうすると当然，火薬原料の
ひとつとして不可欠な硫黄に対する恒常的な需要も存在したことに
なる。このような硫黄の需要に関しては，『朝鮮王朝実録』世祖・
巻 1・元（1456）年 12 月己酉条の「銅・鉄・石硫黄は国用において
甚だ切なり」という鄭麟趾らの議論からもそれが看取できる。しか
し，朝鮮王朝にとって致命的であったのは，朝鮮半島には火薬原料
としての硫黄を産出する活火山がほとんど分布しないため，その自
給がほぼ不可能であるという，先述の宋代中国と同様の状況であっ
た。そこで朝鮮の人びとが硫黄の確保先として目を付けたのが，海
をはさんで隣接する火山国の日本であったと考えられる。
　『朝鮮王朝実録』を検索する限り，日本から朝鮮に硫黄が輸出さ
れたことを物語る最初の記録は，世宗・巻 2・元（1418）年 12 月甲
辰条の，日本国筑前州太守藏親家による 300 斤の硫黄貢献記事で
ある。歴代の朝鮮国王のなかでも，世宗（在位 1418-1450）は火器の
強化にとくに積極的であり（全 1978: 202-206; 山本 2016: 44），日本
からの硫黄輸入記事もこの国王の代にとくに集中している。この記
事の集中という点についてはもちろん，『朝鮮王朝実録』自体の各

王代間での編集精粗のバラつきなども考慮すべきであろうが，このような記事の残存状況を考えると，火器の利用に関して消極的であった太祖朝から積極策に転じた太宗朝において（山本 2016: 199-202）すでに日本産硫黄が輸入されていた可能性をまったく否定はできないものの，すくなくとも日本産硫黄の朝鮮への輸出が本格化するのは世宗の頃であると推定してよいであろう。この背景にはおそらく，15 世紀に入り，朝鮮王朝の主導による多元的な通交関係を通じた倭寇対策が功を奏して倭寇の活動がしだいに沈静化したことにより，日本から朝鮮への硫黄輸出ルートも開けてきたという事情があったのではなかろうか。つまり，この 15 世紀初め頃の段階で，日本から朝鮮半島に向かう新たな「硫黄の道」が形成されたのである。

　そうするとここで，この日本から朝鮮への硫黄輸出の初見記事がみえる 1418 年という年が，先述のように足利義持による日明貿易の中断期（1411-1432）にあたっている点が俄然注目されてくる。というのは，この中断期には，本来日明貿易を通じて輸出されるはずであった日本産硫黄の流通ルートがほぼふさがってしまったと考えられる。とすれば，その代替となる硫黄の流通ルートが必要となってくるが，そこで新たな流通ルートとして注目されたのが，倭寇の沈静化という好条件も重なった朝鮮に向かってのびる「硫黄の道」であったのではないか，と推測してみたいのである。そしてさらに推測を重ねれば，第 2 節で述べたように，1453 年の景泰約条によって日明貿易の機会と総量が大幅に制限されたが，この貿易制限以後の日本産硫黄の輸出先としても，朝鮮はいっそう重要性が増したのではなかろうか[6]。では，このような硫黄の輸出戦略の選択がどのような人びとによって主導されたのかということも問題となってくるが，この点についてはつぎの第 4 節で考えてみたい。

　この世宗朝ののちも，火器の開発・配備に関して積極的な時期と

消極的な時期の波はあるものの，朝鮮における火薬・火器の使用は継続されていく。そのため，朝鮮王朝は火薬原料としての硫黄を恒常的に一定程度備蓄しておく必要があった。そのような備蓄量が具体的に判明する史料として，たとえば『朝鮮王朝実録』成宗・巻75・8（1477）年正月丁卯条では，当時の火薬庫に硫黄 237,000 余斤が備蓄されていたことが記録されている。また，同書の中宗・巻54・20（1525）年 7 月乙丑条には，中央の軍器庫に 259,034 斤，慶尚道に 4,717 斤，開城府に 37,940 斤がそれぞれ備蓄されていたと記録されている。そして，これらの記録に関してさらに注目される点は，前者の成宗朝の記録で「然れども今，倭人の来献する者のいまだあらざれば，必ずや窮尽の時あらん」という姜希孟の意見が述べられ，当時の朝鮮王朝の官人がその程度の硫黄備蓄量では不安を感じていた点である。また後者の中宗朝の記録の 3 年後の 23（1528）年 8 月壬寅条では，「胡椒・弓角・硫黄等の物，足らざるに似たり。故にこれを加貿せんと欲するなり」という戸曹の意見が記録され，やはり硫黄の備蓄量に関する不安がうかがえる。これらの史料からは，15 世紀後半〜16 世紀前半頃の朝鮮王朝においても，日本産硫黄に対するある程度の需要が恒常的に存在していたことがわかる。なお，この期間の半ば頃には，1510 年の三浦の乱という中世日朝関係史のおおきな画期となる事件があり，日朝貿易に対して朝鮮王朝によるきびしい貿易制限が加えられたが，上述の中宗期の記事や『朝鮮王朝実録』明宗・巻 22・12（1557）年正月己巳条にみえる日本からの硫黄輸入記事からもうかがえるように，日本産硫黄に対する需要は依然として存在し続けたのである。

3-2　琉麗・琉朝貿易と硫黄

（1）琉麗貿易

琉球の王権から高麗王朝への最初の遣使は，『高麗史』巻 137・

列伝50・辛昌元（1389）年8月条にみえる，「琉球国王中山王察度，玉之を遣して表を奉りて臣と称し，我が倭賊の虜掠を被る人口を帰し，方物の硫黄三百斤・蘇木六百斤・胡椒三百斤・甲二十部を献ず」という記事であり，これは1392年の高麗王朝滅亡の直前にあたる。ここで注目されるのは，300斤という少量とはいえ，三山時代の琉球から中国への輸出と併行して朝鮮半島へも硫黄が輸出された点である。

　ところが，これ以後高麗王朝の滅亡までの間，『高麗史』巻45・世家45・恭譲王2（1390）年8月丁亥条に，ふたたび中山王の察度が遣使して被虜人を送還するとともに「土物」を献上したという記事があるものの，硫黄の貢上に関する明確な記述はみられない。この点についてはもちろん，実際には硫黄の貢上がおこなわれたが，王朝最末期の混乱によりそのことが詳細な記録として残されなかった可能性なども考えられる。しかし，琉球からの遣使記録が確認できるにもかかわらず硫黄の貢上記録がみられないという史料状況は，後継の朝鮮王朝期の史料に関しても同様なのである。そこでつぎに，その朝鮮王朝期の状況についてみてみよう。

（2）琉朝貿易

　1392年に朝鮮王朝が成立すると，中山王の察度はすぐに被虜人の送還を名目として使者を派遣し（『朝鮮王朝実録』太祖・巻1・元（1392）年8月丁卯条），その後も1394年・1397年・1400年と連続して遣使している[7]。ただ，これらの遣使記事ではたんに「礼物」「方物」などを献上したと記されるのみであり，そのなかに硫黄が含まれていたのかどうかは不明である。こののち中山王が思紹に替わってからも1409年・1410年・1418年と遣使の記事がみえるが，これらについても「礼物」などと記されるのみで，硫黄に関する具体的な記述はみられない。さらに，これ以後15〜16世紀半ば頃

の『朝鮮王朝実録』の琉球関連記事を検索しても，琉球からの使者の記録は真使・偽使を含めて（田中 1975b；橋本 2005，佐伯 2005）しばしばみられるものの，琉球から朝鮮王朝に硫黄が貢上されたことを明確に記した記事はみあたらない。

このような史料状況からは，三山時代から琉球国時代の初期にかけての琉球の王権は，朝鮮王朝に対して硫黄を輸出しなかったのではないか，という仮説が浮かびあがってくる。ただ，この仮説に関しては，上述の「礼物」「方物」のなかには実際には硫黄が含まれていたが，実録の編纂（あるいはそれ以前の）段階で細かい品目名が省略されたのではないか，という反論が可能かもしれない。しかし，『朝鮮王朝実録』世祖・巻43・13（1468）年8月己亥条に収載されている大司憲梁誠之の上書のなかで，「今，其（琉球）の礼物は，別に軍国の需いる所なし」と，琉球が献上する「礼物」のなかには朝鮮王朝の軍事や国政に必要な物品がないことが述べられていることからすればやはり，琉球から朝鮮王朝には硫黄が輸出・貢上されていなかった可能性のほうが高いのではなかろうか。

あるいは，朝鮮の王権や官人たちはそもそも，琉球で大量の硫黄が産出することを知らなかった，もしくは琉球産の硫黄には興味をもっていなかった可能性なども考えられるかもしれない。しかし，『朝鮮王朝実録』世祖・巻27・8（1462）年2月癸巳条で，琉球国使臣宣慰使の李継孫が琉球使の普須古・蔡璟に琉球国の土産・異物を質問した際に，琉球使たちが「黄金・珊瑚・琥珀・硫黄・鑌鉄あり。硫黄の若きは則ちこれを堀ること一年にして，復た其の坎を満たし，窮盡の理なし」と答えていることや，明への常貢の数量を質問されたのに対しても「一年に一度，臣を遣わして硫黄六万斤・良馬四十匹・珠貝等の如きの物を朝貢し，数に拘わらず」と答えている。また，先述のように，申叔舟『海東諸国紀』（1471年成立）の「琉球国之図」には，先述の硫黄鳥島にあたる「鳥島」が描かれており，そ

こには「琉球を去ること七十里なり。此の島の硫黄は，琉球国の採る所なり。琉球に属す」と注記されている。これらふたつの史料からすれば，朝鮮の王権や官人たちは，琉球の王権がその領域内の硫黄鳥島で大量の硫黄を採掘していること，およびその硫黄を明朝に大量に貢上していることなどを確実に知っていたと考えざるをえない。にもかかわらず，上述の梁誠之が述べているように，琉球から朝鮮王朝に対して，「礼物」のひとつとして「軍国」に必要と考えられる硫黄が貢上されることはなく，また朝鮮王朝が琉球に対して積極的に硫黄の貢上を求めたことを物語る史料も管見の限りみあたらない。

　以上のような琉球と高麗・朝鮮王朝との間における硫黄の流れは，おそらくつぎのように概括できるであろう。すなわち，14世紀末にはじめて高麗王朝と接触した琉球の王権は，そのすこしまえに朝貢関係が成立した明朝の例に准じて硫黄や東南アジア産品などを貢上した。ところが，その国交成立の直後に高麗王朝が滅亡し，新たに朝鮮王朝が成立した。この朝鮮半島の政治変動に対して琉球の王権は，すぐさま遣使して朝鮮王朝との国交・貿易関係を樹立したが，その関係のなかで琉球から朝鮮王朝に硫黄が輸出されることはなかったのである。では，なぜ高麗王朝最末期の1事例を除き，琉球から朝鮮半島へ硫黄が輸出された形跡がみられないのであろうか。この問題については，次節で検討してみたい。

第4節　日本・琉球・明・朝鮮間における硫黄流通の連関構造

　本節では，これまで個別に検討してきた日本・琉球から明代の中国および高麗・朝鮮王朝期の朝鮮半島への硫黄の流れを，相互に関連づけながら構造的にとらえる試みをおこなってみたい。

4-1　明朝にとっての安定した硫黄供給元の変化

　まず注目したいのは，15 世紀の東アジア海域において，明王朝が安定的かつ恒常的な硫黄の供給元として期待したのが，それまでの日本から琉球にシフトしていったのではないかという点である。そして，このような明王朝の認識の変化を端的にあらわしているのがまさに，先述の『蔭涼軒日録』文明 19 （1487）年 5 月 19 日条にみえる明の宦官の「硫黄であれば琉球から貢上される」という言葉であると考えられる。

　この明が期待する供給元の変化という仮説の当否を考えるデータのひとつとして，日本・中国の諸史料にみえる 1373 〜 1560 年の間の日本から明への硫黄輸出の数量データ[8] と，同時期の琉球・中国の諸史料にみえる琉球から明への硫黄輸出の数量データ[9] をもとに，両者の硫黄輸出の歴史的な推移を比較する暫定的なグラフを作成してみた[10]（グラフ 3-1）。

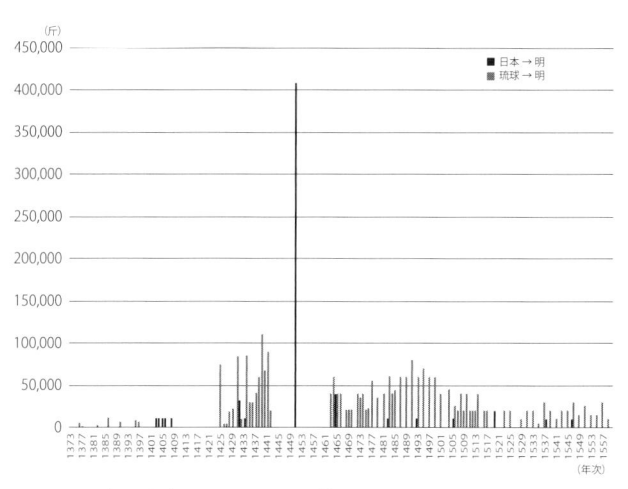

グラフ 3-1　日本・琉球から明への硫黄輸出 （1373-1560）

このグラフからは，以下のような点を指摘することができる。まず1点目として，室町幕府4代将軍の足利義持により日明間の国交・貿易が中断された1411〜1432年の間に，琉球が硫黄の対明輸出を伸ばしていることが明確にわかる。ついで2点目としては，1425年以降，琉球が日本よりもはるかに頻繁な朝貢頻度のもとで安定した硫黄の供給を維持しているのに対して，15世紀後半以降の日本に関しては，1454年の景泰約条による10年1貢という制限を受けたこともあり，硫黄輸出の機会そのものが大幅に制限されてしまい，これに連動して硫黄の輸出量自体もおおきく減少したであろうことが推定される。なお，このグラフでは，『歴代宝案』自体に当該時期の文書が欠落しているために，1443〜1462年の琉球から明への硫黄輸出のデータが示されていないが，日明貿易関連の史料である『笑雲入明記』の宝徳5（1453）年6月25日条に，滞明中の日本の遣明使を明の宦官がたずねてきたときの記事として，「李内管，温州より来たりて曰く，琉球，馬十五匹・硫磺二万斤・蘇木一千五百斤を貢ぐ，と」とみえることから，『歴代宝案』に文書が収載されていない上記20年の期間においても，琉球から明への硫黄輸出は安定的に維持されていたと考えてよい。

　これら2つの点からは，15世紀以降の東アジア海域における国際的な硫黄流通の状況に関して，つぎのような歴史的な推移を推定することができる。すなわち，15世紀初頭においては，明朝にとって日本がもっとも確実に硫黄の入手を期待できる貿易相手であった。ところが，その日本が1411年から1432年にかけて明朝との国交・貿易を一方的に中断したことにより，明朝はかわって琉球にその期待を寄せるようになった。そして，1432年に日明間の国交・貿易関係が復活しても，1454年の景泰約条によって日本との貿易機会が10年に1度となってしまったことにより，明朝はますます硫黄の供給を琉球に依存する方向に進んでいった，と考えられるのであ

る。この点では，第 2 節で紹介した小葉田淳の日本産硫黄と琉球産硫黄の競合という指摘は，まさに正鵠を射たものだったわけである。また，すくなくとも本章の主題である硫黄という物品に限って言えば，足利義持による約 20 年間の国交・貿易の中断は，アジアにおけるその物品の流通構造をおおきく変えるきわめて重要な画期となったともいえるのではなかろうか。

4-2　日本と琉球の朝鮮半島への硫黄輸出状況の違い

つぎに注目される点は，日本と琉球からの朝鮮半島への硫黄輸出状況の明確な違いである。前節でみたように，日本から朝鮮王朝への硫黄輸出については，1418 年の初見記事以降，具体的な輸出数量を示す記録が継続的には残っていないという限界があるとはいえ，すくなくとも 16 世紀半ば頃までは輸出が継続されていたと推測できる。これに対して琉球に関しては，14 世紀末の高麗王朝最末期の国交・貿易の開始時点でごく少量の硫黄を輸出したものの，朝鮮王朝に替わって以降は使者（真使か偽使かという問題はあるが）の派遣はあるが，硫黄はおそらく輸出されなかったものと推定される。このような，日本産の硫黄がさかんに朝鮮に流入していくいっぽうで，琉球産の硫黄はその流通ルートに乗らなかったという状況の背後には，どうしてもなんらかの流通戦略の存在を想定したくなる。

4-3　全体的な連関構造についての仮説

以上，14 〜 16 世紀前半頃における日本・琉球から明代の中国および高麗・朝鮮王朝期の朝鮮半島への硫黄輸出の状況に関して，とくに注目される 2 つの状況を指摘した。それでは，これら 2 つの状況の間には，なんらかの連関性を考えることができるのであろうか。しかし残念ながら，この連関性を直接物語るような史料は管見の限りみあたらない。とはいえ，現時点で私が把握している間接的

な史料・データを組みあわせると，やはりそこには密接な連関性がみえてくるように思われる。そこで本節の最後に，その連関性についての暫定的な仮説を提示しておきたい。

　紙幅の関係もあるので，結論をさきに言ってしまえば，その仮説とはすなわち，15世紀以降，薩摩の硫黄島や豊後の硫黄鉱山などで採鉱された日本産の硫黄がおもに朝鮮半島向けに貢上・輸出されるのに対して，硫黄鳥島で採鉱された琉球産の硫黄はおもに中国に向けて輸出されるというような，いわば硫黄流通市場の「棲み分け」状況が意図的に作りだされたのではないか，というものである。では，そのような市場の構造は，どのような人びとにより，どのような理由で作りだされたと考えればよいのであろうか。

　そこで，まずその担い手の最重要候補として注目したいのが，博多・対馬を拠点として交易にかかわっていた貿易勢力である。これらの人びとに関しては，従来の日明・日朝関係史の研究の蓄積を通じて，博多・対馬の商人や彼らと密接にかかわる地域権力がその主軸であると考えられている。彼らは，港市博多をおもな舞台として日明・日朝・琉朝貿易の進貢品や附搭貨物の調達にふかくかかわるとともに，日本・琉球から朝鮮への使節の派遣を請負いあるいは偽装しつつ交易の利益を追及していた（田中 1959・1975a；小葉田 1968: 8 / 37-44・1969: 69 / 258；佐伯 1999・2003, 関 2002；伊藤 2005；橋本 2005・2012）。このような博多・対馬の貿易勢力の活動に関して，本章の主題である硫黄という交易品とのかかわりについてみれば，『朝鮮王朝実録』世宗・巻34・8（1426）年11月庚寅条に記されている，当時の有力な博多商人の1人であった宗金（佐伯 1999）が朝鮮国王への個人的な貢上品のひとつとして 1,000 斤の硫黄を献上したという記事が注目される。すなわちこの事例からは，博多商人たちが硫黄の調達ルートを確実に握っていたことがわかるのである。

　つぎに，このように明・朝鮮・琉球との貿易にふかくかかわって

いた博多・対馬の貿易勢力が，上述のような硫黄の流通市場の「棲み分け」構造を作りださねばならなかった背景については，現時点で私は以下のような仮説をいだいている。

　1401 年の足利義満による遣使を契機として開始された日明間の国交・貿易は，その後 1410 年までは連年の遣使により順調に維持されていた。ところがその国交・貿易関係は，1411 年に足利義持によって中断され，1432 年に足利義教によって遣明使が復活されるまで，ほぼ 20 年にわたって中断した。こののち，義教により 1434 年にふたたび遣使がおこなわれたが，そのつぎの遣使は 1453 年の足利義政によるものまでまた 20 年近く間隔が空いてしまい，さらにこの遣使の帰国に際して明朝は先述のような 10 年 1 貢を規定する景泰約条を命じたのである。なお，この日本に対するきびしい朝貢制限の背景として，当時の明朝の対外姿勢の消極化や財政の悪化などがおおきく影響していたことは先述の通りであり，これらのこともももちろん，15 世紀後半以降の日明貿易の不振と密接にかかわっている。そしてこれ以後，明朝から命じられた 10 年の派遣間隔をほぼ維持しながら，遣明使の派遣は 16 世紀半ばまで続けられた（村井ほか編 2015: 32-33）。このような明との国交・貿易関係の推移のなかで，1411 ～ 1431 年の貿易の中断や 1453 年以降の 10 年 1 貢制という厳しい制約を連続して課せられた博多商人たちは，その経営を維持していくために，日明貿易以外に朝鮮・琉球との貿易や国内商業との兼業を余儀なくされたと考えられる（佐伯 2005: 65; 橋本 2014b: 50）。この日明貿易市場の縮小の流れのなかでは当然，日宋貿易以来，対中国用の主要輸出品のひとつであった日本産硫黄の市場も，おおきく狭まることになる。そこで，その新たな有望市場として日本の貿易勢力が目をつけたのが，14 世紀後半以降火薬・火器の使用が始まったにもかかわらず，その不可欠の原料のひとつである硫黄がほとんど産出されない朝鮮半島であったのであ

る。

　しかしここで，ひとつ問題が発生する，それは，貿易勢力の主軸である博多商人との密接な関係のもとに高麗・朝鮮王朝への遣使をおこなっていた琉球でも硫黄が大量に産出し，対中国用の主要な輸出品（貢物）のひとつとなっていたことである。そこで，この琉球産硫黄に関して，琉球国王の朝鮮遣使を請負いあるいは偽装していた博多商人たちは，対中国用の市場が急速に狭まってしまった日本産硫黄の流通市場を朝鮮において確保するために，港市博多を媒介とした琉球・朝鮮間の貿易市場自体の連関は維持しつつも，日本・朝鮮間の硫黄流通市場には琉球産の硫黄を投入しない，という商業戦略を選択したと推測することはできないであろうか。そしてこの商業戦略のもとに，日本産硫黄が朝鮮半島に輸出されるいっぽうで，琉球産硫黄がそこに舶載されることはなく中国市場のみに向けて輸出される，という状況が相互に連動して生まれてきたのでなかろうか。

　このような硫黄流通市場の「棲み分け」という私の仮説にとって参考となるこれまでの研究成果としては，たとえば，15 世紀後半以降，琉球国自体が朝鮮市場にさほど期待・関心を寄せていないのではないか，という見解がある（橋本 2005: 108-109）。また，1453年の景泰約条による 10 年 1 貢制などの明朝の貿易規制強化の結果不振に陥った日明貿易の代替として，日本の貿易勢力がいっそう日朝・日琉貿易に関心を寄せていったのではないかとする推測もなされている（佐伯 2005: 65; 橋本 2014b: 61）。

　なお，以上のような日明・日朝・日琉貿易の主導権を，つねに博多商人が強力に握っていたわけではない。たとえば日朝貿易に関しては，15 世紀半ば以降しだいに対馬の宗氏よる主導権が強化されていき，16 世紀にはほぼ対馬の勢力による独占状態となる（佐伯 2005: 67）。ただ，そのように主導権を掌握した対馬にとって，港市

博多とその商人たちがまったく不要となってしまったわけではけっしてない。対馬の勢力にとって博多およびそこを拠点とする商人たちは依然として，対朝鮮貿易の輸出品の調達および輸入品の売却において重要な役割を果たしていたのである。つまり，博多および対馬の貿易にかかわる勢力は，その主導権の推移をともないつつ，協力関係にあり続けたことはまちがいない（佐伯 2005: 71-72）。このような観点から本章では，硫黄流通市場の「棲み分け」を画策した人びととして博多・対馬の商人や地域権力をひとつの「貿易勢力」ととらえて仮説を提示しているのである。そうすると当然，本章で提示される以上のような仮説をめぐっては，その「貿易勢力」の内部における個別・具体的な状況・関係をより詳細に追究していくことが，今後の必須の課題となるであろう。

第 5 節　おわりに

　これまでみてきたように，14 世紀〜 16 世紀前半頃の東アジア海域では，おもに九州地域で産出する日本産の硫黄と沖縄諸島に属する火山島で産出する琉球産の硫黄が，海上貿易を通じて朝鮮半島や中国に大量に輸出され，それらの地域の火薬製造の基盤を支えていた。当該時期におけるこのような硫黄の国際的な流通状況を，本章の冒頭で概括的に紹介した 10 世紀末〜 13 世紀頃の状況と比較すると，以下のような点が注目される。

　まず 1 点目として，朝鮮半島という新たな硫黄の流入核と日本からそこに向かう新たな硫黄流通ルートが形成されたという点がある。2 点目は，日本列島の南端に琉球という有力な硫黄産地が生まれ，そこから朝鮮半島・中国への新たな硫黄流通ルートが形成されたという点である。これら 2 つの点を勘案すれば，14 〜 16 世紀前半頃の東アジア海域における国際的な硫黄流通の状況は，新たな

流通ルートおよび有力産地が加わったことで，日本から中国に向けて単線的に流通ルートが伸びていた13世紀頃までの状況からおおきく変化したととらえることができる。すなわち，私が主張する汎アジア的な硫黄流通ルートである「硫黄の道」が，10世紀末〜13世紀頃の「一極集中」的に硫黄が中国に流れ込むモデルから，「多極（多核）化」「複雑化」したモデルへと変化したと理解できるのである（図3-2）。なお，議論の煩雑化を避けるためにこれまであえて触れなかったが，15〜16世紀頃の琉球は，東南アジアの暹羅や安南にも硫黄を輸出している。とすれば，視野をさらに東南アジア海域にまで拡大すると，琉球からの硫黄輸出ルートがさらに1つつけ加わることになり，「硫黄の道」の「多極（多核）化」「複雑化」の様相はさらに深いものであったことがわかる。

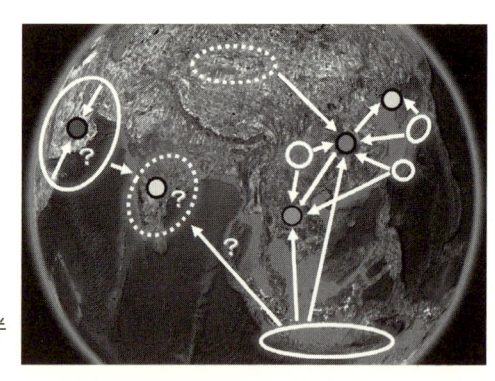

図3-2　14-16世紀前半
の硫黄の道概念図

　このような「硫黄の道」の構造変化を引き起こした最大の要因は，13〜14世紀頃を画期とする中国からアジア諸地域への火薬・火器技術の伝播・拡散という状況であったと考えられる。そしてこの状況のなかで，火薬原料としての硫黄の新たな消費地が生まれ，その需要に応じて新たな硫黄産地が開発され，その産地と消費地とをつなぐ複数の新たな流通ルートが生まれていったという図式が想定

される。また，従来火薬・火器技術を有していなかった地域にそれらの技術が伝わったことにより，それまで中国への輸出品のひとつとして利用されていた硫黄が，その地域内で火薬原料として消費されるようになったために，旧来の流通ルートが衰えたり，消えてしまったりした事例なども考えられる。火薬・火器が普及した 16 世紀半ば以降の日本はまさに，この事例に該当するといえよう。今後さらに，東アジア海域だけでなく東南アジア・南アジア・西アジア・中央アジア地域なども含めてこの「硫黄の道」を長期的な歴史スパンで検討することにより，「硫黄からみた世界史」の可能性がおおきく開けてくるのではなかろうか。そして，その「世界史」のなかでは，日本列島産の硫黄がきわめて重要な役割を演じていたことが，あらためて注目されてくるものと思われる。

　14 〜 16 世紀前半頃の東アジア海域における硫黄流通に関して注目される 3 つ目の点として，王権・国家間交流の外皮の下でうごめく，あるいは実質的にその基盤を支える，民間商業勢力の活発な動きである（入間田・豊見山 2002: 293-295；佐伯 2005；上里 2010；岡本 2010: 143-146；村井 2010: 23-24・2013: 368-369；橋本 2007: 165-167・2012）。この点は，たとえば第 3 節において検討した日朝・琉朝貿易の状況や，16 世紀の東アジア・東南アジア海域において中国の密貿易商人を主軸とする倭寇勢力が火薬・焔硝・硫黄の非合法な流通にふかくかかわっていたこと（太田 2002）などからも，十分に理解できるであろう。私はかつて，10 世紀末〜 13 世紀の日宋貿易と併行する時期の東アジア・東南アジア海域において，王権・国家と民間海商との相互依存関係（もたれあい）のもとに海上貿易が展開されていた状況を指摘したが（山内 2003），このような状況は本章で検討した 14 〜 16 世紀前半頃の状況ともつながっているのではなかろうか。

　以上，本章ではきわめて概括的な考察に終始してしまったが，今

後の研究のたたき台となるいくつかの仮説は提示できたのではないかと思う。今後さらに個別・具体的に細部の状況を詰めつつ，より緻密かつ精確な「硫黄の道」の歴史像を描いていきたい。

注

1 たとえば（有馬 1962；岸本 1998a・b；孫 2006；中島 2011・2013a）など参照。

2 硝石に関しては（Sun 2013），硫黄に関しては（Mizota & Yamanaka 2014），鉛に関しては（平尾ほか編 2014）などが近年の重要な成果である。

3 （伊藤 2010: 156/165）。以下それぞれの遣明使による硫黄の積載量は，この（伊藤 2010: 156）の「表1 硫黄の舶載が確認できる遣明船」による。

4 1587 年成立の『万暦大明会典』巻 105・礼部 63・主客清吏司・朝貢 1 では日本国・琉球国・暹羅国・蘇門荅剌国，巻 106・礼部 64・朝貢 2 では錫蘭山国などに「貢物」として硫黄がみえる。

5 ここで疑問を感じるのは，山北王・山南王が中山王と共同で遣使して硫黄を貢上した記録がいくつかみえる点である。後述のように，沖縄地域では硫黄鳥島でしか硫黄が産出しないことを勘案すると，三山の王たちの貢上硫黄の入手経路には共通した商業勢力が介在していた可能性が高いのではなかろうか。

6 （橋本 2014b: 50）でも，この時点における日朝貿易の代替的役割に言及している。

7 以下，『朝鮮王朝実録』中の琉球関連記事の所在については，池谷望子ほか編・訳注 2005 を参照。

8 ただ，このデータはほとんどの事例について，日本国王から明皇帝への朝貢品として規定された一定の数量の硫黄（常貢）しか記録されていない。遣明使が舶載した硫黄にはそれ以外に，明政府によって買いあげられる附搭物の硫黄があったが，その数量はほとんどの事例について不明である。この点で，このデータが数量的考察にあたっておおきな限界のあるデータであることは否めない。

9 このデータについても，前注の日本・明間のデータと同じように，附搭物の数量が不明であるという点や，その数値データの根幹となる外交文書集『歴代宝案』で 1423 年以前および 1443 から 1462 年の間の記録が欠けているという点などの限界性がある。

10　このグラフは，(伊藤 2010；山田 2013) を土台としつつ，私自身でも『善
　　隣国宝記』『明実録』『歴代宝案』などを検索・確認して作成したものであ
　　る。

参考文献

【日本語文献】

有馬成甫，1962，『火砲の起源とその伝流』吉川弘文館．

池谷望子ほか編・訳注，2005，『朝鮮王朝実録琉球史料集成』(原文篇・訳注篇)
　　榕樹書林．

伊藤幸司，2005，「日朝関係における偽使の時代」日韓歴史共同研究委員会編
　　『日韓歴史共同研究委員会報告書』第1期・第2分科 (中近世)，日韓文化
　　交流基金，107-144．

―――，2010，「硫黄使節考――日明貿易と硫黄」西山美香編『アジア遊学
　　132 東アジアを結ぶモノ・場』勉誠出版，154-172．

入間田宣夫・豊見山和行，2002，『日本の中世5 北の平泉，南の琉球』中央公論
　　新社．

上里隆史，2010，「琉球の大交易時代」荒野泰典ほか編『日本の対外関係4 倭寇
　　と「日本国王」』吉川弘文館，134-160．

榎本渉，2007，『東アジア海域と日中交流――九〜一四世紀』吉川弘文館．

太田弘毅，2002，「倭寇をめぐる焔硝と硫黄と火薬」『倭寇――商業・軍事的
　　研究』春風社，335-363．

岡本弘道，2010，『琉球王国海上交渉史研究』榕樹書林．

―――，2015，「明代史の展開と対外関係」村井章介他編『日明関係史入門
　　――アジアのなかの遣明船』勉誠出版，93-100．

鹿毛敏夫，2006，「一五・一六世紀大友氏の対外交渉」『戦国大名の外交と都市・
　　流通――豊後大友氏と東アジア世界』思文閣出版，230-273．

―――，2015，『アジアのなかの戦国大名――西国の群雄と経営戦略』吉川弘
　　文館．

岸本美緒，1998a，「東アジア・東南アジア伝統社会の形成」樺山紘一ほか編
　　『岩波講座世界歴史13 東アジア・東南アジア伝統社会の形成 16-18世紀』
　　岩波書店，3-73．

―――，1998b，『世界史リブレット13 東アジアの「近世」』山川出版社．

小葉田淳，1968，『中世南島通交貿易史の研究』刀江書院 (再刊)．

―――，1969，『中世日支通交貿易史の研究』刀江書院 (再刊)．

———，1976,「中世における硫黄の外国貿易と産出」『金銀貿易史の研究』法政大学出版局，178-195.

佐伯弘次，1999,「室町期の博多商人宗金と東アジア」『史淵』136, 101-121.

———，2003,「室町後期の博多商人道安と東アジア」『史淵』140, 31-49.

———，2005,「十五世紀後半以降の博多貿易商人の動向」『九州大学 21 世紀 COE プログラム人文学 東アジアと日本 交流と変容』2, 65-75.

佐久間重男，1992,『日明関係史の研究』吉川弘文館.

関周一，2002,「東アジア海域の交流と対馬・博多」『中世日朝海域史の研究』吉川弘文館，216-249.

全相運，1978,『韓国科学技術史』高麗書林.

孫来臣，2006,「東部アジアにおける火器の時代：1390-1683」『九州大学東洋史論集』34, 1-10.

田中健夫，1959,「日鮮貿易における博多商人の活動」『中世海外交渉史の研究』東京大学出版会，35-65.

———，1975a,「明および朝鮮との通交貿易の展開」『中世対外関係史』東京大学出版会，153-204.

———，1975b,「琉球に関する朝鮮史料の性格 付朝鮮と琉球の関係の諸時期とその推移」田中健夫『中世対外関係史』東京大学出版会，290-311.

鄭樑生，1985,『明・日関係史の研究』雄山閣出版.

豊見山和行，2002,「琉球王国時代における硫黄鳥島史の諸相」沖縄県文化振興会公文書管理部史料編集室編『沖縄県史 資料編 13 硫黄鳥島』沖縄県教育委員会，278-298.

中島楽章，2011,「銃筒から仏郎機銃へ——十四〜十六世紀の東アジア海域と火器」『史淵』148, 1-37.

———，2013a,「鉄砲伝来と倭寇」荒野泰典ほか編『日本の対外関係 5 地球的世界の成立』吉川弘文館，186-199.

———，2013b,「序論——「交易と紛争の時代」の東アジア海域」同編『南蛮・紅毛・唐人——一六・一七世紀の東アジア海域』思文閣出版，3-33.

橋本雄，2005,「朝鮮への「琉球国王使」と書契——割印制」『中世日本の国際関係——東アジア通交圏と偽使問題』吉川弘文館，74-115.

———，2007,「中世の国際交易と博多——"大洋路"対"南島路"」佐藤信・藤田覚編『前近代の日本列島と朝鮮半島』山川出版社，157-172.

———，2012,『偽りの外交使節 室町時代の日朝関係』吉川弘文館.

———，2014a,「中世日本と東アジアの金銀銅——十五・十六世紀を中心に」小野正敏他編『考古学と中世史研究 11 金属の中世——資源と流通』高志

書院，121-155.

―――，2014b,「東アジア世界の変動と日本」大津透ほか編『岩波講座日本歴史 8 中世 3』岩波書店，41-76.

平尾良光ほか編，2014,『別府大学文化財研究所企画シリーズ 3 大航海時代の日本と金属交易』思文閣出版.

宮田俊彦，1984,『琉球・清国交易史――二集『歴代宝案』の研究』第一書房.

村井章介，2013,「古琉球をめぐる冊封関係と海域交流」『日本中世境界史論』岩波書店，360-386.

村井章介ほか編，2015,『日明関係史研究入門――アジアのなかの遣明船』勉誠出版.

山内晋次，2003,「東アジア・東南アジア海域における海商と国家」『奈良平安期の日本とアジア』吉川弘文館，195-228.

―――，2009,『日本史リブレット 75 日宋貿易と「硫黄の道」』山川出版社.

―――，2011,「硫黄流通からみた海域アジア史――日本史とアジア史をつなぐ」『九州史学』160, 35-47.

―――，2014,「東アジア海域論」大津透他編『岩波講座日本歴史 20 地域論』，岩波書店，87-114.

山田浩世，2013,「明代琉球国派遣船一覧表について」赤嶺守ほか編『琉球大学 人の移動と 21 世紀のグローバル社会IX 中国と琉球 人の移動を探る――明清時代を中心としたデータの構築と研究』彩流社，103-179.

山本進，2016,「朝鮮時代の火器」『東洋史研究』75-2, 37-68.

李領，1999,『倭寇と日麗関係史』東京大学出版会.

【欧語文献】

Sun Laichen, 2013, "Saltpetre trade and warfare in early modern Asia", in Momoki Shiro, Fujita Kayoko, and Anthony Reid (eds.), *Offshore Asia: Maritime Interactions in Eastern Asia before Steamships*, Institute of Southeast Asian Studies.

Mizota, C., & Yamanaka, T., 2014 " A Stable Isotopic Constraint on the Origin of Sulphur Ore Excavated from the Exotic Four-lobe Jars that Prevailed during Late Medieval to Early Modern Times in Sakai (Osaka), South-western Japan", *Archaeometry*, 57-S1, 166-174.

第4章

鄭和の記憶
──ポルトガル人のインド到達と中国情報

中島楽章

第1節　はじめに

　13世紀末から14世紀前半にかけて，モンゴル支配のもとで東西交流は活況を呈し，ユーラシア西端のヨーロッパと，東端の中国とが直接的に結ばれることになった。マルコ・ポーロをはじめとする商人や宣教師が，元朝支配下の中国を訪れ，彼らの旅行記を通じて，同時代的な中国情報がヨーロッパにもたらされた（Lach 1965: 30-48; 佐口 1970: 156-178, 217-247）。しかし14世紀中期におけるモンゴル支配の解体によって，ヨーロッパと中国との直接的交渉も途絶してしまった。1368（洪武元）年の明朝の成立後，約150年間にわたって，ヨーロッパ人が中国を訪れたことは記録されておらず，中国認識も元代の知識のまま更新されることはなかった。15世紀前期には，鄭和の艦隊が紅海・ペルシア湾まで到達するが，その情報がヨーロッパに伝えられた形跡もない。

　一方，15世紀にはポルトガルがアフリカ西岸の探検航海を進め，地理情報を集積していった。そして1498年にいたり，ヴァスコ・ダ・ガマの艦隊が喜望峰経由でカリカットに到達し，ヨーロッパと海域アジアを直接的に結ぶ航路が開かれた。その後ポルトガル人は，さらにインド洋から南シナ海・ジャワ海へと進出し，最新の地理情報を集積し，マルコ・ポーロ以来の海域アジア認識をぬりかえていった（Lach 1965: 148-228）[1]。

　ポルトガル人が実際に中国に到達したのは1513年であるが，すでに15世紀末にインドに到達した時点で，ポルトガル人は漠然とした形ではあるが，中国情報に接していた。特にカリカットは鄭和艦隊の主要渡航地であり，現地にはその記憶がまだはっきりと残っていた。ヴァスコ・ダ・ガマがカリカットに来航した1498年は，鄭和艦隊が最後にカリカットに寄港した1433年から65年後にす

ぎない。幼少時に鄭和艦隊を実見した人物が，晩年にヴァスコ・ダ・ガマの艦隊を実見した可能性さえある。ポルトガル人が最初に接した中国情報は，まさにこの鄭和に関する記憶だったのである。

　ポルトガル史料に記録された最初期の中国情報については，すでに日本・ポルトガル・中国の研究者により検討が進められている。そのなかでも先駆的な業績が，1936 年の岡本良知『16 世紀日欧交通史の研究』である。岡本はおもにポルトガルの年代記史料により，ポルトガル人がインドで収集した中国情報に関する一連の記事を紹介し，鄭和の記憶がインド各地に伝承されていたことを明らかにした（岡本 1936: 55-65）。

　これに対し，ポルトガルや中国でこの問題に関する研究が本格的に進展したのは，2000 年以降のことである。まずポルトガルでは，ルイ・マヌエル・ロウレイロが 2000 年に刊行した，16 世紀の中国・ポルトガル関係史の通史において，ポルトガル船がもたらした最初期の中国情報を，書簡や年代記などをひろく利用して検討した（Loureiro 2000: 89-114）。ついで 2002 年には，カルメン・M・ラドゥレットが，ポルトガル人のインド到達に関連するイタリア語史料に，ポルトガル語訳注を附して刊行したが，そのなかにも重要な中国情報が含まれている（Radulet 2002）。さらに 2005 年には，ジョルジェ・M・ドス・サントス・アルヴェスがこの問題に関するフランス語論文を発表し，インドに来航したポルトガル人が，かつての中国人の継承者として認識されていたと論じた（Dos Santos Alves 2005）。また中国では，2003 年に金国平・呉志良が，鄭和の航海に関する一連のポルトガル語史料を，関連する漢文史料とも対照して検討した専論を刊行した（金・呉 2002）。両氏はその後も，この問題をめぐる数編の論考を発表している[2]。

　このように近年では，ポルトガルや中国において，ポルトガル史料に残された鄭和の航海に関する記憶や，最初期の中国情報の紹

介・検討が進んでいる。しかし日本では，岡本良知の先駆的業績以来，ほぼ80年にわたり，この問題をめぐる論考は発表されていないようである。また近年のポルトガルや中国の研究でも，岡本の研究成果は参照されていない。この問題に関する年代記史料を網羅的に検討した岡本の研究は，現在でもなお価値が高いが，事実関係の誤りも散見し，文語体の訳文も読みやすいものではない。

このため本章では，近年のポルトガルや中国における研究成果を参照して，ガマやカブラルのインド航海にともなって伝えられた中国情報を，あらためて提示してみたい。本章で紹介する史料は，すべて上記の諸研究で引用されたものであり，各史料の内容についても，特に新しい解釈を提示するわけではない。ただし近年の研究でも，この問題に関連する諸史料を網羅的に紹介・検討したものはない。このため本章では，先行研究で紹介された，ガマやカブラルの艦隊がもたらした中国情報を包括的に紹介するとともに，関連する中国・ヨーロッパ史料も参照して，それらの内容をより詳しく検証することにしたい。

ポルトガル人がインドで記録した鄭和の記憶は，大航海時代のヨーロッパ人が最初に接した中国情報であり，またインドにおいて，鄭和の遠征がどのように認識され，伝承されていたかを知るうえでも興味深い史料である。本章ではまず中国史料により，上記の先行研究では論及されていない，鄭和艦隊のマラバール海岸，特にカリカットへの来航状況を確認する。そのうえで，特にヴァスコ・ダ・ガマによる第1回インド遠征，および1600年のペドロ・アルヴァレス・カブラルによる第2回インド遠征に関連して記録された，鄭和艦隊に関連する一連の記事を紹介・検討することにしたい。

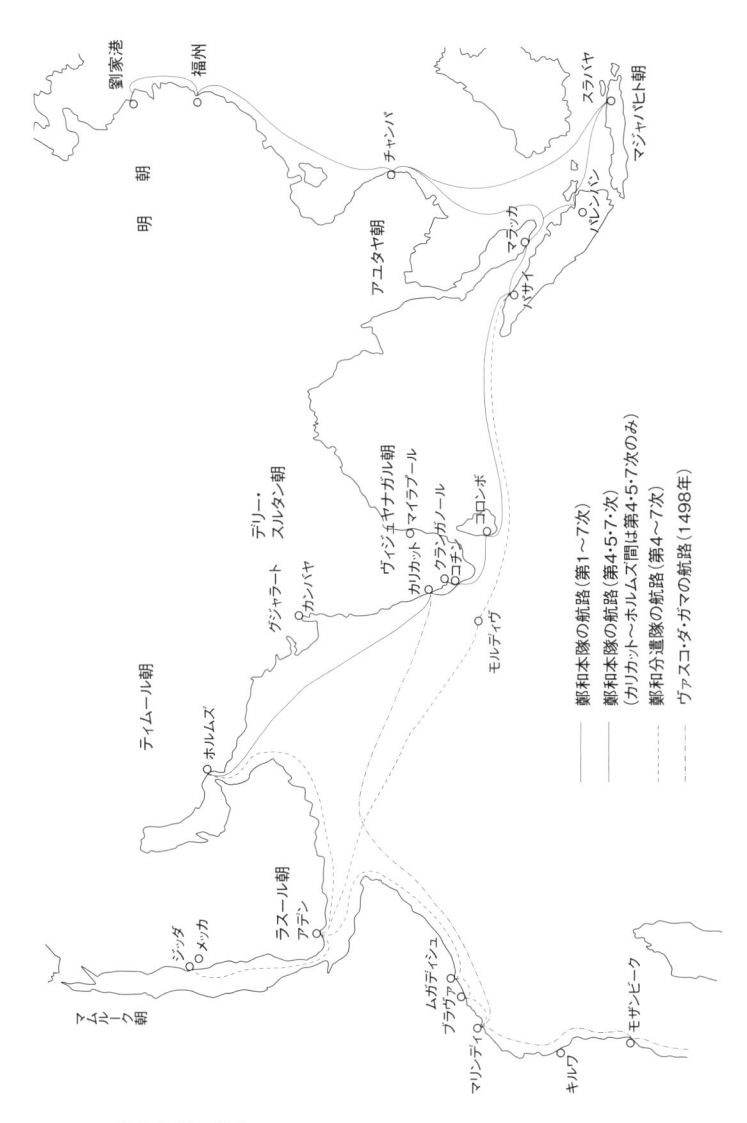

図 4-1　鄭和艦隊の航海ルート

第2節　明初におけるマラバール海岸との通交

　インド西南沿岸のマラバール海岸は，古くからインド洋の東西を結ぶ中継地として，ユーラシア海上貿易で重要な位置を占めていた。またマラバール海岸は，胡椒をはじめ，生姜・シナモン・白檀などの大産地であり，インド東南沿岸のコロマンデル海岸や，セイロンなどの物産の集荷地でもあった。7-9世紀には，アラブ系・イラン系海商のダウ船が中国南岸まで航海し，マラバール海岸にはその中継港が発達した。10-12世紀には，アラブ系・イラン系海商は中国南岸から撤退する一方，華人海商が南シナ海に交易圏をひろげていく。さらに12世紀末から14世紀前半には，華人ジャンク船はベンガル湾をこえてマラバール海岸まで進出し，アラビア海から来航するダウ船と交易を行うようになる（家島 1993: 20-27, 47-51, 299;家島 2006: 101-103, 311-318）。

　南インドでは，9世紀からチョーラ朝がタミル地方を中心に，インド洋海上貿易を掌握して繁栄していたが，13世紀後半にはパーンディア朝によって滅ぼされた。パーンディア朝は元朝とも活発な通交をおこなったが，14世紀に入ると北方のイスラム系王朝に圧迫されて衰退した。しかし14世紀中期には，ヴィジャヤナガル朝が台頭し，イスラム系王朝と抗争しつつ，南インド一帯に勢力を拡大していった（辛島 1998）。

　ただしマラバール海岸には，ヴィジャヤナガル朝の直接的な支配はおよばず，港市ごとにヒンドゥー系の小王国が分立していた。12-13世紀には，南部のクイロン（コッラム）がもっとも繁栄していたが，14世紀には北部のカリカット（コーリコード）が最大の貿易港となり，両者の中間にあるコチン（コチ）がそれに次いだ（桑田 1993: 420-431）。これらの港市では，ヒンドゥー系商人のほか，シ

リア正教のキリスト教徒や，ユダヤ系商人も活動していた。さらにカンバヤ地方のグジャラート系ムスリム商人も，カリカットを拠点として，東南アジアから東アフリカにいたる海域に交易圏を広げていった。またマラバール海岸の諸港市には，アラブ系・イラン系商人と現地女性との通婚により，マーッピラと呼ばれるムスリム系のコミュニティも成長していく（家島 1993: 285-289; 辛島 2004: 178-195）。

　13-14 世紀初頭には，モンゴル支配のもとで，ユーラシアの東西を結ぶ海上・陸上貿易は活況を呈していた。しかし 14 世紀中期には，ユーラシア全域の気候寒冷化にともなう全般的危機と，モンゴル支配の解体のなかで，海域アジアの長距離貿易も衰退していく。14 世紀の危機のさなか，1368（洪武元）年に中国を統一した明朝の洪武帝は，即位直後には南インドにも使節を派遣して通交をおこなっている。しかし 1371（洪武 4）年以降，洪武帝は海禁政策を施行して，民間商人の海外貿易を厳禁してしまった（檀上 2013: 72-81）。これによって華人ジャンクの南インド来航もほとんど途絶してしまったようである。

　これに対し，1402（建文 4）年に即位した永楽帝は，ただちに東・東南アジア諸国とともに，「西洋」にも使者を派遣して即位を告げ，翌年には宦官の尹慶をコチン（柯枝）などの諸国に派遣した。これをうけて，1405（永楽 3）年には，カリカット（古里）王の「沙米的」が尹慶とともに来朝し，永楽帝は彼を国王に冊封することを命じている（Ptak 1989: 91-97）。沙米的とは，カリカット王の称号サムティリ（Samutiri）の音写であり，のちにポルトガル人はこれをザモリン（Zamorim）などと称した（Ptak 1989: 94）。そして同年末には，鄭和の第 1 次遠征が，カリカットを最終目的地として実施されたのである。

　永楽帝の積極的対外政策のもとで，14 世紀の危機とそれにつづ

く洪武帝の海禁政策によって沈滞していた，ユーラシアの東西を結ぶ海域・内陸交易はふたたび急拡大していく。特に7回におよぶ鄭和の南海遠征によって，中国から東アフリカにいたる広大な海域が直接的に結ばれることになった。永楽年間にも海禁政策は堅持されていたが，宋元時代に海上貿易を担っていた華人・ムスリム海商は，あらたに明朝の主導する朝貢貿易の枠組みのもとで，ふたたび貿易活動を活発化させることになったのである。鄭和艦隊の乗員には，鄭和自身も含めムスリムも多く，その遠征は華人・ムスリム海商を担い手とするユーラシア東西貿易を，明朝主導の朝貢貿易という形態で再編し，復興させるという意義ももっていた。

　鄭和の遠征については，いうまでもなく膨大な研究があるが[3]，特にカリカットとの通交については，ローデリッヒ・プタックが『太宗実録』などの漢文史料を博捜して時系列的に考証している（Ptak 1989: 97-107）。また第4次〜第7次遠征の分遣隊の航程については，家島彦一がアラビア語史料と漢文史料を対照して検討をくわえている（家島 1993b）。ここではこれらの研究も参照して，鄭和艦隊のカリカットをはじめとするマラバール海岸への来航状況を整理しておこう。

　第1次遠征では，62隻の大艦隊に，28,000人近い兵員が乗船し，1405（永楽3）年末に長江河口から出帆した。艦隊は冬季の北東風で南シナ海を南下し，翌年には東南アジア各地に寄港して，秋冬期の北東風でベンガル湾を渡り，翌1407（永楽5）年には，永楽帝の詔勅や銀印などをカリカット国王に賜与している。その後，春夏期の南西風で帰航の途につき，晩夏の南西風で南シナ海を北上し，9月に中国に帰還した。1407-1409（永楽5-7）年の第2次，1409-1411（永楽7-9）年の第3次遠征でも，おおむね同じような航程をとり，カリカットまで往復している（Mills 1970: 10-12; 小川 1998: 210-216; Ptak 1989: 97-100）。

　さらに 1413-1415（永楽 11-13）年の第 4 次，1417-1419（永楽 15
-17）年の第 5 次，1430-1433（宣徳 5-8）年の第 7 次遠征では，鄭
和の本隊はカリカットで越冬せず，ホルムズまで往復した（Mills
1970: 12-19; 小川 1998: 216-221; Ptak,1989: 101-104）[4]。このうち最後
の第 7 次遠征については，祝允明『前聞記』に詳しい航海日程が
記録されている（年月は陰暦）。それによれば，艦隊は宣徳 5 年閏 12
月に南京を出航，東南アジア各地に寄港したのち，ベンガル湾を
渡って，宣徳 7 年 11 月にカリカットにいたり，さらにアラビア海
を渡って，12 月末にホルムズに到着した。帰路は翌宣徳 8 年 2 月
にホルムズを出帆し，3 月にカリカットに戻り，東南アジア各地に
寄港して，7 月に南京に帰着したのである[5]。第 4 次・第 5 次遠征
の本隊も，同じように秋冬期の北東風でベンガル湾・アラビア海を
渡って，カリカットからホルムズにいたり，春夏期の南西風で帰航
したのであろう。

　さらに第 4 次遠征からは，本隊とは別に，分遣隊がアラビア海
沿岸を巡航している。第 4 回遠征では，分遣隊は 1413 年秋から冬
の北東風で，パサイからインド洋を直進し，モルディブ諸島を経
由して，ケニアのマリンディに達した。さらに翌年夏の南西風で
北上し，アデンを経てホルムズにいたり，翌 1415 年の春から夏に
かけて，カリカットを経て東南アジアに戻り，翌 1416 年夏の南西
風で帰国した。第 5 次の分遣隊は，1419 年 1 月までにアデンにい
たり，2 月から 3 月の東北風で東アフリカを南下してマリンディに
達し，4 月以降の南西風でカリカットを経て東南アジアに戻り，翌
1420 年夏の南西風で帰国したようである（家島 1993b: 248-255; 小
川 1998: 216-219）。

　第 6 次の分遣隊は，1422 年の秋以降にカリカットにいたり，翌
1423 年 1 月にアデンに寄港している。その後，3 月に南ソマリア
のブラヴァに達し，4 月以降にホルムズまで北上し，そこからカリ

カットを経て東南アジアに戻り，同年秋までに帰国した。そして第7次の分遣隊は，1432年初頭にカリカットにいたり，やはりアデンを経てブラヴァに達した。さらに6月にはジッダに入港してメッカに巡礼したのち，同年末までにホルムズに戻って本隊に合流し，翌1433年にカリカットを経て帰航したと考えられる（家島 1993b: 255-264; 小川 1998: 219-228)。

　このように鄭和の艦隊は，7回の遠征でつねにカリカットに寄港していた。第7次の本隊以外は，カリカット入港の時期は明記されていないが，一般的な航海シーズンから判断して整理してみると，次のようになる。① 1406年（第1次），② 1408年（第2次），③ 1410年（第3次），④ 1414，1415年（第4次本隊），⑤ 1415年（第4次分遣隊），⑥ 1418，1419年（第5次本隊），⑦ 1419年（第5次分遣隊），⑧ 1422，1423年（第6次分遣隊），⑨ 1431年（第7次分遣隊），⑩ 1432，1433年（第7次本隊）。

　すなわち鄭和の艦隊は，本隊と分遣隊をあわせて，1406-1433年のあいだに，10回にわたりカリカットに入港したことになる。特に1406-1423年には，18年間に8回も来航しており，往路・復路の入港を2回と数えれば，18年間に11回にのぼる。この艦隊の来航時には，各国の朝貢使節を送りとどけ，帰航時には新たな朝貢使節が同乗していた。特にカリカットの朝貢使節は，本隊の帰航時だけではなく，第4次から6次の分遣隊の帰航時にも同乗していた（小川 1998: 210-228; Ptak 1989: 97-107)。『太宗実録』によれば，鄭和の遠征が行われた1405年から1433年の間に，カリカットの朝貢は9回，コチンの朝貢は5回を数える。南アジアでは，このほかにカヤル（加異勒）・セイロン（錫蘭山）・ベンガル（榜葛剌）が各4回，コインバートル（甘巴里）が3回，クイロン（小葛蘭）が1回朝貢したことが記録されている（邱 1995: 182-184)。

　このように16世紀前期，特に永楽年間には，鄭和の艦隊は恒常

的にカリカットをはじめとするマラバール海岸の港市に寄港しており，それに同乗して，たえまなく各港市の朝貢使節が往来していた。この大艦隊が残した強烈な印象は，その後もマラバール海岸で鮮明に記憶されており，15 世紀末にカリカットやコチンに来航したポルトガル人は，現地でその記憶をしばしば耳にすることになったのである。

第 3 節　1548 年，ヴァスコ・ダ・ガマのカリカット到達と中国情報

　1433 年，鄭和の艦隊が第 7 次遠征の帰路，春季の南西モンスーンでカリカットを出港したのを最後に，中国船は南インドから姿を消した。明朝は南海遠征を完全に中止し，12 世紀初頭から 300 年以上にわたって続いてきた，華人ジャンクのインド洋貿易は，鄭和の遠征による急拡大の直後に，突如として幕を下ろしたのである。インド洋方面からの朝貢貿易も，1459（天順 5）年にセイロンが朝貢使節を派遣したのを最後に跡を絶った（邱 1995: 232-234）。15 世紀末からは，海域アジアの朝貢貿易が縮小する一方，明朝の海禁が弛緩し，華人海商の南シナ海への密貿易が拡大していくが，彼らがマラッカ海峡をこえてインド洋まで渡航したことは記録されていない。

　華人ジャンクのインド洋からの撤退による空白を埋めたのが，マラッカ（ムラカ）王国であった。マラッカ王国は 15 世紀初頭，鄭和の艦隊の航海拠点として発展し，明朝との朝貢貿易を推進する一方，イスラム教を受容して，ムスリム海商を誘引した（山崎 2013）。15 世紀後半になると，多くの華人海商が海禁を破ってマラッカに渡航し，中国商品をマラッカにもたらし，琉球王国も朝貢貿易で入手した中国商品を，マラッカに中継輸出した。インド洋からは，グジャ

ラートのムスリム海商をはじめ，アラブ系・イラン系海商や，南インドのタミール系海商（クリン）などが，東・東南アジアの商品を求めてマラッカに来航した（Meilink-Roelofsz 1962: 60-88）。

　東からの鄭和の艦隊がインド洋から撤退した 65 年後，西からのヴァスコ・ダ・ガマの艦隊がインド洋に姿をあらわす。1497 年 7 月，ガマは 4 隻の艦隊を率いてリスボンを出港し，大西洋を南下して 11 月に喜望峰を越えた。翌 1498 年には，モザンビークからスワヒリ海岸を北上して，4 月にはマリンディに入港した。マリンディには，かつて鄭和の第 4 次遠征の分遣隊も寄港しており，鄭和艦隊が到達したもっとも遠方の港市でもあった。ガマの艦隊はマリンディ国王から提供された，グジャラート出身のパイロットとともにアラビア海を渡り，5 月 17 日に，カリカットの北方，カナノール王国の近海に到達したのである（生田 1992: 44-98; Subrahmanyam 1997: 79-94, 112-128; クリフ 2013: 145-198）。

　ガスパール・コレア Gaspar Correia が 16 世紀中期に執筆した，歴代インディア総督の事績を中心とした年代記『インディア伝承集』Lendas da Índian には，この時のこととしてひとつの説話を伝えている。それによれば，カナノールでは，遠方から来た色白な人びとの王が，いつか全インドを征服するという予言が伝えられていた。カナノールの国王は，色白な人々が乗った異国船が来航したのを知り，占術師たちに彼らがどこから来たのか質問し，彼らは上記の予言のことを伝えた。国王が驚いて他の人びとに諮問すると，何人かが占術師に異議を唱えて，次のように述べたという。

　　それらの船が来航する 400 年前から，マラッカ Malaca・中国 China・琉球 Lequeos の諸地域から，毎年インドに 800 隻以上の大小の船が，多くの国々の人々を乗せて来航していました。彼らはたいへん豊富な商品を舶載し，運び込んで売却しま

した。彼らはカリカットに滞在し，（マラバール）海岸全域を訪れ，カンバヤにも赴きました。来航する者がとても多いので，彼らはこの地を埋めつくすほどで，海岸沿いのあらゆる場所に居留し，そこにいた商人と同じように歓迎され，もてなされていました（Correa 1858-1866: livro 1, tomo 1, 68-69; Stanley 1869: 146-147. cf. 岡本 1936: Dos Santos Alves 2005: 44-46）[6]。

つまり彼らは，今回異国船で来航した色白の人びとも，かつて中国などからインドに来航し，貿易をしていた人びとと同類であり，恐れるには及ばないと説いたのである。

この記事は，あくまでコレアが記録した説話であり，もとより琉球船がインドまで来たはずもなく，毎年 800 隻以上の大小の船が来航したというのも極端な誇張である。ただし実際に，華人ジャンクのマラバール海岸来航は，ポルトガル人来航に 350 年ほど先だつ 12 世紀にははじまり，15 世紀初頭の鄭和の遠征でピークに達していた。マラバール海岸の人々にとって，その記憶はまだかなり鮮明であり，新たに西方から来航した色白の人びとを，かつての東方からの来航者と結びつけることになったのであろう。

5 月 28 日にいたり，ガマはカリカットに上陸して国王と会見した。国王はガマの献上品の貧弱さにあきれながらも，彼に交易を行うことを許した。ただしガマは現地の商習慣に通じておらず，ムスリム海商の妨害もあって，国王との間には不信が生じ，現地に商館を設立するという目的を果たすことはできなかった（生田 1992: 98-117；クリフ 2013: 198-232）。

ガマの第 1 回インド航海の乗組員による，現存する唯一の記録が，船隊の書記アルヴァロ・ヴェリョ Álvaro Velho の航海記である。この航海記の末尾には，ガマ艦隊に同乗してインドからポルトガルに渡航したユダヤ系商人の情報にもとづき，マラバール海岸以

東の国々について記しているが，その範囲はマラッカまでに止まる。マラッカについては，「多くの磁器や多くの絹」があると記しているが，それらの産地は示されていない（ヴェリョ 1965: 422）[7]。

　ガマの艦隊は，8 月末にカリカットを出帆して帰途につき，東アフリカから喜望峰を経て，翌 1499 年 7 月初頭に，まず 1 隻がリスボンに帰着した。ポルトガル船によるインド航路開拓のニュースは，ただちに全ヨーロッパに広がり，特にそれまでエジプトやシリアを通じて，アジア産品をほぼ独占的に供給していたヴェネツィア商人に大きな衝撃をあたえた。当時リスボンには，多くのイタリア商人が居留していたが，そのうちの 1 人が，フィレンツェ商人のジローラモ・セルニージ Girolamo Sernigi であった。彼は 7 月初頭にリスボンに帰着した船の乗員から，いちはやく航海情報を聞きつけ，10 日付の書簡でフィレンツェに報告した（Loureiro 2000: 92-93, Radulet 2002: 51-52）[8]。

　このセルニージの書簡は，インド航路発見を伝えた最初の情報として転写され，1407 年には，フラカンツィオ・ダ・モンタルボッド Fracanzio da Montalboddo が刊行した，『新たに再発見された国々と，フィレンツェ人アメリゴ・ベスプッチの称する新世界』 *Paesi novamente retrovati et novo mondo da Alberico Vesputio Florentino intitulato* に収録され，ひろく流布した（Montalboddo 1507）。最近では，カルメン・M・ラドゥレットが，フィレンツェのリッカルディアーナ図書館所蔵の 15 世紀末から 16 世紀初頭の写本により，セルニージ書簡などを複刻し，ポルトガル語の訳注を附して刊行しており（Radulet 2002: 51-93），ここでもこのテキストを利用する。

　セルニージ書簡は，アルヴァロ・ヴェリョの航海記に比べて，貿易や商品に関する叙述が多いのが特徴であるが，そのなかには次のような注目すべき記事が含まれている。

　約 80 年前，このカリカットの町に，色白のキリスト教徒の
船団が到来しました。彼らはドイツ人のような長髪で，あごひ
げはなく，口の周りだけにコンスタンティノープルの騎士や廷
臣のようなひげを生やしていました。彼らは胴鎧をつけ，兜と
面頬をかぶり，棒状の武器を持って上陸しました。この船には
当地で慣用するものより，やや短い火炮（ボンバルダ）を搭載していました。
その後も 2 年に 1 度，20 隻から 25 隻の船が来航したのです。

　彼らがいかなる人々かは知られていません。また彼らがこの
町にもたらした商品としては，たいへん良質な各種の亜麻布や，
黄銅製品を持ってきたこと以外は知られていませんが，香辛料
を積み帰っていたとのことです。それらの船はスペイン船と同
じような 4 本マストでした。もし彼らがドイツ人であったなら，
何らかの情報があってしかるべきでしょう。彼らがロシアか
ら来たロシア人であることも，（ロシアに）海港があるとすれば
考えられます（Radulet 2002: 57［原文］，80［ポルトガル語訳］．Cf.
Loureiro 2000: 92-93; 金・呉 2002: 215–216）。

　セルニージが伝える，かつてカリカットに来航したという船団
が，鄭和の艦隊を指すことは明らかであろう。1498 年から 80 年
前の 1418 年前後といえば，まさに鄭和の第 4 次〜第 6 次遠征の
本隊や分遣隊が，あいついでカリカットに寄港していた時期であ
る。その乗員が長髪をたくわえ，口ひげをはやし，胴鎧 corazza・
兜 capezzetti・面頬 cortigiani を装着したという描写も，明代の風
俗や軍装の特徴と一致する。また火炮（ボンバルダ） bombarde とは，大口径で
砲身が短い鉄製の艦載砲である（Guilmartin 2007: 656-663）。この艦
隊が装備していた短砲身の火炮（ボンバルダ）とは，明代に艦載砲として常用され
ていた，口径八 8-13 cm 前後，砲身 31-36 cm 前後の「碗口銃」を

指すにちがいない（金・呉 2002: 216-217）。

　前節で述べたように，鄭和の艦隊は，本隊・分遣隊をあわせて18 年間に 8 回（往復では 11 回）にわたりカリカットに寄港しており，2 年に 1 回の来航というのも実態に近い。なお鄭和艦隊の船数は，第 1 回は 62 隻，第 3 回が 48 隻，第 4 回が 63 隻であり（小川1998: 210-212; 馬歓 2005: 5），そのうち 20 数隻がカリカットに来航したとしてもおかしくない。また船隊がカリカットに輸出した各種の亜麻布 panni lini とは，実際には絹布であろう。彼らが輸入した香辛料 spezierie とは，もちろんマラバール海岸の主要産品の胡椒である。馬歓によれば，鄭和艦隊がカリカットに着くと，国王はムスリムの頭目や現地商人を派遣し，まず絹織物類の価格を議定して契約を結び，ついで現地商人が持ちこんだ商品の価格を議定して，相当する価格の絹織物と交易したという（小川 1998: 122-123; 馬 2005: 66）。

　セルニージの書簡は，15 世紀末のカリカットでは，世紀初頭に来航した鄭和艦隊の実態が，なおかなり正確に伝承されていたことを示している。ただしセルニージはその乗員をキリスト教徒だと記しているが，実際には鄭和自身をはじめ，この艦隊の乗員にはムスリムも多かった。上述のアルヴァロ・ヴェリョの航海記でも，カリカットのヒンドゥー教寺院をキリスト教会と誤認しており，その国王も住民もキリスト教徒だとしていた（ヴェリョ 1965: 385-401）。東方からの色白な来航者が，キリスト教徒とみなされたのも不思議ではない。一方，この艦隊がドイツまたはロシアから来航したというのは荒唐無稽のようだが，イタリア商人のセルニージとしては，スペインによる西回りの，ポルトガルによる東回りのインド航路開拓に先んじて，ドイツ人やロシア人が第 3 の北回りルートでインドに到達していたという可能性も想定したのであろう[9]。

　なおセルニージと同じリスボンのフィレンツェ商人と思われる

トマゾ・デッティ Tomaso Detti の，1499 年 8 月 10 日付の書簡でも，かつてカリカットには，「2 年に 1 回，25 隻の大型船が，香辛料を積んで来航したといわれています。それらはどこから来て，どこに行ったのかは判りません」と，同様の情報を簡潔に伝えている（Radulet 2002: 143-144）。

第 4 節　1500 年，カブラルのインド遠征と中国情報

ヴァスコ・ダ・ガマによるインド航路開拓をうけ，国王マヌエル 1 世は，ただちにインドへの第 2 回遠征艦隊の派遣を命じた。その司令官に選ばれたのが，ペドロ・アルヴァレス・カブラル Pedro Álvares Cabral である。カブラルは 1500 年 3 月に，13 隻の艦隊を率いてリスボンを出帆した。艦隊は大西洋を南下する途中，航路を外れて偶然にブラジルを発見し，ついで喜望峰を経て東アフリカを北上したが，途中で 7 隻が遭難・失踪・帰国している。6 隻となった艦隊は，7 月にはキルワに [10]，8 月にはマリンディに到達し，アラビア海を横断して，9 月中旬にカリカットに入港した。

カリカットでは新国王が即位しており，彼はカブラルに取引の安全を保証する証明書を与え，11 月にはポルトガル商館として，海岸の大きな建物も提供した。ところが 12 月，カブラルはジッダに向かうムスリム商船を，国王がカブラルに認めた胡椒の優先搬出権に反するとして拿捕した。これに対し，ムスリム商人はポルトガル商館を襲撃し，商館員五十余名を殺害する。カブラルは報復として，艦砲射撃によりカリカット市街を破壊し，南下してコチンに入港した。コチンでは国王と友好関係を結んで交易をおこない，1510 年 1 月にコチンを出港し，カナノールでも交易を行ったのち，6-7 月にリスボンに帰着した（Subrahmanyam 1997: 174-182）。

カブラル艦隊の遠征については，書記であったジョアン・デ・

サ João de Sá による航海記が残されている。そのポルトガル語原文は伝わっていないが，イタリア語訳がモンタルボッドの『新たに再発見された国々』に収録され，ひろく流布してきた（Greenlee 1938: 53-56）。この航海記の末尾には，カリカットにおける香辛料の度量衡・価格・産地を列挙しているが，その一節には次のようにある。「沈香・大黄・樟脳・良姜は，カリカットの 2,000 リーグかなたにある中国 chini から来る」（Montalboddo 1507: 86; Greenlee 1938: 93）。ここで挙げられた商品のうち，大黄 riobarbaro・樟脳 camphora・良姜 galinga はたしかに中国の産品であるが[11]，沈香 legno aloe は東南アジア大陸部の特産である。おそらく華人海商がマラッカにもたらした沈香がインドに輸出され，中国産と誤認されたのであろう。またここでは，中国をチニと称しているが，これはタミル語のチニ Cini によると思われる。これはヨーロッパの史料において，マルコ・ポーロが伝えたカタイやマンジに代わり，中国をチニ・チナ系統の呼称で記した初例だと思われる。

　ジョアン・デ・サの航海記には，このほかに中国に関する言及はない。これに対し，コレアの『インド伝承集』では，1501 年初頭，カブラル艦隊がカナノールからアラビア海を渡って帰航中のこととして，次のような事件が記録されている。

　　艦隊がカナノールを出港し，マリンディに向かう途中，ある日のこと，湾（アラビア海）で夜が明けると，1 隻のモーロ人の大船が近くに現れた。あまりに近いので（モーロ人の船は）逃げることができず，（カブラル艦隊は）近づいて，帆を巻き上げるように合図した。彼らはすぐに従って小船を出してきたが，その中にはモーロ人たちと船長が乗っていた。彼らは総司令官〔カブラル〕に対し，美しい磁器，中国 China の緞子や繻子がつまった金箔の箱，一塊の安息香，麝香の袋のつまった磁器の

碗などを送ってきた。彼らはこの船はカンバヤ王のもので，マラッカに渡航して，それらの商品や，クローヴ・ナツメグ・メース・蘇木を舶載して来たのだと述べ，望むものはなんでも与えるので，危害を加えないでほしいと言った。……

　総司令官は彼らに 100 クルザードの黄金を与えたが，彼らは受けとろうとせず，総司令官は彼らに大いに謝意を表し，またそれらをポルトガルの国王のもとに運べることを喜んだ。それまでそれらの中国の品々が（国王に）届いたことはなかったからである。モーロ人もそれらを贈ったことにたいへん喜び満足して，小船を本船に送って，色白でとても美しく，絹織物を着た中国人 Chinas の少年 1 人と少女 1 人を連れてきて，総司令官に贈り，妻妾として連れていくように述べ，総司令官は厚く謝意を表した（Correa 1858-1866: tomo 1, 225-226; Loureiro 2000: 95-96）。

　この事件については，『インド伝承集』以外の史料には記録されていない。コレアはポルトガルの公的記録を利用したわけではなく，おもにインドで収集した伝承をもとに本書を執筆したので，この記事の信憑性には保留を要する。ただしカンバヤ王国のグジャラート商人は，実際に当時のマラッカ貿易を主導していた。トメ・ピレスも『東方諸国記』において，「カンバヤの商人は，他のどの地域よりもしっかりとした根拠地をマラッカに置いている。……マラッカはカンバヤなくしては生きてゆかれず，カンバヤもマラかなくしては豊かに繁栄することはできない」と述べている（ピレス 1966: 116）。またピレスは，彼らがマラッカから輸入していた商品として，クローヴ・メース・ナツメグ・白檀・真珠・磁器・麝香・沈香・安息香・黄金・生糸・錫・絹織物などを挙げており（ピレス 1966: 458-459），それらはコレアの記す，カンバヤ船の積荷ともかなり一致

する。

　状況的には，カブラル艦隊がマラッカから帰航するカンバヤの貿易船を，カナノール近海で捕捉し，上記の輸入品を入手したとしても不思議ではない。なおグジャラート商人が，実際に華人の少年少女をカブラルに贈り，彼らがポルトガルまで運ばれたとすれば，彼らは史料上確認できるかぎり，ポルトガル人が接触した最初の華人であり，ヨーロッパに到達した最初の華人ともいうことになる。当時の海域アジアでは，奴隷は海上貿易の主要商品のひとつであり，華人が人身売買されることも稀ではなかった。たとえば 1517（正徳12）年には，「両広の姦民，私に番貨を通じ，外夷と進貢者を勾引し，亡命を招請し，子女を罢買す」と，広東・広西では外国船との密貿易に加え，子女の人身売買も行われていたことが指摘されている（『武宗実録』巻一四九，正徳十二年五月丙午条; Cf. Fujitani 2016: 98-101）。したがってグジャラート商船がマラッカで購入した華人子女を乗せていたとしても不思議ではないが，他にはカブラル艦隊が華人を連れ帰ったという記録は，他の史料では確認できず，その真否は不明とするほかない。

第5節　ジョゼ・デ・クランガノールの中国情報

　カブラルのインド遠征に関する史料のなかで，もっとも具体的な中国情報を伝えているのが，ジョゼ・デ・クランガノール José de Cranganor の報告である。彼はコチンの北隣のクランガノール出身の，シリア正教会のキリスト教徒であり，1490 年にはシリアを訪れて司祭に叙階されていた。彼はコチンにカブラル艦隊が来航したのを聞き，みずからヨーロッパに渡航することを志願したのである。彼は 1501 年にカブラル艦隊とともにリスボンにいたり，翌年にはローマに赴いて教皇アレクサンドル 6 世に謁見し，イタリア

人が彼から聴取したインド情報は，やはりモンタルボッドの『新た
に再発見された国々』に収録されている（Greenlee 1938: 95-97）。

　コチンを中心とするマラバール海岸のシリア正教徒は，東アフ
リカの諸港市にも進出し，西インド洋や東アフリカのキリスト教
徒とも連携し，西インド洋で貿易活動に従事していた。彼らはヒ
ンドゥー系王権と結びついたムスリム海商と対抗するため，新来
のキリスト教徒であるポルトガル人と協力関係を結んでいた（家島
1993: 285-289）。ジョゼ・デ・クランガノールは，マラバール海岸
のシリア正教徒を代表して，ヨーロッパに渡航し，現地情報を提供
したのである。彼はインド以東におけるシリア正教会の状況に関
連して，カタイオ Cataio，すなわち中国について言及している[12]。
彼自身は中国を現地語でチナ Cina と称したと思われるが，イタリ
ア語への翻訳者が，それをマルコ・ポーロ以来よく知られていたカ
タイオと記したのであろう。

　さらに彼は，カリカットに来航する貿易船について，「このイン
ドの地方には，数限りない船が，西方のペルシア・アラビア・紅海
から来航する。インドの東方からは，中国（カタイオ）・タプロバーナ（スマト
ラ島）・セイロンや，多くの他の島々から来航する」と記している
（Montalboddo 1858-1866: livro 6, 135; Greenlee 1938: 105）。ただし上記
の国々のうち，中国の船がカリカットに来航していたのは過去のこ
とであった。彼はかつて中国の船が来航していた当時の状況を，次
のように記している。

　　この（カリカットの）町には，数えきれないムスリム商人が交
　易にくる。……またグジャラート人と呼ばれる商人もおり，や
　はりさまざまな商品を交易する。この町にはインディアのほぼ
　全域から（商人が）やってくるが，以前中国（カタイオ）の人々が，つねに
　ここで交易していたころは，さらに多かった。

<ruby>中国<rt>カタイオ</rt></ruby>の人々はキリスト教徒であり，我々と同じように色白で，非常に勇敢な人びとである。80 から 90 年ほど前には，彼らはカリカットに商館 fontego をもっていた。この地の国王が彼らに不当な行いをしたため，彼らは蜂起し，大艦隊を集めてカリカットを破壊した。この時から現在にいたるまで，彼らは当地に交易に来ていない。しかし彼らは，当地からインド川〔ガンジス川〕をすぎて 900 リーグに位置する，マイラペット Mailapet と呼ばれる，ナルシンド王 Re Narsindo の町に渡航している。この人々はマラシネス malasines と呼ばれている。

　　彼らはさまざまな商品を運んでくる。それらは 5 種類の絹織物・銅・鉛・錫・磁器・麝香などである。彼らは珊瑚や大量の香辛料をもっていく。カリカットから彼らの地域までは，6,000 リーグだといわれている。彼らは頭に高価なフェズ fesse をかぶり，非常に裕福な商人である。(Montalboddo 1858-1866: livro 6, 139; Greenlee 1938: 97-98)。

　ここでジョゼ・デ・クランガノールが伝えているのも，まさに 16 世紀初頭から 80–90 年前に来航した，鄭和艦隊の記憶である。ここでも彼らは色白のキリスト教徒とされている。ただし鄭和艦隊はマラバール海岸の諸国とは一貫して友好関係を維持しており，カリカットを攻撃・破壊したという事実はない。これは鄭和の第 3 次遠征に際し，セイロンで戦闘が起こり国王を捕虜としたことと混同したのであろうか。

　その後中国人が交易に来たという，ナルシンド王統治下のマイラペットとは，ヴィジャヤナガル王国のナラシンハ Narasimha 王（在位 1486–1491）が支配していた，コロマンデル海岸のマイラプール Mailapur（現チェンナイ）を指すと思われる（Greenlee 1938: 109, note 1）。しかし当時華人ジャンクがそこに来航した事実はなく，華

人の主要渡航地であったマラッカとマイラプールを混同したのであろう。彼らはマラシネス malasines と呼ばれたというが，この呼称はサンスクリット語のマハ maha（大いなる）と，チナ（中国）の複合語である（Loureiro 2000: 112, note 50）[13]。

　華人ジャンクがもたらした商品のうち，絹織物・銅・磁器・麝香は中国の代表的な産品であるが，鉛には中国産のほかシャム産も含まれた可能性があり，錫はマレー半島からの再輸出品であろう[14]。彼らがかぶっていたという「フェズ」とは，縁なしで上部が平面のいわゆるトルコ帽である。これは明代の華人が日常的に着用していた，「幞頭」などの縁なし帽を指すにちがいない。おそらくジョゼはこれらの情報を，マラッカからマラバール海岸に来航した，ムスリム・タミル商人から得たのであろう。

　なお 1501 年 8 月には，マヌエル 1 世がスペインのカトリック両王に書簡を送り，カブラルのインド遠征の成果を詳細に伝え，ポルトガルがすでにアジア航路を開拓したことを誇示したが，そこでも次のような中国情報が記されている。

　　　かの王国（コチン）のかなたにある，キリスト教徒の大国民についても，確報を得ました。彼らは上述した，聖トメの故居に巡礼にやって来ます。彼らは偉大な王をいただき，唯一神を奉じています。彼らは色が白く金髪で，強力な人々です。その地はマルチナ Malchina と呼ばれ，そこから磁器，麝香，安息香，沈香がやって来ます。彼らはそれらを，こちら側のガンジス川〔ベンガル湾を指す〕を経て運んできます。その磁器はたいへん美麗なので，1 点だけで 100 クルザードもするほどです（Dias et al. 1921-24: vol. 2, 166-167）[15]。

この中国（マルチナ）情報も，おもにジョゼ・デ・クランガノールの報告に基

づいている。ここでも中国（マルチナ）の住民は色白で金髪のキリスト教徒であり，マイラプールの聖トメの遺跡に巡礼に来るとされている。上述のように，ジョゼは中国の商人らがマイラプールに来航すると伝えているが，これもマイラプールが聖トメの故地であるため，ジョゼがリップサービスでそのように述べたのか，彼の報告の記録者が，キリスト教徒によく知られた地名に誤認したのかもしれない。もともとマヌエル1世は，東方のキリスト教王国と結んでイスラム勢力を挟撃するという十字軍的使命感を強く抱いていた。しかしカブラルの報告により，インドではキリスト教徒は少数にすぎないことがわかり，プレスター・ジョンの王国に比定されていたエチオピアとともにイスラム勢力に対抗するという見通しも立たなかった (Disney 2009: 125-127)。それだけに多分に希望的観測も込めて，中国（マルチナ）が色白で金髪のキリスト教徒の王国としてイメージされたのだと思われる。

第6節　カリカットの「チナ・コタ」をめぐって

ジョゼ・デ・クランガノールの中国報告には，「80-90 年ほど前には，彼らはカリカットに商館をもっていた」という一節がある。かつて中国からの来航者がカリカットに設立したという商館・要塞については，ポルトガルの商館建設に関連して，16 世紀中期の年代記にもいくつかの記事が残されている。

1500 年 11 月，カブラルはカリカット国王から用地を提供され，商館を建設した。コレアの『インディア伝承集』では，その状況を次のように記している。

（カブラルは）大きな建物を建造し，人員のための別棟も建て，つねに商館長とともに 100 人の人々がいて，購入品を管理す

るように命じた。また教会や修道士のために別棟を建造し，それらの建物のすべてを大きな壁で囲ませた。それらすべての用地があったのは，前述のように，華人 Chyns がカリカットや全インドに来住していた時に，そこに彼らの住居があったためであった。現地人はこの場所をチナ・コタ Chinagcota と呼んでいた。それは華人の要塞 fortaleza の意味である（Correa 1858-1866: tomo 1, 186; cf. 金・呉 2002: 224–225）。

　カブラルが建設した商館は，商館長以下 100 人の人員が駐在し，教会や修道院も附設され，高い壁で囲まれた要塞に近いものであった。その用地は，かつての華人居住地（チナ・コタ）の跡地であったという。ただし前述のように，この時カブラルが建設した商館は，ムスリムの襲撃で破壊されてしまった。

　その後，1502 年にはヴァスコ・ダ・ガマの第 2 回インド遠征の際に，コチンに商館が設置され，翌年には同地に木造の要塞も建設された（生田 1992: 161; Subrahmanyam 1997: 233）。さらに 1506 年には，フランシスコ・デ・アルメイダ Francisco de Almeida が初代インディア総督（副王）に任じられ，本拠地であるコチンの要塞を石造に改築しようとした。コレアによれば，コチン国王が要塞の強大化を懸念したのに対し，その王子は次のように述べて説得したという。

　　彼ら（ポルトガル人）が本国で過ごすのと同じように，彼らを処遇することはとても理にかなっています。華人がカリカットに来ていた時には，彼らは住居として石造の家々を建設し，（カリカット王は）彼らの慣習を拒むことはありませんでした。現在ここにいるポルトガル人と同じように，彼らは異国の商人だったからです（Correa 1858-1866: tomo 1, 631）[16]。

ここでいう，かつて華人がカリカットに建設したという石造建築
も，上述の「チナ・コタ」を指すにちがいない。

　その後，1513 年に第 2 代インディア総督アフォンソ・デ・アル
ブケルケ Afonso de Albuquerque が，カリカット国王と和議を結
び，カリカットに要塞と商館を設置した。しかし宿敵であったカリ
カットとの関係はふたたび悪化し，1525 年にはカリカットの軍勢
が要塞を包囲したため，第 7 代インディア総督エンリケ・デ・メ
ネゼス Henrique de Meneses が救援に赴いた（バロス 1980–1981: 巻
2, 269–271, 439–440）。この時のこととして，16 世紀中期に成立した
公定年代記，ジョアン・デ・バロス『アジア史』には，次のような
記事がある。

　　　ある日，主要な揚陸地 desembarcação にある堡塁 baluarte
　　に設置された，1 門の大型火砲と，他のいくつかの火砲を撤収
　　しに行く必要があった。それらを撤収するというのが皆の意
　　見だったからである。この堡塁は南岸の水面 abaixo da banda
　　do Sul にあり，そこはコタ・チナ Cota China と呼ばれていた。
　　それは中国 Chijs の人々が胡椒の交易に来ていた当時，そこに
　　1 つの要塞を有しており，地元民は要塞をコタと呼び，中国を
　　チナ China と呼ぶからである。今でも，そこにはその遺址が
　　残っている。（Barros 1777: 436-437）

　『インディア伝承集』には，アルブケルケが建造したカリカット
の要塞の絵図が収められている（Correa 1858-1866: tomo 2, 331）。こ
の要塞はカリカット市街からやや北方の投錨地に設置されており
（バロス 1980–1981: 巻 1, 325–326, 巻 2, 191），絵図に描かれた半円状の
湾がその投錨地であろう。また右下には，揚陸地の南岸に近い水面
の小島に，ふたつのトーチカ状の施設が描かれており，これがバロ

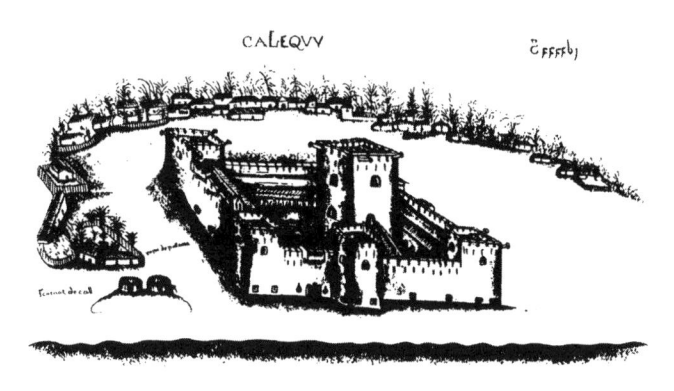

図 4-2　カリカットの要塞（Correa, *Lendas da Índia*, livro 1, tomo 2）

スのいう，南岸水面上の堡塁ではないかと思われる。これによれば，鄭和時代のコタ・チナ（チナ・コタ）は，この揚陸地付近に設置されていたことになる。1572 年に刊行されたカリカットの鳥瞰図には，市街地の北方に半円状の湾が描かれ，ポルトガル船やダウ船が航行している（Braun and Hogenberg 1575, 54）。この湾が上記の投錨地ではないだろうか。

　また金国平・呉志良が指摘するように，鄭和艦隊がカリカットで建造したチナ・コタとは，『鄭和航海図』でマラッカやサムドラ・パサイに記された，「官廠」と同類の施設であろう（向 1961: 50, 52; 金・呉 2002: 222-228）。鞏珍『西洋番国志』には，このマラッカの「官廠」について，以下のように記している。

　　中国の西洋に下る舡（ふね）は，此を以て外府と為す。擺柵（はいさく）・墻垣（しょうえん）を立て，四門と更鼓楼を設く。内には又た重城を立て，庫蔵を蓋造して完備せり。大綜（たいそう）の宝舡，已（すで）に占城（チャンパ）・爪哇（ジャワ）等の国に往き，並びに先綜の暹羅（シャム）等の国より回還せる舡隻は，倶に此の国の海濱に駐泊し，一応の銭糧は，皆な庫内に入れて存貯す。各舡の

併聚すれば，又た艄次の前後を分かち，諸番に売買す。以後，忽魯謨厮<ruby>忽魯謨厮<rt>ホルムズ</rt></ruby>等の各国より，事畢<ruby>畢<rt>おわ</rt></ruby>りて回る時，その小邦に去きて回る者は，先後の遅早，五七日を過ぎずして倶に各々到斉す。各国の諸色の銭糧は通行して打点し，倉艄に装封す。五月中の風信已に順なるを停候し，結艄して回還す。（鞏 1961: 16-17）

マラッカの「官廠」は周囲に防柵や防壁をめぐらし，四方に門と鼓楼を設け，内部には倉庫群を設置していた。鄭和艦隊の本隊と先遣隊は，東南アジア諸国に寄港したのち，マラッカに入港し，そこで貨物や食糧を倉庫に収めた。全艦隊がマラッカに集結すれば，また船団を分けてインド洋に出港し，その後はホルムズから戻る本隊と，各地から戻る分遣隊が，ふたたびマラッカで集結し，各地から舶載した商品を倉庫に収納し，夏季のモンスーンで帰国したのである。

ポルトガル史料が伝えるように，カリカットのチナ・コタも，周囲を高い防壁で囲まれ，内部には 100 人もの人員を収容する住居や，商品を収納する倉庫がたちならび，船着き場から商品を揚陸できるようになっていた。マラッカの場合と同様に，ベンガル湾からアラビア海に向かう鄭和艦隊も，おもにカリカットを拠点として集結・散開し，カリカットで越冬や風待ちをする際には，商品や食糧をチナ・コタの倉庫に保存し，現地商人との交易をおこなったのだと思われる。トメ・ピレスは 16 世紀初頭のカリカットについて，「多くの国が大きな商館を持って」おり，「大きな取引や物々交換や両替が行われていた」と記しているが（ピレス 1966: 173），鄭和艦隊の「チナ・コタ」は，さらに大規模な複合施設だったようだ。

なおチナ・コタの伝承は，上記の年代記以外に，ガルシア・ダ・オルタ Garcia da Orta の『インディアの薬草・薬種・薬品に関する対話』 *Colóquios dos Simples e Drogas he Cousas Medicinais da Índia*（1563 刊）にも，かなりの誇張をともないながら，次のように記されている。

　　ご存じあれ。中国 China から来航し，ホルムズまで達した船があまりに多いので，ジェル島 Ilha de Juru（原注：現在ではオルムズと呼ばれる）には，一度に 400 隻ものジャンク juncos がやって来るほどだったのです。またクイロンの浅瀬では，200 隻以上のジャンクが難破したといいます。そこは浅瀬が陸地に接するところだったと伝えられています。ジャンクとは長大な船で，船尾と船首が同じ形状をしています。

　　またカリカットには要塞のような商館がありました。それは今でも残っており，華人 Chins の要塞を意味する，チナ・コタ China cota と呼ばれています。またコチンには，華人が来航したことを記念するための，1 つの石碑が残っています。（Orta 1987: 204-205）

　オルタは 1543 年からインドで薬材や香料の交易に従事しており，この伝承はその間に現地で聞き知ったものであろう。彼が伝える艦隊の船数はあまりに過大であるが，カリカットに要塞状の商館があり，そこからホルムズまで大艦隊が渡航したことなどは，16 世紀中期まではっきりと記憶されていたようだ。なお鄭和艦隊がコチンで永楽帝の御製碑を建立したことは，『太宗実録』などの漢文史料にも記録されている（金・呉 2002: 228-232）。

第 7 節　おわりに

　15 世紀末にカリカットに来航した，ガマとカブラルのポルトガル艦隊は，その 80 年前にひんぱんに来航していた，鄭和の大艦隊

に関する，かなり鮮明な記憶に接することになった。マラバール海岸の人々は，強力な火砲を備えた異国船で来航した色白の新来者に，規模はまったく異なるとはいえ，かつての鄭和艦隊を想起したのであろう。一方，ポルトガル人はかつて色白のキリスト教徒の大艦隊がカリカットに来航していたと聞き，あるいはドイツ人やロシア人がすでにインドに到達していたのではないかと危惧し，あるいはインドよりさらに東方に，強大なキリスト教徒の国が存在することを期待した。

　これらの最初期の中国情報について注目されるのは，ガマやカブラルの帰国直後に成立した同時代的記録の多くが，イタリア語史料として伝存していることである。ガマの航海に関するジローラモ・セルニージの書簡，カブラルの航海に関するジョアン・デ・サの航海記や，ジョゼ・デ・クランガノールの報告は，いずれもイタリア語の刊本や写本として，ヨーロッパ各地に流布したのである。

　ポルトガルによるインド航路の開拓は，それまでレヴァント貿易によって，ヨーロッパへのアジア商品の供給を独占していたイタリア諸都市，特にヴェネツィアにとって死活問題であった。それだけにイタリア諸都市の商人は，ポルトガル人が持ち帰った最新のアジア情報を，手段をつくして入手しようとした。またポルトガル王室がアジア情報に対して秘密主義をとっており，残された記録も，1755年のリスボン大地震などで焼失してしまった。これに対し，イタリアに伝わったアジア情報は，写本として伝播するとともに，モンタルボッド『新たに再発見された国々』などに収録・刊行され，ヨーロッパ各国に流布したのである。

　事情は世界図についても同様であった。1502年，イタリア，フェラーラのエステ家がリスボンに密使として派遣したアルベルト・カンティーノ Alberto Cantino は，ポルトガルの最新世界図をひそかに入手し，本国に送りとどけた。これが著名なカンティーノ

図である。カンティーノ図は，アフリカからインドにいたる海岸線を，ポルトガル船の実測データにもとづき，かなり正確に描写した画期的な世界図であった（Cortesão and Teixeira 1960: Vol.1, 7-13; 応地 2007: 188-212）。

カンティーノ図でも，成立時点でポルトガル人が未到達であった，東・東南アジアの描写はなお空想的であるが，地図上に記入された註記には，インドで収集した現地情報が反映されている。特にマラッカについては，次のような具体的な註記が附されている。

> この都市には，カリカットに来るあらゆる商品がある。すなわち，クローブ・安息香・沈香・白檀・蘇合香・大黄・象牙・高価な宝石・真珠・麝香・美しい磁器，そのほか多くの商品である。それらの大部分は海外から，華人の地 a trra de chins の方から運ばれてくる。（Cortesão and Teixeira 1960: Vol.1, 13; 応地 2007: 259-260）

ここで列挙されたマラッカからカリカットへの輸出品のうち，安息香・沈香・大黄・麝香・磁器は，カブラル艦隊に関わるクランガノールの報告や，マヌエル 1 世の書簡に，中国からカリカットへの輸出品として挙げられた商品と一致する。この註記が，カブラル艦隊がカリカットで収集した情報にもとづくことは疑いない。また華人の地 a trra de chins とは，ヨーロッパ世界図において，カタイオやマンジに代わり，海域アジアで一般的なチニ Cini 系に由来する呼称が用いられた初例である。

ただしカンティーノ図でも，ユーラシア東岸は北東方向にのびる単純な直線状に描かれ，中国に相当する部分は華人系の呼称ではなく，キリティリア quiritiria と称され，絹・蜜蝋・麝香・安息香・蘇合香・宝石などがあると記すにとどまる（Cortesão 1935: 151; 応地

2007: 261)。1502 年の段階では，カンティーノ図においても，中国
に関する認識はなお漠然としたものであった。

　「キリスト教徒と香辛料」を求めて海域アジアに乗りだしたポル
トガル人は，カリカット到達により，世界最大の胡椒産地であるマ
ラバール海岸への直接的交易ルートを開拓した。しかしそこには期
待したキリスト教徒の王国はなく，小規模なシリア正教徒のコミュ
ニティがあるにすぎなかった。それだけに，はるか東方からカリ
カットに来航したという，色白のキリスト教徒の強大な王国，絹や
磁器の産地としての中国の情報は，ポルトガル人の強い関心を引い
た。1508 年にいたり，マヌエル 1 世は中国情報探索の特命も授け
て，ディオゴ・ロペス・デ・セケイラ Diogo Lopes de Sequeira の
艦隊をマラッカに派遣した。翌 1509 年，セケイラ艦隊はマラッカ
に入港し，はじめて華人海商と接触し，直接的な中国情報を得るこ
とになるのである（Loureiro 2000: 117-126）。

注

1　マラバール海岸のムスリムの視点からポルトガル人の進出を論じたアラビ
　　ア語文献の訳注として，（谷口 2016-2018）（未完）がある。
2　（金 2003）は，（金・呉 2002）とほぼ同内容。（金・呉 2003）は，鄭和
　　が 1421 年にアメリカ大陸を発見したとする（Menzies 2002）における，
　　ポルトガル史料解釈の誤りを指摘する。（金・呉 2005）は，おもにジョア
　　ン・デ・バロス『アジア史』第三部の鄭和関係記事を紹介する。また 15・
　　16 世紀の中葡関係をめぐるポルトガル語史料を中国語訳した（金 2005:
　　5-16）にも，最初期の中国情報が収録されている。
3　2003 年以前に発表された鄭和関係の研究文献は，（朱 2005）に網羅的に
　　整理されている。論文集としては，（《鄭和下西洋研究文選（1905–2005）》
　　2005）が代表的である。また（鄭・鄭 2005）は，鄭和の遠征を中心に，
　　明代の南海諸国との通交に関する文献を集成した史料集である。日本の
　　研究としては，（小川 1998）がもっとも詳しく，概説書としては，（寺田
　　2017）などがある。欧米の研究としては，（Mills 1970）が『瀛涯勝覧』

の英訳に詳細な註釈を附し，基本的文献となっている。

4　なお 1421-1422（永楽 19-20）年の第 6 次遠征では，鄭和の本隊はスマト
　　ラ島のパサイで引き返し，東南アジア諸国を巡回して帰国したようである
　　（Mills 1970: 14；家島 1993b: 255）。

5　（祝 1985: 73）。（Mills, 1970: 15-18；小川 1998: 224-225）も参照。

6　ただし岡本が，これをガマとカナノール王の会話とするのは誤り。

7　なおコレアも，ガマが帰国後に王室に献上したアジアの品々のなかに，「カ
　　リカットで購入した磁器」が含まれていたと記している（Correa 1858-
　　1866: tomo 1, 141）。またやはり 16 世紀中期の年代記である，フェルナ
　　ン・ロペス・デ・カスタニェーダ『ポルトガル人のインディア発見・征服
　　史』にも，ガマの来航当時，カリカットでは香辛料や宝石などの南海産
　　品とともに，磁器や「あらゆる中国 China の美麗な品々」や，「あらゆる
　　種類の絹織物」などが交易されていたと記している（Castanheda 1833:
　　livro 1, 43-44）。

8　その後，同書はラテン語・ドイツ語・英語・フランス語などに翻訳され，
　　ヨーロッパ諸国に大きな影響をあたえた（Lach 1965: 163-164）。

9　なおセルニージは鄭和艦隊の乗員が，「ドイツ人のように長髪」だったと
　　記すが，16 世紀初頭のポルトガル史料にも，華人とドイツ人の類似性を
　　指摘するものがある。たとえば 1515 年ごろのトメ・ピレス『東方諸国記』
　　では，華人について「彼らは幾分ドイツ人に似ている」と記している（ピ
　　レス 1966: 231）。また同時期の『ドゥアルテ・バルボザの書』も，華人
　　の言語について「その発音はドイツ語のようだ」と述べている（Da Veiga
　　e Sousa, 1996, 413）。

10　（西野 2016）は，カブラル艦隊乗員のイタリア語航海史料，アラビア語年
　　代記，ポルトガル年代記を照合して，カブラル艦隊のキルワ王国（現タン
　　ザニア）来航と，ムスリム王権との交渉過程を詳細に検討している。

11　camphora はボルネオ島などで産する高級香料の龍脳も指すが，ここでは
　　龍脳の安価な代用品として用いられた，中国産の樟脳を指すのであろう。
　　（山田 1976: 64-65）参照。

12　ここでジョゼは，シリア正教会の首座主教が，インドとカタイオの双方に
　　総主教を任命していたと伝えている。もちろん明代中国にそのような実態
　　はなく，これはモンゴル時代に，大都にネストリウス派の首座主教が置か
　　れたことが誤伝されたのであろうか。またジョゼは，インドのシリア正教
　　会ではワインがないため，カタイオから大量の干しぶどうを輸入し，そ
　　こからジュースを作って聖別の儀式を行うとも記している。このカタイオ

も，実際には中国本土ではなく中央アジア方面を指しているのであろう（Montalboddo 1858-1866: livro 6, 133-136; Greenlee 1938: 102-104）。

13 1128 年のデカン高原南部のチャールキヤ朝の史料にも，絹織物などの生産地として，マハーチーナ Mahachina という呼称が現れるという（Yule and Burnel 1886: 151）。

14 東南アジアにおける鉛・錫生産については，（リード 1997: 156-159）参照。

15 原文はラテン語。ここでは（Dias et al. 1921-24）のポルトガル語訳により訳出した。

16 （岡本 1936: 56）参照。ただし岡本が，これをカリカット国王と王子の会話とするのは誤り。

参考文献

【日本語文献】

生田滋，1992，『ヴァスコ・ダ・ガマ』原書房.

ヴェリョ，アルヴァロ著，野々山ミナコ訳，1965，「ドン・ヴァスコ・ダ・ガマのインド航海記」『コロンブス，アメリゴ，ガマ，バルボザ，マゼラン――航海の記録』岩波書店に所収.

応地利明，2007，『「世界地図」の誕生』日本経済新聞出版社.

岡本良知，1936，『十六世紀日欧交通史の研究』六甲書房.

小川博編，1998，『中国人の南方見聞録　瀛涯勝覧』吉川弘文館.

辛島昇，1998，「十三世紀末における南インドと中国の間の交流――泉州タミル語刻文と元史馬八児伝をめぐって」『榎博士頌寿記念東洋史論叢』汲古書院.

辛島昇編，2004，『南アジア史』山川出版社.

クリフ，ナイジェル，山村宜子訳，2013，『ヴァスコ・ダ・ガマの「聖戦」――宗教対立の潮目を変えた大航海』白水社.

桑田六郎，1993，『南海東西交通史論考』汲古書院.

佐口透編，1970，『モンゴル帝国と西洋』平凡社.

谷口淳一，「ザイン・アッディーン・マァバリー・マリーバリー著『ポルトガル人の状況に関するジハード戦士の贈り物』訳注」Ⅰ～Ⅲ（未完）『京都女子大学大学院文学研究科研究紀要　史学編』15-17, 2016-2018.

檀上寛，2013，『明代海禁＝朝貢システムと華夷秩序』京都大学学術出版会.

寺田隆信，2017 (1st.1981)，『世界航海史上の先駆者　鄭和』清水書院.

西野太郎，2016，「ポルトガルのインド洋来航とキルワ王国――カブラルとノヴァの来航をめぐって」『イスラム世界』86.

バロス，ジョアン・デ，生田滋・池上岑夫訳注，1980–1981，『アジア史』全 2 巻，岩波書店．

ピレス，トメ著，生田滋他訳注，1966，『東方諸国記』岩波書店．

家島彦一，1993a，『海が創る文明——インド洋海域世界の歴史』朝日新聞社．

―――，1993b，「東からの挑戦——鄭和をメッカに導いたものは何か」家島 1993a 所収．

―――，2006，『海域から見た歴史——インド洋と地中海を結ぶ交流史』名古屋大学出版会．

山崎岳，2013，「ムラカ王国の勃興——一五世紀初頭のムラユ海域をめぐる国際関係」中島楽章編『南蛮・紅毛・唐人——一六・一七世紀の東アジア海域』思文閣出版．

山田憲太郎，1976，『東亜香料史研究』中央公論美術出版．

リード，アンソニー著，平野秀秋・田中優子訳，1997，『大航海時代の東南アジア 1 ——貿易風の下で』法政大学出版局．

【欧語文献】

Barros, João de, 1777, *Da Asia*, Decada Primeira, part 2, Lisboa: Regia Officina Typografica.

Braun, George and Franz Hogenberg, 1575, *Civitates Orbis Terrarum*, vol.1, Antwerpen.

Castanheda, Fernão Lopes de, 1833, *História do Descobrimento e Conquista da Índia pelos Portugueses*, Libro I, Lisboa: Topographia Rollandiana.

Correa, Gaspar, 1858-1866, *Lendas da India*, 8 vols., Lisboa: Academia Real das Sciencias.

Cortesão, Armando, *Cartografia e Cartógrafos Portugueses dos Séculos XV e XVI*, 2 vols., Lisboa: Seara Nova, 1935.

Cortesão, Armando and Avelino Teixeira, 1960, *Portugaliae Monumenta Cartographica*, 6 vols., Coinmbra: Universidade de Coinmbra.

Dias, Carlos Malheiro et al., 1921-24, *História da Colonização Portuguesa do Brasil*, 3 vols., Lisboa: Litografia Nacional.

Disney, A.R., 2009, *A History of Portugal and the Portuguese Empire*, vol.2, Cambridge: Cambridge University Press.

Fujitani, James, 2016, "The Ming Rejection of the Portuguese Embassy of 1517: A Reassessment," *Journal of World History* 27-1.

Greenlee, William Brooks, trans. and notes, 1938, *The Voyage of Pedro*

Álvares Cabral to Brazil and India: From Contemporary Documents and Narratives, London: Hakluyt Society.

Guilmartin, John Francis, 2007, "The Earliest Shipboard Gunpowder Ordnance: An Analysis of Its Technical Parameters and Tactical Capabilities," *The Journal of Military History* 71-3.

Lach, Donald F., 1965 *Asia in the Making of Europe*, vol. I, The Century of Discovery, Chicago: University of Chicago Press, 1965.

Loureiro, Rui Manuel, 2000, *Fidalgos, Missionários e Mandarins: Portugal e a China no Século XVI*, Lisboa: Fundacão Oriente, 2000.

Meilink-Roelofsz, M.A.P., 1962, *Asian Trade and European Influence in the Indonesian Archipelago between 1500 and about 1630*, The Hague: M. Nijhoff.

Menzies, Gavin, 2002, *1421: The Year China Discovered the World*, London: Bantam Press.

Mills, J.V.G., trans. and ed., 1970, *Ma Huan: Ying-yai Sheng-lan. The Overall Survey of the Ocean's Shores [1433]*, Cambridge: Cambridge University Press.

Montalboddo, Fracanzio da, 1507, *Paesi novamente retrovati et novo mondo da Alberico Vesputio Florentino intitulato*, Libro 2, Vicência.

Orta, Garcia da, 1987, *Colóquios dos Simples e Drogas he Cousas Medicinais da Índia*, rpt., Lisboa: Imprensa Nacional-Casa da Moeda.

Ptak, Roderich, 1989, "China and Calicut in the Early Ming Period," *Journal of the Royal Asiatic Society of Great Britain and Ireland*, 1.

Radulet, Carmen M., 2002, *Viagens Portuguesas à Índia (1497-1513): Fontes Italianas para o sua História: O Códice Riccardiano 1910 de Florença*, Lisboa: Comissão Nacional para as Commemorações dos Descobrimentos Portugueses.

Santos Alves, Jorge M. dos, 2005, "La voix de la prophétie: Informations portugaises de la 1 moitié du XVe s. sur les voyages de Zheng He," in Claudine Salmon and Roderich Ptak eds., *Zheng He: Images & Perceptions*, Wiesbaden: Harrassowitz.

Stanley, Henry E.J., trans., 1869, *The Three Voyages of Vasco da Gama, and His Viceroyalty: From the Lendas da India of Gaspar Correa*, London: Hakluyt Society.

Subrahmanyam, Sanjay, 1997, *The Career and Legend of Vasco da Gama*,

Cambridge: Cambridge University Press.

Veiga e Sousa, Maria Augusta da, ed., 1996, *O Livro de Duarte Barbosa*, vol. 1, Lisboa: Instituto de Investigação Científica Tropical.

Yule, Henry and Arthur Coke Burnel, 1886, *Hobson-Jobson*, London: John Murray.

【中国語文献】

《鄭和下西洋研究文選（1905-2005）》海洋出版社，2005.

鞏珍，向達校注，1961,《西洋番国志》中華書局.

金国平，2003,〈葡萄牙史料所載鄭和下西洋史事探微〉，陳信雄・陳玉女主編《鄭和下西洋国際学術研討会論文集》稲郷出版社.

金国平編訳，2005,《西方澳門史料選萃（15-16 世紀）》広東人民出版社.

金国平・呉志良，2002,〈葡萄牙史料中所見鄭和下西洋之史実述略〉，金国平・呉志良《東西望洋》澳門文化広場，2002 年.

――――，2003,〈鄭和下西洋葡萄牙史料之分析〉《史学理論研究》2003 年 3 期.

――――，2005,〈500 年前葡萄牙史料対鄭和下西洋的記載〉《史学理論研究》2005 年 3 期.

馬歓，万明校注，2005,《明鈔本《瀛外勝覧》》海洋出版社.

潘吉星，2016,《中国火薬史》下，上海遠東出版社.

邱炫煜，1995,《明帝国与南海諸蕃国関係的演変》蘭臺出版社.

向達校注，1961,《鄭和航海図》中華書局.

鄭鶴声・鄭一鈞，2005,《鄭和下西洋資料匯編（増編本）》全 3 冊，海洋出版社.

朱鑒秋主編，2005,《百年鄭和研究資料索引（1904-2003）》上海書店出版社.

祝允明，1985,《前聞記》叢書集成初編本，中華書局.

第 5 章

16 世紀前半における
中国島嶼部交易の不安と安定

伊川健二

第1節　はじめに

　ポルトガル航路が日本と接続したことは，グローバルヒストリー
の視野からみても重要な画期である。スペインが西へ航路を延長し，
アメリカ大陸から太平洋を越え，フィリピンへ到達した時点にグ
ローバル化の起源を設定しうるのであれば，ポルトガルが東へ行き
着いた先の日本到達にも相応の位置づけが必要である。

　この接続は，従来ポルトガル拡張史から説明され，マラッカ到達
から日本到達が30年遅れた理由を，ポルトガルの日本への無関心
に求める議論すら存在する（松田 1992: 10）。ところが，こうした視
角では日本への航路延長に時間がかかったことは説明できたとして
も，中国とは国交交渉を試みながらも失敗し，その結果，ポルトガ
ル商人が倭寇勢力と結びついて中国沿海を跋扈した事実は説明でき
ない。日本への関心如何はおくとしても，ポルトガルは確実に航路
延長への関心をもっていた。それでは，東への航路延長にかかった
時間をどのように解釈するべきだろうか。

　歴代王朝のなかでも厳格とされた明の海禁政策の存在は，比較的
容易に想起しうる要因であろう。海禁とは檀上寛の定義によれば
「民衆の出海を禁止ないし規制する国家の措置」であり（檀上 2006:
3），法文解釈上は明領域内の住民の出国制限と理解できる。その一
方で，表裏の関係として，確実に外国人の入国制限が存在したこと
は，本章で扱う諸事例から明白である。したがって，本章では「海
禁」の語を，出入国の双方を併せた意味での明の制限として使用す
る。

　こうした意味での海禁の存在は，ヨーロッパ側にも早くから知ら
れていた。1517年にトメ・ピレスが国交樹立交渉のために派遣さ
れた時の障壁のひとつに海禁があったほか，数々の欧文史料に中国

における特殊事情として言及されている。ざっと一瞥する限りでも1546 年 11 月 12 日付エンリコ・エンリケス書簡には，シナとよばれる州に大きな王国があり，その住民たちは侵略を警戒するがゆえに外国人が立ち入らないように用心していることを伝えている（伊川 2007: 197）。1585 年にローマで刊行されたゴンサーレス・デ・メンドーサ『シナ大王国誌』第 1 部第 3 巻第 7 章にはさらに詳細な記事がある。かつては中国がインドなどへ進出したが，いまや維持にかかる負担を自覚して，朝貢国以外の外国領土を放棄した。外国に居住する華人たちの帰還を命じ，戦闘を禁じ，住民の出国を禁じ，地方長官の許可のない外国人の入国も禁じられた。とはいえ，地方長官に金品を贈与すれば，出入国の許可が与えられ，フィリピンなどと交易をしている（メンドーサ 1965: 161-166）。1590 年にマカオで刊行された『天正遣欧使節記』には，マカオに町が建設される前の事情として，華人は猜疑心が強いため，マカオに来ても船に閉じ込められたまま貿易を営んだと伝える（サンデ 1969: 22）。1614年にリスボンで刊行（成稿は 1578 年頃とされる）された『東洋遍歴記』では，華人海賊キアイ・パンジャンがパッタニーに妻子をもっているが，中国を出国したら財産が没収されるであろう見通しを語る（ピント 1979-1980: Vol.1, 190）。

　航路拡張への欲求と海禁の矛盾のなかから，倭寇もしくは密貿易者といわれる存在が登場する。そうしたなか，とりわけ嘉靖年間に海洋安定のために行われた論争，いわゆる籌海論争において，開洋論者といわれる唐枢や王世懋は互市（民間貿易）を禁じるがゆえに寇がやまないと，民間貿易の再開を説く（木岡 2007: 58）。奇しくもキアイ・パンジャンが海賊と呼ばれ，出国に伴う財産没収の危機におびえる姿と重なる。

　倭寇活動は，たとえば王直が捕縛されたように，時として処罰されうる不安定な環境でありながら，それでも継続的におこなわれた。

その条件はどこにあったのだろうか。この答えは，実際に交易が行われた港に関係する史料を繙くことによって導き出されるものと考える。本章では，16世紀前半に密貿易港として機能した港を抽出し，浙江の港，福建から広東東部の港，広州湾地域の港にわけて概観する。礐山以外の港は漢籍史料ばかりではなく欧文史料にも登場するため，港の名は漢字表記のほか，ポルトガル語における表記とそれにもとづくカタカナ表記を併用する。

第2節　浙江の交易港

2-1　双嶼（Liampo）

16世紀の非公式交易拠点として，双嶼は著名である。欧文史料ではリャンポーとよばれる。ヤン・ハイヘン・ファン・リンスホーテンの『ポルトガル人航海誌』第30章によれば，リャンポー諸島は，チャポジ（Chaposy）から18マイルの地点にあり，ポルトガル人が恒常的に滞在し，かつてシオンギカン（Syongicam）と呼ばれていた。シオンギカンを双嶼とみなすならば，チャポジは乍浦に比定される。華欧の史料に登場する地名と，その位置関係が整合する。この点が，漢籍に登場する双嶼が，欧文におけるリャンポーと同一視される有力な根拠のひとつとなっている。『ポルトガル人航海誌』は，著名な『東方案内記』の1年前の1595年に刊行された航海の指針である（リンスホーテン 1978: 32）。シオンギカンを舟山本島の沈家門とし，チャポジは石浦とみなす見解もある。

双嶼とリャンポーを同一視する根拠はもうひとつあり，それは地形である。『籌海圖編』巻一，沿海山沙圖浙十一の地図では，陸奥山の大陸寄りの海上に「双嶼港」の地名が確認できる（図5-1）。陸奥山は現在の地名表記では六横山に比定される。したがって，双嶼を六横山東沖の二小島とみなす（図5-2）。この説は，李献璋な

図 5-1　『籌海圖編』巻一、
沿海山沙圖浙十一

　どにより主張され（李 1961: 54-56），多くの支持を集めている。他
方，「双嶼」と名の付く島はほかにも多く存在すると指摘し，舟山
本島南岸に近い盤嶼島と長嶼島の間に比定する説もある。張増信は
海図を根拠として，リャンポーの位置を寧波外海の舟山もしくは
双嶼に見出し，長崎島付近に「Shuang-hsu-chiang（Double island
anchorage）」とある C. R. ボクサーの地図を引用する（張 1988: 292,
地図は ibid, 299。地図典拠は Boxer 1953: xxii）。双嶼の名から，ふたつ
の小島の間にその所在を求めたと思われる。
　リャンポーの地形は，フェルナン・メンデス・ピント『東洋遍歴
記』に垣間見える。同書の第 67 章によれば，ふたつの島が「リャ
ンポーの門」といわれ，鉄砲の射程ふたつ分の海峡があり，入
江，小川，森など船の停泊や修繕に必要な条件を整えていた（ピン

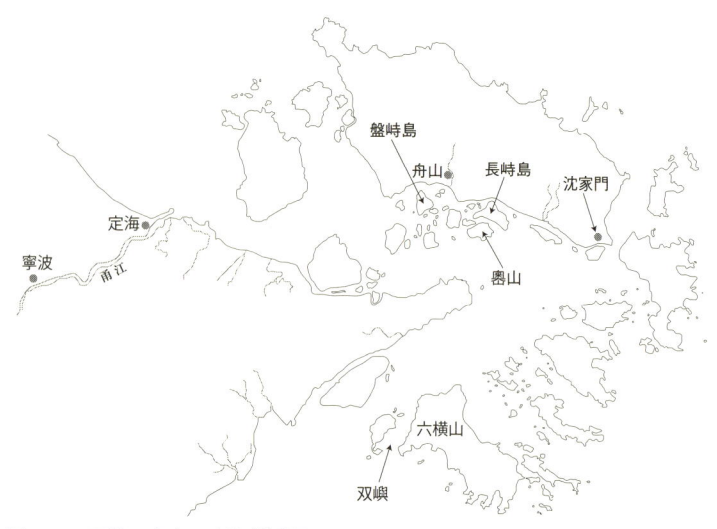

図 5-2　双嶼，舅山，寧波付近図

ト 1979-1980: Vol.1, 230)。漢籍における「双嶼」と欧文における「リャンポーの門」は，ともにふたつの島が近接する地形であることが共通し，両者を同一地点と認識させる結論を導く。その論証には

図 5-3 双嶼港付近 （撮影：山内晋次）

不完全な面もあるように思われるものの，双嶼とリャンポーを同一地点に比定し，現在の六横山付近だと考えるのが通説であり，本章もさしあたって以上を前提としたい。

　その双嶼では，どのような交易がおこなわれていたのだろうか。

　ガスパール・ダ・クルス『華南事物誌』第 23 章によれば，フェル
ナン・ペレス・デ・アンドラーデの醜聞以来，在外華人がポルト
ガル人たちをリャンポーへ導いたと，その起源を説明する（クルス
1987: 323）。大集落がある一方で，城壁に囲まれた街がないことが
利点だったようだ。デ・アンドラーデはトメ・ピレスとともに明と
の国交樹立交渉のため，1517 年に広州へ赴くが，結局妥結するこ
とはなかった。華人たちはリャンポーにおける彼らの交易を媒介し，
下級ロウティア（官吏）たちはそれを黙認した。ポルトガル人たち
は，滞在を長期化させ，越冬をし，殺戮や略奪に手を染め，掃討の
対象となる。チンチェオやカンタンへも交易に赴き始めたといわれ
ている点は，彼らのネットワークの広がりをうかがわせる。

　嘉靖丙戌（1526）の段階で私商たちが番夷を誘い，双嶼で交易し
ていることは，漢籍史料でも確認できる（『日本一鑑』窮河話海巻 6 海
市）。「番夷」の出身地は明らかではない。嘉靖庚子（1540）になると，
許一らが「仏郎機国夷人」を拘引し，双嶼や大茅などで交易をする。
「仏郎機」は，フランク王国に語源があるとされる言葉で，彼らが
マラッカにいたところを拘引したとされることなどから，ポルトガ
ルと解釈される。ポルトガル人ばかりではなく，乙巳（1545）には，
日本へ行った王直が，博多の助才門ら 3 人を双嶼に誘い，それが
倭患のはじまりになった。

　欧文史料にも交易港としてのリャンポーが現れる。アントニオ・
ガルヴァン『発見記』の 1542 年の件には，シャムのドドラ（Dodra）
市を出発した，ポルトガル人を乗せたジャンクの行き先がリャン
ポーだったことが記されている。その緯度は三十度あまり（trinta
& tātos graos）であり，リャンポーを六横山，舟山群島のいずれに
比定しても，おおむね整合する。彼らは暴風雨のためにリャンポー
へは上陸できず，漂流中に北緯 32 度の地点で見たのが，ヨーロッ
パ人による日本列島の初見とされている。ここからは具体的な交易

の様子を知ることはできないものの，ポルトガル人の交易拠点としてリャンポーが認知されていたことがわかる。

　この時期のリャンポーについては，メンデス・ピントが詳細に語っている。人口3,000人のうち，1,200人がポルトガル人，残りは様々な国のキリスト教徒であった。ポルトガル人女性や混血の女性と結婚している者も300人ほどいた。主要な交易品は日本の銀である。町には陪席判事，裁判官，市参事会員などの役職がおかれ，役職は売買の対象であった。病院や慈善院もあり，インドのすべての町の中で最も立派で裕福だと評価する[1]。「インド」は，当時のポルトガル語ではアフリカ東海岸からアジア沿海部を広く包含する地域概念で，リャンポーや日本も「インド」の一部である。

　こうして栄えた双嶼にも，終わりの時が訪れる。ポンテ・デ・リマ出身のランサロテ・ペレイラは，華人数名に劣悪な商品を貸与した。ところが華人たちは返済しないどころか，消息さえ途絶えたことを知ると，ペレイラは15〜20名のポルトガル人を雇い付近の村を襲撃する。このことが明の官憲に知られるや，300隻のジャンク，80隻のヴァンカンに6万人が乗る艦隊が組織され，5時間足らずの間に800人のポルトガル人を含めた12,000人のキリスト教徒が殺され，町は破壊されつくした（ピント 1979-1980: Vol.3, 239-240）。メンデス・ピントの情報一般には，信憑性に疑問がある内容が混在していることは，すでに彼の存命中から指摘されているが，ここでは少なくとも前後の記述で人口の数値が整合しない。この出来事は，1542年に発生し，ポルトガル人たちはそののち2年間はシンシェウの町に移動したと付け加えている。

　ガスパール・ダ・クルス『華南事物誌』第23章によれば，リャンポーにおけるポルトガル人の乱暴一般が，上級ロウティア，さらには国王（皇帝）の知るところとなり，艦隊が派遣され，チンチェオでポルトガル人と戦闘に入った。同書における中国艦隊は，メン

デス・ピントが語るようにリャンポーの町の壊滅を目指したものではなく，チンチェオを攻略することでリャンポーへの航路を断絶させることを目的にしており，1548年の出来事とされる点で異なる。

　漢籍が伝える双嶼の壊滅は，さらに様相を異にする。嘉靖27年（1548）正月，許二が番舶を双嶼に集め，福興諸府沿海を襲撃したため，都御史の朱紈に掃討が命じられた。朱紈は，3月に福建都指揮盧鏜らを配置につけ，作戦を開始する（『籌海圖編』巻4 福建倭変紀）。4月には艦隊を双嶼港口に集結させ，交戦に入る。はじめは倭寇たちも堅く守っていたが，夜になり風雨や霧がでると，拠点を離れ，その隙を官兵が攻撃し，捕縛・溺死者数百名の大勝を得た。倭寇の首領たる許六らは捕えられ，盧鏜は入港して倭寇が建てた天妃宮や営房，戦艦を破壊した。双嶼における倭寇の拠点はこれ以後なくなり，残党は福建の浯嶼へ逃れた。5月に入ると，朱紈は双嶼の跡に営を建てて防御の拠点にしようと考えたが，福建兵らの反対に逢い，「地の利は人の和をもって先となす」との判断のもと，やむをえず閉港を決意する。木石を集めて港口を塞ぎ，賊が再び入れないようにして，20年来の盗賊の拠点がはじめて空となった。5月25日のことであった（『籌海圖編』巻5 浙江倭変紀）。華欧双方の記録の内容は，倭寇と明軍の戦闘の結果，リャンポー（双嶼）が壊滅する流れは共通する面がありつつも，戦闘の契機や発生年次については明確に異なっている。

　さて，「リャンポー」の語源が寧波であり，双嶼ではなく寧波と解釈すべき情報が多く存在することも一方の事実である。リンスホーテン『東方案内記』には，リャンポーがカントンなどと並んで省の名称として登場していることや，ヨーロッパの地図における地名表記などは，必ずしも双嶼のような特定地点ばかりではなく，寧波周辺地域を広く意味していたようだ。とりわけ，上記掃討作戦以降，リャンポーが寧波を意味する文脈で使用される。1552年1

月29日付フランシスコ・ザビエル書簡には，中国の主要な都市の
ひとつで，日本から80レグアの距離にリャンポーがあると記され
ている。邦訳では「寧波」と置き換えられている（ザビエル 1994:
Vol.3, 203）が，原文にはリャンポーとある（Schurhammer and Wicki
1944-1945: Vol.2, 277）。ジョアン・ロドリゲス『日本教会史』第3巻
第26章は，寧波（Nimpo）を訛ってリャンポーと呼んでいると説明
する（ロドリーゲス 197: 567）。

　ジョアン・デ・バロス『アジア史』第1部第9巻第1章も『日
本教会史』同様に，現地ではニンポー（Nimpó）とよばれる著名な
街との関わりが指摘され，ポルトガル語ではリャンポーと呼ばれ
るようになったことが簡潔に説明される。さらに進むとレキオス
（琉球）や日本の諸島があり，メアコ（都）の州があると補足される。
第3部第2巻第7章にもニンポーがポルトガル語ではリャンポー
と訛ったこと，それが中国の最東端であると伝える。別の箇所では
ニンポーフ（寧波府），チンチェウフの名もみえる。

2-2　嶴山（Aoshan）

　双嶼が六横山，舟山本島のどちらの付近であっても，そこから程
近い地点に嶴山がある（図5-2）。この島は，日本の遣明使節の関係
史料のなかに登場する。天龍寺妙智院の策彦周良率いる遣明使節は
天文16年（1547）6月1日定海へ到着をするが，「十年一貢」の新
法度に抵触をするために入港を拒否される。使節側はそれでも交渉
をつづけ，米，塩，薪などを買いながら，約一カ月間定海に居座る
が，ついに7月2日に出航を余儀なくされる。そこで行きついた
先が嶴山である。滞在の経緯は，柳井郷直『大明譜』に記されてい
る（牧田 1955: 293-294）。

　嶴山では各々陣屋を構え，賊船の用心のために番屋を建てて，見
回りをおこなった。「賊船」が倭寇を意味するであろうことはほぼ

疑いない。『籌海圖編』によれば，明軍の双嶼への攻撃は，この翌年の 3 月から 7 月のことである。「陣屋」がどの程度の実態をもったものかは明らかにしえないものの，600 人の遣明使節が長期滞在を覚悟して建てた構造物であるというだけでも，少なくとも小集落が出現したとみてよい。米，酒，野菜，魚を華人が密かに小船で持参し，取引きをした。年が改まって嘉靖 27 年正月 2 日，鬠山を離れて川山という島へ移り，3 月 8 日に定海へ再上陸し，正規の遣明使節としての待遇を許され，北京を目指す。この間には，朱紈のはたらきが大きく影響していたといわれている（オラー 2011）。すなわち，彼らは嘉靖 26 年 7 月から翌年 3 月のはじめまでの約 8 カ月間を鬠山および川山で滞在した。この間に華人と行った取引きについても詳細を知ることができる。

『定海并鬠山下行価銀』は，嘉靖 26 年 6 月 20 日から同年 12 月 26 日までの約半年間の日付，銀換算の価格，支出項目を書き連ねた帳簿である（牧田 1955: 313-316）。6 月 20 日から 25 日までは定海滞在時であるが，7 月分の記載はなく，8 月 1 日以降が鬠山滞在時の内容である。鬠山到着直後は日用品の売買すらもおこなわずに潜伏していたのかもしれない。8 月 1 日には，鎌 2 個，樗子巾に銀 1 匁 4 分，水夫犒酒に 5 匁，「内衆」の酒代 1 匁，「船中」における酒壺 3 個に 5 匁 1 分，「大蔵方江」5 匁を支出している。酒代の多さが目を惹く。閏 9 月に入ると，3 日に「舟山江杉佐被越時野菜之代」として 4 分を，14 日には「重而定海江赴時買物之代」として 43 匁 5 分を支出している。舟山は鬠山からほど近い舟山本島，定海は彼らが使節としての応対を拒否された港であり，大胆にも買物に赴いている。舟山へはこののち 10 月某日に，定海には 10 月某日，11 月 24 日，25 日にも赴いていることがわかる。

このような取引きを，『大明譜』は概して「唐人かくれ候て」と表現しているが，地方官憲の知るところなったことは明白である。

それはかりか，地方官憲との接触をはかるために往来をしていることは確実である。『嘉靖公牘集』は，定海滞在中から北京滞在を終えて寧波へ戻った後までの日付を含む 27 通の書簡の写しであるが，舟山滞在中の使節と官憲の往復書簡を含む。舟山滞在中の最初の書簡は，嘉靖 26 年閏 9 月 5 日付寧波府の諭である。舟山へはじめて買物に出た 2 日後であり，さらにその 9 日後には定海へ赴いている。『定海并舟山下行価銀』における買物を，単に買物とみなすことの方が不自然というべきであろう。諭は，使節一行が朝貢の時期を誤り，人や船の数が規定に超過しているため，受け入れを拒否した事情を述べ，それでも逗留して帰途につかない現状を指摘する。しかしながら遠方から義を慕っての来訪であること，朝貢すべき時期が遠からず到来することから，改めて人と船の数，兵器，朝貢の意図の真偽などを審査する旨を伝えている。12 月 28 日には寧波府が，2 カ月あまりのちには進港を許すだろうと述べ，軽挙を戒める。浙江市舶提挙司は同日付でさらに厳しい調子で妄動を禁じる。三月八日には定海へ再上陸したことは先述のとおりであり，これは明側では「海島の倭夷六百余人を撫す」（『国朝献征録』巻 62）と認識される。

第 3 節　福建から広東にかけて

3-1　漳州 (Chinchéu)

　チンチェオを漳州 (Changchou) に比定するか，泉州 (Chuanchou) に比定するかは，見解の一致をみていない。張増信は C. R. Boxer のチンチェオは泉州，チャンチェオ (Chamcheo) は漳州との説を紹介したうえで，チンチェオを両者の中間点たる厦門湾付近もしくは湾中に比定するが，根拠は必ずしも明確ではない（張 1988: 292）。厦門湾岸の交易港として想起されるもののひとつに月港がある。嘉靖 44 年（1565）には漳州府下に月港を中心に海澄県が新設され，

現在の地名となる。また，北岸の海滄も密貿易拠点として知られているし，浯嶼も看過できない動きをみせている。本章では，ひとまずチンチェオを漳州沖の厦門湾岸の交易港とみなしたい。

　欧文史料を繙くと，ジョアン・デ・バロス『アジア史』第 3 部第 2 巻第 8 章には，ジョルジェ・マスカレーニャスが広東からレキオスへ向かう時に赴いたとある。また，ガリシア人ペロ・ディエスが，スペイン艦隊のガルシア・デ・エスカランテ・アルバラドに語ったところでは，1544 年 5 月に華人のジャンクでパッタニーを出発し，チンチェオへ到着した。そこには，多くの小さな町，石灰と石でできた家，善良で穏やかでありながら，疑い深い人々がいて，小麦，牛，豚などのスペインに類似した食材のほか，梨，りんご，桃などもあり，胡椒でそれらを購入すると伝えられる（岸野 1989: 27-28）。

　ガスパール・ダ・クルス『華南事物誌』第 5 章は，チンチェオでポルトガル人が交易していることを指摘し（クルス 1987: 99），第 23 章ではチンチェオやカンタンでの交易はリャンポーから広がったもので，1548 年のリャンポー掃討作戦に際しては，明・ポルトガル両艦隊の決戦がおこなわれたと伝える（クルス 1987: 324-325）。『東洋遍歴記』では，リャンポー壊滅後の 2 年間は，「シンシェウ」に拠点が移動したとあるから，その前後にポルトガル商人が交易をはじめたとみることができよう。シンシェウに 120 隻のジャンクが繰り出し，ポルトガル側の 13 隻の船を壊滅させ，500 名のポルトガル人のうち，わずか 30 名のみが逃れられたといわれる掃討作戦が展開される。そのきっかけは，この地で生涯を終えたアルメニア人商人の遺産処理をめぐって，管理者たるアイレス・ボテリョ・デ・ソーザが不当に遺産を取り上げたことにあると指摘する（ピント 1979-1980: Vol.3, 241-243）。

　他方，漢籍をひもとくと，福建一般の状況として，倭人は銀を持

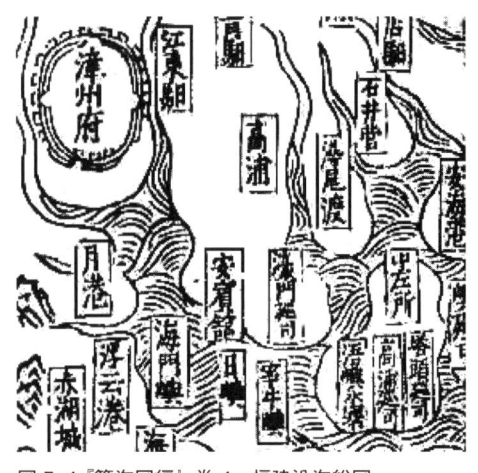

参し，「西洋人」とは異なり，交易をして帰るので，中国は倭寇の消息を知りたがっているといわれている（『籌海図編』巻4福建事宜）。西洋とは，中国の西南岸より南の諸地域を意味し，シャム，チャンパなどが含まれる。これに対して東洋はルソン島やスールー諸島

図 5-4 『籌海図編』巻 4　福建沿海総図

（蘇禄）など現在のフィリピン諸島を意味する。唐荊川は，倭患は福建に始まり，福建は乱の根だとすら指摘する。福建と双嶼を倭人が往来していたことも確認できる。倭人が福建に至ると，福建人は舟を買い海外へ出る。沙板や双嶼などへ赴く者がいれば，帰り次第知らぬものはなく知れ渡る。

　福建のなかでも，チンチェオを漳州に比定するとして，その管内でまず想起されるのが月港であろう。月港の概略は宮崎正勝「明代後期における福建月港の興隆」（『北海道教育大学紀要 第 1 部 A』48-2, 1998 年）に詳しい。その起源は，海賊の跋扈により南詔（詔安県）の梅嶺の密貿易の拠点が使用困難となり，月港へ移ったことにある（張燮『東西洋考』巻 7 餉税考）。正統 11 年（1446）4 月 19 日には賊により月港が襲撃された記事がみえ（崇禎『海澄県志』巻 14 災祥志），この時点ではすでに一定規模の町が形成されていたと考えられる。その後，密貿易港として徐々に発展をみせ，嘉靖 12 年（1533）には漳民が双桅大船を密かに作り，兵器・火薬を用いて禁じられた交易をし，寇をすることが問題視される（『明世宗実録』巻 154）。「西洋」

の商舶が広東で貿易をしていたのだが，抽分の支払いを避け，かつ陸路の運搬をしないために，福建人はこれらの商舶を海滄や月港へ導き，浙江人は双嶼へ招いたのである（『籌海図編』巻12　開互市）。抽分は都御史陳金の題奏により正徳4年（1509）以降に広州で実施され，この時点では附搭貨物のうち三割を官府に納め，のこりの対価を給付して官が収買する制度である（井上 2011）。福建で番舶と通じ，海路に通じ，操船が巧みだとする文脈で，梅嶺，龍渓，海滄と並んで月港が登場する（乾隆『福建通志』巻74 芸文）。龍渓は月港が所在する県名でもある。

　朱紈は，嘉靖17年（1538）の柯喬議の言として，月港は漳州府城から40里の地点で，山と海に挟まれて数万の人家があり，多くの珍品が蓄えられており，東は日本，西は暹羅，南は仏郎機，彭亨と接触があると報告している（『甓餘雑集』巻3　増設県治以安地方事）。

　朱紈の掃討作戦，さらには彼の自殺ののち，嘉靖30年（1551）に靖海館が設置され，通判が一年ごとの輪番で沿海の巡視にあたった（万暦『漳州府志』巻30 海澄県 興地志 建置沿革；崇禎『海澄県志』巻1 興地志）。靖海館は月港二十四将の乱のゝち，嘉靖42年に海防館へと改組され，専任官として海防同知が置かれた（張燮『東西洋考』巻7 餉税考；万暦『漳州府志』巻30 海澄県 興地志 建置沿革）。月港二十四将の乱は，嘉靖40年正月に，密貿易商張維など「二十四将」を自称する月港人が主導して発生した乱である（張燮『東西洋考』巻6 外紀考；万暦『漳州府志』巻30 海澄県 雑志 兵乱）。張維らは倭寇と通じる一方，官府側は倭寇の洪迪珍に金幣を送り倭寇鎮圧を意図したものの，張維が駆逐してしまう。官府側は招撫に転じて嘉靖42年には一時的な平和が訪れる。靖海館が海防館に改編されるのはこの時期である。その後，洪迪珍らが捕縛，処刑されたことを契機に，翌43年（1564），張維らは再度蜂起するが，ふたたび敗れ斬首刑となり乱が収束する。

乱後，県尉李英「請設県治疏」により，龍渓県と漳浦県の一部を割き，月港を中心とした海澄県が置かれた（崇禎『漳州府志』巻1 輿地志上 建置沿革）。月港には県城，官署，倉庫が建設された。隆慶元年（1567）[2] には海澄県城が竣工し，福建巡撫の塗沢民の請により開港する（『明経世文編』巻 400 敬和堂集巻 5 疏通海禁疏；張燮『東西洋考』巻 7 餉税考；『明経世文編』巻 433 徐中丞奏疏；『明経世文編』巻 280 馮養虚集 通番舶議）。交易からの収益を沿岸防備の強化にあてた。一定の制約のもとでの開港であり，貿易相手は東西二洋に限られ，日本との貿易は禁止，硝石，硫黄，銅，鉄などの輸出は禁止された。交易が許された地域であっても，官府に登録され，文引とよばれる許可証を得た商船だけが貿易を許された（『明経世文編』巻 400 敬和堂集巻 5 疏通海禁疏；張燮『東西洋考』巻 7 餉税考）。文引は年間 50 隻，一国あたり 2 〜 3 隻に限定された [3]。開港後は地理的に近いマニラとの銀貿易のほか，禁止されている日本貿易の利益も強調され，嘉靖 36 年（1557）の長崎華僑は 20 〜 30 人に過ぎなかったのに対し，10 年足らずの間に 100 倍の 2,000 〜 3,000 人になった（朱国槙『涌幢小品』巻 30 倭官倭島）。

　月港とならんで海滄の名も散見する。先述の記事のなかに，福建人が西洋の商船を導いた港として海滄の名がみえるように，月港と並ぶ密貿易港としての存在が確認できる。嘉靖 9 年（1530）に福建巡撫都御史の胡璉は，ここに安辺館を設け，通判一人を置いて監視にあたらせた（万暦『漳州府志』巻 30 海澄県 輿地志 建置沿革；『海澄県志』巻 1 輿地志建置）。その役割は「違禁通番」の監視であり（『籌海図編』巻 4 福建倭変紀），6 年後には 150 人の兵を置くことが提案される（『明世宗実録』巻 189 嘉靖 15 年 7 月壬午条）。しかしながら，海滄の人は悍譎であり，半年ごとの輪番で通判を置いたものの，上下に心なく，地方の海防の役には立たなかったと評価されている（『籌海図編』巻 4 福建事宜）。『籌海図編』巻 13 には海滄船式というやや小ぶ

りの船の絵が描かれており，造船が盛んであった様子をうかがえる。

　漳州周辺とポルトガル人の関係を裏付ける漢籍史料のなかに，浯嶼の地名がある。嘉靖 26 年（1547）には仏郎機[4]船が交易品とともに浯嶼に停泊し，漳・泉の商人と貿易をした（崇禎『海澄県志』巻 5 賦役志 2）。浯嶼は厦門湾口南部の小島である。現在の地図ではやや離れているものの，『籌海図編』巻 4 漳州府境図の浯嶼は月港の対岸に描かれており，両者の結びつきの強さを示唆しているのかもしれない（図 5-4 参照）。同書の別の箇所では，浯嶼は寇の巣穴と位置づけられ（福建事宜），もともと水塞がおかれていたが，いつしか建議により放棄され，番舶が南来したと説明される（福建事宜 浯嶼水塞）。

　嘉靖 27 年 4 月の双嶼壊滅戦争の残党は，先述のとおり浯嶼へ逃れた（『籌海圖編』巻 5 浙江倭変紀）。メンデス・ピントは，リャンポー壊滅後にポルトガル人はシンシェウへ移動したと記す。厦門湾周辺海域の諸港のなかで，浯嶼の役割は必ずしも注目されていない印象があるが，この時期のチンチェオは浯嶼である可能性すら想定しうるのではなかろうか[5]。『東洋遍歴記』第 55 章には，マラッカからシンチェウへ向かう航路上に，シャモイ（Xamoy）という村があり，そこから 3 レグアの地点に絹，麝香，磁器が集まる町があると記されている（ピント 1979-1980: Vol.1, 186）。「シャモイ」は厦門に比定される。ポルトガル人の来航や，リャンポー壊滅後の移動先である点は，華欧の史料が一致して伝えている。嘉靖 27 年 6 月以降，龍頭嶴などを襲撃し，最終的には 7 月に鎮圧される（『籌海図編』巻 4 福建倭変紀）。『籌海図編』嘉靖 36 年（1557）12 月にも，浯嶼から潮州と澄海の境界へ上陸した倭の存在が報告されている（光緒『潮州府志』巻 38 征撫 蔡春魁）。

3-2　南澳（Lamau）

　南澳は，海陽県信寧郡にあたり，洪武 26 年（1393）には水塞を

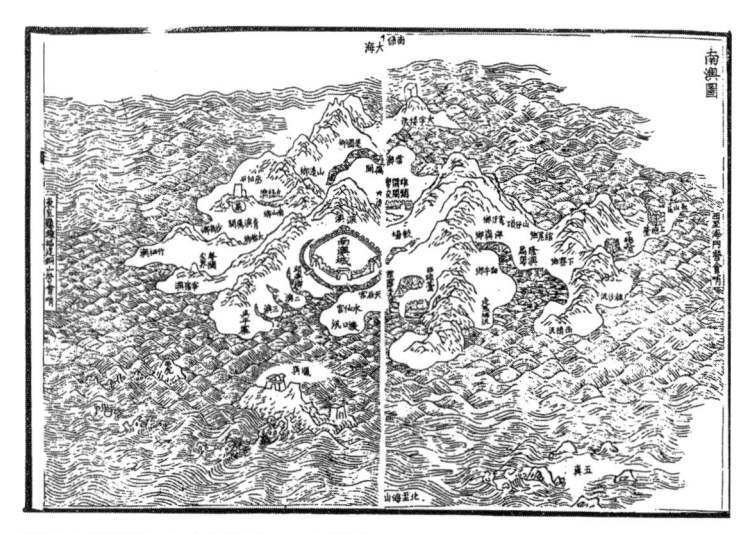

図 5-5『潮州府志（1）（乾隆 27 年序）』（『中國方志叢書』46、成文出版社、29 頁）

撤収している。その事情のひとつとして，民の抵抗とともに，番舶の思いが指摘されており（嘉靖『潮州府志』巻 1 地理志；嘉靖『広東通志』巻 14 輿地志 2），遅くともこの時期には外部との接触があったことがわかる。15 世紀から 16 世紀にかけて，日本，東南アジア，広州などから多くの商人たちが訪れる[6]。

　メンデス・ピントは琉球が銅を売りに行く港のひとつとしてラマウを挙げている（ピント 1979-1980: Vol.2, 213）。また，薩摩の山川を 1547 年 1 月 16 日に出発し，マラッカへむかう航路の途中，シンチェウとともに，ラマウへ寄港したと語る（ピント 1979-1980: Vol.3, 133-134）。ラマウ沿海を航行中に，琉球から来たパッタニーのジャンクと遭遇し，その主は中国の海賊キアイ・パンジャンであり，30 名のポルトガル人が同乗していたという（ピント 1979-1980: Vol.1, 188-191）。『東洋遍歴記』には，以上のほかにもいくつかのラマウ関連記事を見出すことができるが，これらの詳細の信憑性はお

くとして，ラマウが中継地として機能していたことが欧文史料で確認できる一例といえる。

『日本一鑑』窮河話海巻 6 によれば，甲寅の年（嘉靖 33・1554）に徐銓らが倭を誘い，南澳で交易をし，再び日本へ行こうとしたところ，逆風により柘林に停泊していたところを都御史鮑象賢配下の兵に襲撃され，徐銓は入水，他の者は捕縛された（『日本一鑑』窮河話海巻 6）。南澳での交易はそれでも継続したものとみられ，その後も倭夷たちが小舟で潮州広済橋へ到り交易をするので，胡宗憲が招諭を命じている。さらに王宗道や李貴顕も日本から浙海を経て，南澳へ至ったとされていることからも，対日密貿易の拠点として機能しつづけたものと考えられる。

こうした情勢下で福建巡撫の塗沢民は，洪武年間以来南澳の防衛を放棄してきた方針の危険性を説く（『明経世文編』巻 353 徐中丞軍務集録巻 1 請設大城参将疏）。彼は月港の開港を上奏した人物でもある。嘉靖 41 年（1562），戚継光は軍を率いて南澳から呉平らを駆逐し，三城を付近に設け防御の拠点とした（光緒『潮州府志』巻 38 征撫 呉平）。隆慶元年（1567）には兪大猷が曾一本らを殲滅する。隆慶 5 年 6 月には楊老の船が停泊し，梁士楚らに追われているので，ひきつづき海寇の拠点でありつづけたのであろう（光緒『潮州府志』巻 38 征撫 甲子所賊）。このほか，袁進，李平らも拠点としたことが知られている。万暦 3 年（1582），ようやく副総兵官が設置される。

3-3　タマオ (Tamāo)

タマオは，一島嶼であること，広州から 18 〜 30 レグア離れていること，ナントオ（Nantoo）から 1 〜 3 レグア離れていること，私貿易の島であることが知られている。この条件にあう地点として，ヨーロッパの研究者を中心に，上川島，下川島の可能性が古くから提示されているとともに，日中の研究者などから珠江口東岸

の屯門の可能性が指摘される（湯 1999: 1-26）。たとえば，アンダース・ユングステッドは，タマオ（Tamao），タマン（Taman），タモウ（Tamou）はおそらくポルトガル人がサンチャン（san-cian）と名付けた島全体であろうと述べる（Ljungstedt 1836: 1）。この説に従うならば，本章においてもタマオを上川と別に立項する必要はなくなる。

他方，藤田豊八は，清代の地図における南頭の東沿岸，九龍に接した地点に屯門を見出し，タマオを屯門に比定する（藤田 1918: 43）。『籌海図編』は，その位置を次のように説明する。広州から延びる東路，中路，西路の三路のうち，東路は恵州・潮州を経て，福建へ向かう道である。潮州の巨鎮として柘林と南澳の名が挙げられている。「日本諸島入寇」が三四月に浙江から広東へ赴く時に，柘林が第一の関鎖であり，ここを塞ぐと，必ず中路に流れ込むと説かれ，その地点のひとつに屯門がある（『籌海図編』巻3広東事宜）。ほかには鶏栖・仏堂門・冷水角・老萬山・虎頭門・南頭の地名がみえる。南頭は，欧文史料におけるナントオであり，カントンからマラッカ方向へ30レグアの地点にあり，プロ・トゥモン（Pulo Tumon）が付近にある（ピレス 1966: 239）。トゥモンを屯門に当てると，南頭との位置関係について漢欧両史料が符合する。

欧文史料の情報では，フェルナン・ペレス・デ・アンドラーデが広州を離れた後に寄港している。彼は明との国交交渉には失敗したものの，地方官憲から交易の許可を得，すでに交易をはじめた後に，サンチャンに停泊中の船に海賊の襲撃があったとの報に接する。ユングステッドはタマオをサンチャンのとりわけ北西海岸に比定するが，その根拠は明確ではない（Ljungstedt 1836: 5-6）。

第4節　マカオの成立

4-1　上川（Sanchoão）

　本節では広州湾地域の上川，浪白澳，澳門の三港を論じる。これまで北に位置する港から順に南下してきたが，交易拠点となった順番を考慮して，西南に位置する上川から論じることとする。外洋から少しずつ拠点都市の広州へ近い位置へ移動していくようにみえる。上川は，岡本良知氏によって浙江や漳州での通商に失敗したポルトガル人が初めに交易した拠点として位置づけられている（岡本1936: 247）。この位置づけには，タマオを上川に比定する前提がある。その当否には踏み込まないとしても，漳州撤収後の最初の交易

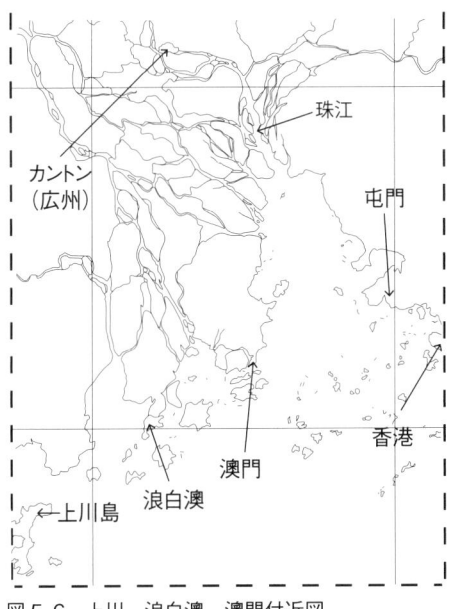

図 5-6　上川，浪白澳，澳門付近図

図 5-7 上川島三洲港（平成 25 年 6 月 28 日撮影）

港であった点は確実であろう。

　サンチャンの交易に関するもっとも知名度が高い史料は，フランシスコ・ザビエルの書簡もしくは関係記事であろう。ザビエルは，来日途中の 1549 年 7 月末から 8 月はじめの頃，日本布教を終えてインドへ戻る 1551 年 11 月末から 12 月はじめの頃，および 1552 年 8 月末から同年 12 月 3 日に生涯を閉じるまでの 3 回，この地に立ち寄っている。

　最初の滞在の記録には，サンチャンではなく，ただカントン（Cantón）とのみ記されている（ザビエル 1994: Vol.3, 94 ［1549 年 11 月 5 日付ゴアのイエズス会員宛書簡］）。マラッカから日本への航海中，1549 年 7 月 21 日にザビエルを乗せた船は暴風雨に遭遇する。どうにかやり過ごしたのち，カントンの港へ滞在し，その後チンチェオへ寄港，8 月 15 日に鹿児島へ上陸する。カントンへの正確な滞在月日は明確ではない。ザビエルの報告によれば，カントンの港へ到着した時，船員や船長は一致して同地での越冬を意図していた。ザビエルだけは，渡航の延期を恐れて越冬に反対し，船員たちに対し，航海中における彼らの背信行為をマラッカの長官へ報告し，こ

の地にいるポルトガル商人たちに語るだろうと述べ，彼らに早期出航を求め，そのようにさせた。

　帰途の航海については，ザビエルは詳細を記していない。フェルナン・メンデス・ピント『東洋遍歴記』第214章には，ザビエルが日本を出発したのち，ふたたび暴風雨に襲われる苦難が綴られ，ザビエルが一人の水先案内人の少年を呼び，神を讃え，船を整えることを命じ，少年はそれに従ったところ嵐はすっかり治まった奇跡が語られる。それは1551年12月17日のことだとされる。第215章には，それから13日間の航海ののちにサンチャンへ到着したとある（ピント 1979-1980: Vol.3, 210）。すなわち12月30日頃に到着したことになる。その船の船長はドゥアルテ・ダ・ガマであったが，彼の船は暴風雨のために破損しており，ここでディオゴ・ペレイラの船に乗り換えて，翌日マラッカへむけて出発した。サンチャンではすでにポルトガル人による交易が行われていたことや，中国へはインド副王が大使を送り，贈り物と書簡を捧げるのでなければ入国はできないとされている点などは興味深い。ディオゴ・ペレイラへは，のちにザビエルがサンチャンから書簡を認めてもおり，彼らの関係が実在したとみなしても不自然ではない。

　ザビエルが，サンチャンの交易についてもっとも詳しく語ったのは，最後の滞在の期間である。サンチャンの港はカントン（広州）から30レグア（約168km）の地点にあり，同地から多くの商人が交易に訪れる。ザビエルは中国本土へ上陸すべく，彼らに同行を求めるものの，総督への発覚を恐れるがゆえに，応じるものはいなかった。ひとりだけ，200クルザドを払えば小船でカントンへ連れていくことを請け負う人物がいたが，周囲の人々は，彼はザビエルを無人島に置き去りにするか，海へ投げ込むつもりであると危惧する。本章の関心から興味深いのは，それに続く警告で，かりにカントンへたどり着けたとしても，中国には国王の入国許可証なしの入

国を禁じる多くの法令があり，総督によってザビエルたちは拷問もしくは投獄される危険があるといわれている（ザビエル 1994: Vol.4, 226-227［1552 年 10 月 22 日付フランシスコ・ペレス宛書簡]）。海禁についてヨーロッパ側に情報があったことは，本章冒頭に述べたとおりであるが，サンチャンへの滞在は黙認されても，本土のカントンへの上陸は厳禁である違いが浮かび上がる。カントンへの同行を申し出た中国人については，同日付でディオゴ・ペレイラへ宛てた書簡では，マヌエル・デ・チャヴェスが脱獄した際に，彼をかくまった人物だと説明している。ザビエルは，それでも本土への上陸を引き続き模索しており，別の書簡には，ザビエルが所有する胡椒をカントンで売却することによる 350 クルザド以上の利益と引き換えに，カントンへの同行を打診中であることが記されている（ザビエル 1994: Vol.4, 246-247［1552 年 11 月 12 日付フランシスコ・ペレス宛書簡]）。

　1554 年レオネル・デ・ソーザが 1 割の抽分の支払いを条件に広東における交易を許された時に，彼はサンチャンへ滞在していた。そこからランパカウへ向かうように命じられたと伝える[7]。抽分の割合は，当初 2 割といわれていたものが，交渉の結果 1 割に落ち着いた。広東での抽分比率は，正徳 3 年（1508）には 3 割であったものが，正徳 12 年には 2 割となり，それが常例となる（井上 2011: 86）一般的環境と整合する。レオネル・デ・ソーザは，『日本一鑑』に登場する「周鸞」だと考えられている（『日本一鑑』窮河話海巻 6; 岡本 1936: 252）。『日本一鑑』によれば，甲寅の年（嘉靖 33）に仏郎機国の夷船が広東の海上に来たり，客綱を名乗る周鸞が，番夷とともに他国の名を詐称し，海道副使汪柏を誑かし，通交の許可を得て，小舟で番夷を誘い広東の街へ来て交易をした。乙卯の年には，周鸞は倭に仏郎機夷のように扮装をさせ，広東の街へ出没し，以後頻繁に来市するようになったとされる。他国の名を詐称したとある点は，レオネル・デ・ソーザ書簡に「フランゲ（frangues）」，すなわち仏

郎機の名を変え，ポルトガルとして通商の許可を得たとする点（岡本 1936: 250）と対応するものと思われる。また，倭に彼ら同様の扮装をさせたとする点は興味深い。

　『東洋遍歴記』には，先述のザビエル寄港のほかにもサンチャンに関する記事がある。第221章には，メンデス・ピントがインド副王アフォンソ・デ・ノローニャの大使として大友義鎮のもとへ赴く途中でサンチャンへ寄港したことが記されている。この使節の行程については，すでに略述したことがあるので省略する（伊川 2007: 227-230）。1555年11月20日付マカオ発のメンデス・ピント書簡では，パッタニーから最終目的地の豊後府内を目指す航海の途上，同年7月20日にサンチャンへ，8月3日にランパカウへ到着した旨が報告されている（東京大学史料編纂所編 2000: 131）。『東洋遍歴記』によれば，この時点で，ザビエルが当初埋葬された墳墓は，すでに草木に覆われた状態であったが，清め，柵で囲い，新たな十字架を立てた。同書の記述では一行は翌朝にはサンチャンを出発し，6レグア北方の島であるランパカウへ向かったとある点は，メンデス・ピント自身の書簡とは内容を異にしている（ピント 1979-1980: Vol.3, 237-238）。

4-2　浪白澳 （Lampacau）

　張増信は，ランパカウの名は1537年成立のガスパル・ヴィエガスの地図に「ラブパ（Labupa）」もしくは「ラブプス（Labups）」として現われると指摘する（張 1988: 305）。ユングステッドは，メンデス・ピントが1548年の朱紈の掃討戦後にリャンポーからチンチェオ，さらにはサンチャンへ逃れる過程で，浪白澳へたどりついたと述べる（Ljungstedt 1836: 9）。その後，数年はマラッカから日本への中継地として機能していたようである。

　メンデス・ピントはまた，パッタニーから最終目的地の豊後府内

の先述航海の途中，1555 年 8 月 3 日にランパカウへ立ち寄る（東京大学史料編纂所編 2000: 131）。そこは，ナヴィオ船の交易地だと説明している。同年 11 月 20 日付書簡の冒頭では，10 月下旬にドゥアルテ・ダ・ガマが日本からナウ船で到着し，情報をもたらしたとある。メンデス・ピントはランパカウから 6 レグア離れたマカオへ 11 月 20 日に到着したと記しているため（東京大学史料編纂所編 2000: 116），日本からのナウが着いたのはランパカウである。他方，メンデス・ピントと同行しているイエズス会インド準管区長メルチオール・ヌネス・バレットは，同年 11 月 23 日付書簡のなかで，10 〜 12 日前に日本からここへ（aqui）ナウ船一隻が到着したと記す（東京大学史料編纂所編 2000: 148）。この書簡の発信地は「中国の港」である。ヌネス・バレットはインド帰還後に，カントンから 18 レグアのランパカウで越冬したと述べていることと併せて考えるならば（村上 1968: 155-156［1558 年 1 月 10 日付書簡］），「中国の港」はランパカウとみるべきであろう。この港には，藁と土で数軒の家を作り，ポルトガル人約 300 名が越冬した。ルイス・フロイスも同年の日中間の往来を述べた文脈でドゥアルテ・ダ・ガマの船に言及しているが（村上 1968: 114［1556 年 1 月 7 日付書簡］），具体的な地名を記していない。

『東洋遍歴記』では，ランパカウはポルトガル人と華人との交易地であり，それはマカオがポルトガル人に提供される 1557 年までつづいたといわれている（ピント 1979-1980: Vol.3, 238）。その一方で，以前のようには産物が流通していなかったために，日本行きの船がなかったとも記されている。同書の第 132 章ではメンデス・ピントが種子島へむかう途中にも，ランパカウへ寄港し，そこへはパッタニーやマレーからの船が停泊していたとある（ピント 1979-1980: Vol.2, 164）。メンデス・ピント自身が種子島へ渡航したとする点や時期の真偽はおくとしても，東南アジアと日本の結節点の役割を果

たしていたことを示す描写とはいえよう。

　ヌネス・バレットが，その書簡の発信地を中国の港とのみ表現したように，中国（China）の港もしくは中国と表現される地域の交易を語る記録はほかにもある。ヌネス・バレットは，前掲書翰のなかで，中国のポルトガル人たちとナヴィオ船の多くは，日本への渡航を意図しており，5月の季節風の時期を待ち，中国の海岸で越冬すると伝えている（東京大学史料編纂所編 2000: 148）。また，ルイス・フロイスは，前掲書翰のなかで，ディオゴ・ペレイラの船で日本人8名がスンダから中国へ向かい，そのうちのひとりはヌネス・バレットによりジョアチンという洗礼名を授けられた鍛冶だとする（村上 1968: 117）。これらの書簡にみえる「中国」の表現は，ランパカウまたはマカオ両方の解釈の余地があるように思われる。寄港地が流動化するなかで，彼らのなかにも混乱があったのかもしれない。

4-3　澳門（Macau）

　ついにマカオについて論じるべき順序となった。現在のマカオ特別行政区に含まれる地名で，初出とされているのは，嘉靖26年（1547）『香山県志』にみえる「九澳」であり，マカオ半島の南海上に浮かぶ，現在はコロアネ（路環）と呼ばれている島の一部である。湯開建は，『香山県志』成立以前には，すでに外国商船がコロアネ島に停泊していたと指摘する（湯 1999: 59-60）。ポルトガル語史料での初出は，1555年11月20日付メンデス・ピント書簡の発信地が「アマクアオ（Amacuao）」とあり，同年11月23日付ヌネス・バレット書簡の発信地は「中国の港」であるが，アジュダ図書館本には「マチャオ（Machao）」とあるため，それらだとみなされている。

　それでは，マカオが交易拠点として機能しはじめる時期はいつごろであろうか。この点については諸説あり，嘉靖8年，14年，30年，32年，36年，隆慶初頭，万暦年間の可能性が議論されている。

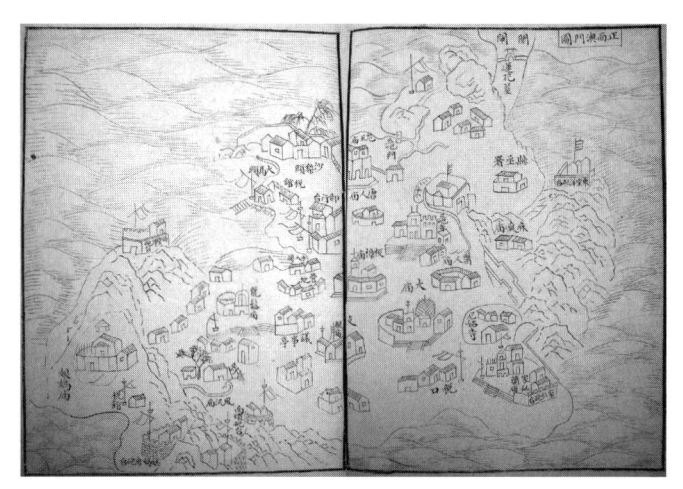

図 5-8『澳門記略』上巻形勢篇（ロンドン大学本）（15丁裏〜16丁表）

これらのうち，中国の研究者には，かつては嘉靖14年（1535）説，近年は嘉靖32年説が支持されており，ヨーロッパの研究者には嘉靖36年が支持されている（湯 1999: 82）。

漢籍史料をひもとくと，早期の記事が散見する。たとえば，『明史』仏郎機伝には，嘉靖8年10月に提出されたとされる巡撫林富の言が引用され，仏郎機が「香山澳」で交易をしていたとする記事があり，また，嘉靖14年には指揮黄慶の収賄により，二万金の運上を条件に仏郎機に「壕鏡」への入港が可能となったことが記されている。香山澳や濠鏡澳は，澳門の別名であり，この記述に信を置くならば，澳門開港はリャンポーなどが機能していた時期と並行していたことになる。ところが，林富の書面の原典たる『泰泉集』などを確認すると，広東で「番舶」が交易することへの言及はあっても仏郎機への言及はなく，黄慶（黄瓊）の件でも『明史』における錯誤が指摘される（湯 1999: 83-92）。

1553〜4年頃にポルトガル人がマカオへ来航したことは，華

欧双方の史料が一致している。『広東通志』によれば，嘉靖32年（1553）に舶夷（夷舶？）が濠鏡へ到り，風濤が適さないなどの事情にかこつけて滞在し，海道副使汪栢に賂を送りそれを認めさせ，磚，瓦，木，石を輸送し家を作り，集落のようになったため，以後は他の港は廃れ，濠鏡のみに碇泊したとある（万暦29年『広東通志』巻69澳門）。「汪栢」は，さきにレオネル・デ・ソーザ（周鸞）と交渉した汪柏であろう。

　欧文史料や『日本一鑑』にもとづく限り，周鸞の交渉は1554年のことと考えられるため，そうであるならば，滞在の年次はどちらかに1年の錯誤があるのかもしれない。デ・ソーザとおぼしきポルトガル人たちが広東へ行き，税率決定の交渉をしており，それは1555年12月1日付の書簡が書かれた前年のことと表現されている（東京大学史料編纂所編 200: 177）。このことは，ガスパール・ダ・クルスがより明確に論じている（クルス 1987: 321–322）。ここには，1554年にデ・ソーザが，カピタン・モールとして中国と約定を交わし，その内容はポルトガル人が納税をする代わりに，交易を認めるというものであった。主要交易品は絹織物と麝香であった。ガスパール・ダ・クルスによれば，約定は，ポルトガルの名においてではなく「ファンジン（Fangim）」の名において結ばれた。「ファンジン」は別の海岸から来た人々を意味する。華人の出国が禁じられ，国内沿海の航行のみが許されていたとの記述がそれにつづく。

　このようにみると，澳門にポルトガル人が往来するようになったのは，1553〜54年頃の時期からとみて間違いあるまい。しかし，この段階では，おそらく上川や浪白澳と同様に，いつ廃れるとも知れない密貿易港のひとつに過ぎなかったのだろう。1557年にいたり，その状況が変化する。メンデス・ピントは，この年にマカオがポルトガル人たちに提供された（nos deram este porto de Macau）と記している（ピント 1979–1980：Vol.3, 238）。この年は，田生金が万暦

45 年（1617）成立の「條陳海防疏」のなかで，「此醜」が鏡澳に住んで 60 年になると指摘（『按粤疏稿』巻3）しているため，メンデス・ピントの記述と同様，1557 年から居住するとの認識をよみとることができる（湯 1999：95）。ポルトガル人への「提供」の内実については，毎年 500 タエルの純銀を租借料として中国の官憲に支払っていることが，1629 年の国王宛マカオ市民報告書に記されており，それが 1849 年頃まで継続されているとの指摘がある（東光 1998：41）。「提供」とは割譲ではなく，租借権の承認とみることができそうである。

マカオ成立の過程については，こうした説明もある。当初は国を奪われることへの猜疑心が強い華人によって，ポルトガル人たちは船に閉じ込められるように貿易をしていたが，恐怖心が取り除かれたことにより，はじめは特定の地域にポルトガル人の居住と住居建設が許されるようになった。時とともに，市内の他の場所への居住も許されるようになり，さらにはキリスト教に改宗した華人や，異教徒たちも集まってきた。ただ，住民の大部分はポルトガル人である。以上は，天正遣欧使節についてアレッサンドロ・ヴァリニャーノが起草し，ドゥアルテ・デ・サンデがラテン語訳した『天正遣欧使節記』（サンデ 1969：22）の一節である。

第5節　おわりに

16 世紀前半に密貿易港として機能した港について，地域ごとに概観してきた。筆者はすでに，これらの諸港に共通する要素として，島嶼部であることに着目し，そこでおこなわれる交易を島嶼部交易と名付けたことがある（伊川 2011：67-69）。チンチェオは地名比定によっては大陸部である可能性もあるが，浯嶼とみなす余地がある。澳門も四方のほとんどを海に囲まれている地形とみなすならば，島

嶼部という共通要素を見出すことに大過あるまい。島嶼部が密貿易港たりうる事情としては，舟山や上川に顕著にみられるとおり，大陸への上陸が許されない場合にも，島嶼部への滞在は黙認もしくは公認されることがありうる点を指摘したい。中国の歴代王朝のなかでも海禁秩序を強化したといわれる明の版図のなかに，じつは秩序の空白が存在したことの背景には，こうした地理的な要因を想定する必要がある。島嶼部のなかでも，大都市と適度な距離があり，浯嶼や南澳のように水塞が撤退した，防備が手薄な地点であることも条件なのであろう。

　マラッカへ延びたポルトガル航路が，日本まで延長された背景には，倭寇や密貿易があったことはしばしば指摘されてきたことではあるが，その条件として中国島嶼部に秩序の空白が生じていたことに，より注意が払われてしかるべきではなかろうか。しかしながら，澳門がポルトガル人居留地として認められるまでは，この空白は安定したものではなく，双嶼やチンチェオで掃討作戦が展開されたように不安定な面が共存していた。

　以上のような安定面，不安定面をさらに抽出し，共通要素を見出すことを，本章の最終目標に設定していたが，具体的な叙述に終始せざるを得なかった。また，それぞれの港に関する史料の収集，解釈にも不十分な点を残している。これらの点をさらに深めていくことでグローバル化が進む過程の歴史認識を，より緻密化させていくことができると見通している。

注

1　（ピント 1979-1980: Vol.3, 238-239）。以下，リャンポー壊滅の件も同様。
2　開港年次は，史料上「隆慶初年」「隆慶改元」とあるが，徐階執政の下，開洋論者の福建巡撫譚綸が隆慶元年八月に中央へ召喚以前だとするならば，

開港は同年とみてよいとの推測を（木岡 2007）が提示した。

3　巡撫周宗の2款の第一。（東西洋考？）（小葉田 1976: 250）

4　（金 2005: 2–3）によれば，仏郎機とは，そもそもは十字軍によりアジア（中東）に最初に出現したキリスト教世界（Franquia）を意味し，キリスト教であるポルトガルをも意味するようになった言葉である。

5　（金 2005: 51）は，浯嶼に比定している。

6　当該地域の海防については，（陳 2011）に詳しい。同論文には乾隆『南澳志』巻3，巻11などを駆使した記述があるが，本章作成にあたっては参照するに至らなかった。

7　1556年1月15日付レオネル・デ・ソーザ書簡（Arquivo Nacional Torre do Tombo, Gaveta 2/10/15）。（岡本 1936: 251）。翻刻・注釈は（Loureiro 1997: 91–99）ほか。

参考文献

【日本語】

伊川健二，2007,『大航海時代の東アジア』吉川弘文館.

———，2011,「環シナ海域と中近世の日本」『日本史研究』583.

井上徹，2011,「明朝の対外政策と両広社会」小島毅監修『海域交流と政治権力の対応』汲古書院.

岡本良知，1936,『16世紀日欧交通史の研究』弘文荘.

小葉田淳，1976,『金銀貿易史の研究』法政大学出版局.

オラー・チャバ，2011,「浙江巡撫朱紈の遣明施設保護・統制策と『信票』の導入」『史学雑誌』120–9.

木岡さやか，2007,「明代海禁体制の再編と漳州月港の開港」『史窓』64.

岸野久，1989,『西欧人の日本発見』吉川弘文館.

クルス，ガスパール・ダ著，日埜博司訳，1987,『十六世紀華南事物誌』明石書店.

ザビエル，フランシスコ著，河野純徳訳，1994,『聖フランシスコ・ザビエル全書簡』全4巻，平凡社.

サンデ，ドゥアルテ・デ訳，泉井久之助ほか邦訳，1969,『デ・サンデ天正遣欧使節記』雄松堂出版.

壇上寛，2006,『元明時代の海禁と沿海地域社会に関する総合的研究』（平成15～17年度科学研究費補助金（基盤研究(C)研究成果報告書：15520437)）.

陳春声，2011,「明代における潮州の海防と沿海地域の社会――泉・漳・潮州における海上勢力の構造およびその影響」小島毅監修『海域交流と政治権力の対応』汲古書院.

東京大学史料編纂所編，2000,『日本関係海外史料——イエズス会日本書翰集』訳文編之二（下），東京大学史料編纂所.

東光博英，1998,『マカオの歴史』大修館書店.

ピレス，トメ著，生田滋ほか訳注，1966,『東方諸国記』岩波書店.

ピント，フェルナン・メンデス著，岡村多希子訳，1979-1980,『東洋遍歴記』全 3 巻，平凡社.

藤田豊八，1918,「葡萄牙人澳門占拠に至るまでの諸問題」『東洋学報』8-1.

牧田諦亮編，1955,『策彦入明記の研究』上，法蔵館.

松田毅一，1992,『日本・ポルトガル交渉小史』在京ポルトガル大使館文化部.

村上直次郎訳，1968,『イエズス会士日本通信（豊後・下篇)』上，雄松堂出版.

メンドーサ，ゴンサーレス・デ著，長南実・矢沢利彦訳，1965,『ゴンサーレス・デ・メンドーサ——シナ大王国記』岩波書店.

李献璋，1961,「嘉靖年間における浙海の私商及び舶主王直行蹟考（上)」『史学』34-1.

リンスホーテン，ヤン・ハイヘン・ファン著，岩生成一ほか訳注，1978,『リンスホーテン——東方案内記』岩波書店.

ロドリーゲス，ジョアン著，池上岑夫ほか訳，1970,『日本教会史』下，岩波書店.

【欧語文献】

Boxer, Charles Ralph, 1953, *South China in the sixteenth Century*, London: Hakluyt Society.

Ljungstedt, Anders, 1836, *Historical sketch of the Portuguese settlements in China*, Boston: J. Munroe & Co.

Loureiro, Rui Manuel, 1997, *Em Busca das Origens de Macau*, Macau: Museu Marítimo de Macau.

Schurhammer, Georgius and Iosephus Wicki, eds., 1944-1945, *Epistolae S. Francisci Xaverii*, 2vols., Roma: Pontificia Universitá Gregoriana.

【中国語文献】

金国平，2005,《西方澳门史料选萃（15 〜 16 世纪)》广东人民出版社.

湯開建，1999,《澳門開埠初期史研究》中華書局.

張増信，1988,《明季東南中国的海上活動》上編，私立東呉大学中国学術著作奨助委員会.

『按粵疏稿』巻 3.

『日本一鑑』窮河話海巻 6.

『日本一鑑』窮河話海巻 6 海市.

『海澄県志』巻 1 輿地志建置.

『籌海図編』巻 3 広東事宜.

『籌海圖編』巻 4 福建倭変紀.

『籌海図編』巻 4 福建事宜.

『籌海圖編』巻 5 浙江倭変紀.

『籌海図編』巻 12 開互市.

『国朝献征録』巻 62.

『明世宗実録』巻 154.

『明世宗実録』巻 189 嘉靖 15 年 7 月壬午条.

『明経世文編』巻 280 馮養虚集　通番舶議.

『明経世文編』巻 353 徐中丞軍務集録巻 1 請設大城参将疏.

『明経世文編』巻 400 敬和堂集巻 5 疏通海禁疏.

『明経世文編』巻 433 徐中丞奏疏.

『甓餘雑集』巻 3 増設県治以安地方事.

張燮『東西洋考』巻 6 外紀考.

張燮『東西洋考』巻 7 餉税考.

崇禎『海澄県志』巻 1 輿地志.

崇禎『漳州府志』巻 1 輿地志上 建置沿革.

崇禎『海澄県志』巻 5 賦役志 2.

崇禎『海澄県志』巻 14 災祥志.

乾隆『福建通志』巻 74 芸文.

万暦『漳州府志』巻 30 海澄県 輿地志 建置沿革.

万暦『漳州府志』巻 30 海澄県 雑志 兵乱.

万暦 29 年『広東通志』巻 69 澳門.

張燮『東西洋考』巻 7 餉税考.

朱国槙『涌幢小品』巻 30 倭官倭島.

光緒『潮州府志』巻 38 征撫 蔡春魁.

光緒『潮州府志』巻 38 征撫 呉平.

光緒『潮州府志』巻 38 征撫 甲子所賊.

嘉靖『潮州府志』巻 1 地理志.

嘉靖『広東通志』巻 14 輿地志 2.

第 6 章

16–18 世紀における太平洋を跨ぐ
水銀の密貿易

アンゲラ・ショッテンハマー（鈴木英明編訳）

第1節　はじめに

　1622 年にフロリダ・キーの沖合で沈んだスペイン・ガレオン船から 50.26 グラムの水銀が発見された事件は世界的な関心を集めた。このガレオン船は，ヌエストラ・セニョーラ・デ・アトチャ号といい，金，銀，銅，タバコ，宝石類，そしてインディゴを積み，スペインへと向かっていたとされる。とりわけ，鉱物学と医学とに関しては，コリー・マルコムが述べるように，「1622 年当時の科学的実践の在り方」をそこからつかみ取れるかもしれない（Malcom 2006）。スペイン人は，1554 年にはアマルガムの「パティオ・プロセス」という銀精錬に関する画期的な技術を再発見したばかりであった。それは，12 世紀の北アフリカでアラブ人たちによって最初に用いられたものだが，それによってより大量の銀を鉱石から取り出すことが可能になる。この技術は 1504 年にセヴィーリャで生まれたバルトロメ・デ・メディナによって広く知られるに至る。彼は「パティオ・プロセス」をヌエバ・エスパーニャのパチュカで最初に試み，その後，それは瞬く間にアメリカ大陸のスペイン領各地の銀鉱山で広く用いられるようになった。この技術の拡散は，とりわけ，有名なポトシ銀山という新たな銀の源泉が見つかった 1545 年，顕著になる。翌年には，メキシコでフアン・デ・トローサによってサカテカスの巨大な銀鉱が発見されもした。新世界におけるこうした巨大な銀の源泉の発見は，銀精製に関するアマルガム法の再発見と同時並行した現象であったことは大いに注目に値する。

　バルトロメ・デ・メディナはこの技術に関する知識を「マエストロ・ロレンツォ」あるいは「レオナルド」として知られたドイツの錬金術師から獲得したといわれている。銀（金）鉱石はラバを動力にした石製粉砕機で水を加えながら，ペースト状になるまで粉砕さ

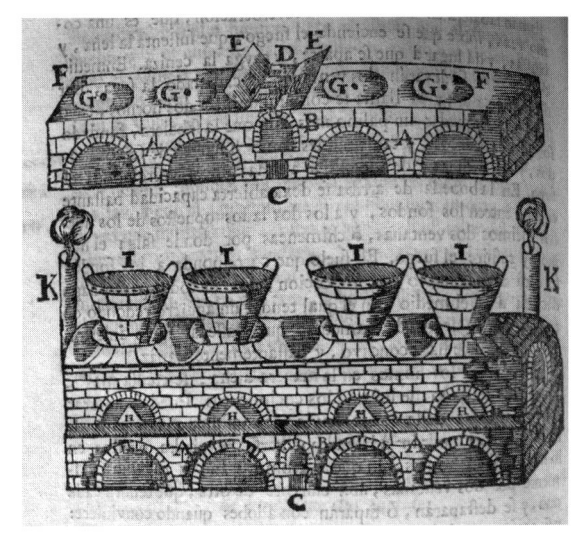

図 6-1　アルバロ・アロンソ・バルバ『諸金属の技術』収録の銀アマルガム
を熱するための炉を紹介する版画。本挿絵は 1770 年マドリード版のもの。
(Álvaro Alouso Barba, *Artes de los metals*, madrid: la Viuda de Mannel Fernandez, 1740,
114.)

れる。そうしてできたペーストはパティオの日陰に広げられ，そこ
に水銀，塩，硫酸銅がふりまかれ，それを人間，あるいはラバが踏
み歩き，十分に混ぜ合わされる。この作業はときに数週間に及ぶ場
合もあった。その後，それをよく洗浄し，残ったアマルガムを絞り，
熱することで水銀は飛ばされ，銀（金）が残るのである。この「パ
ティオ・プロセス」は質の悪い鉱石にも用いることができ，銀（金）
鉱山での生産を劇的に改善することができた。新大陸で産出された
のはほとんどが銀であったが，同様のプロセスは金にも適用できた。
金と銀とが混ざって採掘される場合，プロセスの結果，得られたも
のは「ドレ」と呼ばれ，通常は，そのままの状態で船に積まれ，目
的地についてから双方を分離させる工程が行われた。

ポトシやサカテカスから産出される莫大な量の銀は，大西洋と太平洋とに向けて船積みされた。一枚で通常のスペイン・レアル銀貨の8枚分の価値があったことから「レアル・デ・ア・オチョ」と呼ばれた銀貨は，その後，2世紀以上にわたって国際通貨として世界中で広く流通した。また，18世紀の後半以降，こうした銀貨は福建を中心とする中国の沿海部でもその流通量が増加していった。初期近代には，おびただしい量の銀貨が中華帝国に行きつく。デニス・フリンとアルテューロ・ヒラルデスによれば，「この供給サイドの現象は，需要する側の中国における一條鞭法を頂点とする銀の価値の想像を絶する上昇と年代的に符合するという思いがけない出来事だった。供給するスペイン領アメリカでの生産コストの低減と，中国にけん引された需要する側であるアジアにおける銀価格の上昇との結びつきは，おそらく人類史上，もっとも劇的な鉱山ブームを引き起こしたのである」(Flynn and Giráldez 1995: 209)[1]。ただし，若干の注意を喚起するならば，16世紀から17世紀初頭にかけて，日本が中国にとってのもっとも重要な銀の供給者であったのを忘れてはならない。

　スペイン帝国はふたつの主要な水銀の産地を抑えていた。ひとつはスペインのアルマデンであり，もうひとつはペルーのワンカベリカである。植民地期，アルマデンの水銀のほとんどはメキシコの銀山で用いられた（Lang 1968: 632-641）。1563年，しかしながら，ワンカベリカで辰砂が発見される。これによって，スペインから莫大な費用をかけて水銀を持ち込まなくても，ペルーで銀の精製が可能になった。しかし，1572年の9月，ヌエバ・エスパーニャの副王マルティン・エンリケス・デ・アルメイダ（1510頃〜1583）は，後述するように，水銀の自由貿易を禁止し，政府の監督下に置く（Bakewell 1971: 150）。その後，植民地期を通して，基本的にはスペイン王室は水銀の生産と流通を独占する。スペインからの水銀輸送

は莫大な費用が掛かる一方，ワンカベリカの水銀鉱山は王室の直接の管理下に置かれた。

　このような背景のもと，非合法の水銀輸入が行われるようになったのは想像に難くない。それは，フィリピン諸島とアカプルコとを結ぶマニラ・ガレオン交易の一環として，主として中国からヌエバ・エスパーニャとペルーに向けられた。マニラ・ガレオン交易は1565 年から 1815 年のあいだ行われ，水銀はそこで取引される交易品の一部であった。フィリピン諸島はこのガレオン交易にはわずかな交易品しか提供していないが，香辛料，絹，陶磁器，金，象牙，宝石類，翡翠，水銀，その他の交易品が中国やそのほかのアジアの港から運ばれ，この交易を利益の高いものにした。1573 年以来，福建のジャンク船でマニラへと運ばれた中国産の水銀は，フィリピン諸島からヌエバ・エスパーニャへと向かう積み荷のなかで重要な位置を占めた。水銀はさまざまな国の商人によって扱われた。「中国からフィリピン諸島を経由する水銀は，ヌエバ・エスパーニャの鉱業の豊かな歴史において，軽んじられ，もっとも無視されてきた存在である」とエドワード・スラックは 2012 年に述べている（Slack 2012: 113）。ヌエバ・エスパーニャの水銀市場における中国の役割に関する初期の研究は，マーヴィン・ラングによるスペイン王室のメキシコにおける水銀の独占に関する歴史研究（Lang 1977）の中にみることができる。

　本章では，東アジア海域から出発し，太平洋をまたいで新大陸へと向かう水銀の密貿易について，東アジア海域と新大陸の多様な集団が織りなす様々な関係をひも解きながら，その背景と実態とを考察する。

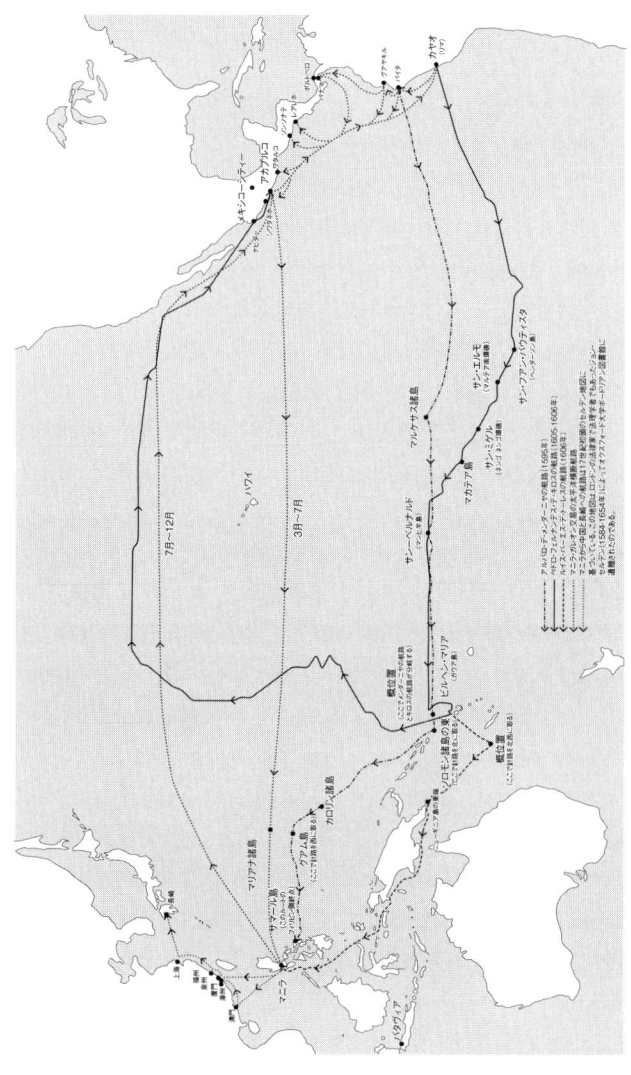

図6-2　フィリピンと両アメリカ大陸を結ぶマニラ・ガレオン交易
　と初期の太平洋横断航路

第 2 節　水銀をめぐる東アジア域内，および環太平洋の諸関係

2-1　中国―マカオ―日本

　ポルトガル商人アルフォンソ・パエスは，マカオに関して次のような報告を行っている。すなわち，おおよそ 500 ピクルあるいはそれ以上の莫大な量の水銀が毎年，「中国のインド人，厦門からやってくる人びと，そして大中国からやってくる別の人びと」によって，日本市場向けに広州とマカオに運び込まれていると伝えている（Iwasaki Cauti 1992: 170-179）。マカオを訪れたメキシコ商人メルコール・デ・メダーノは広東や「チンチェオ Chincheo」（漳州を指すが，それとともに泉州も含まれていると考えるべきだろう。また，福建の沿海部一帯を指す場合も見受けられる。第 5 章も参照）で大量の水銀を目にしている。同じくメキシコからやってきたフリアン・ゴメス・デ・エスコバルは 1580 年代に広東を訪れているが，広東やそのほかで日本向け輸出のために水銀が収集されているのを目撃している（Iaccarino 2017: 168）。イタリア商人のピエトロ・グリフォは 1591 年，当時，在住していたマカオでいくばくかの水銀を日本市場での販売目的で購入している。売却の後，彼はメキシコへと移住するのだが，水銀交易について記述を残している。そこからは，厦門とマカオ間の交易，中国商人とポルトガル商人とのあいだの交易，そして日本への水銀輸出が確認できるばかりでなく，輸送に関する詳細についても情報を得ることができる。水銀は陶製の缶や鉢に入れた状態で運ばれ，最終的には固い丸形の木製の箱に移し替えられるのであり，それぞれ半ピクルの水銀が入っている（Iwasaki Cauti 1992: 176）。また，この事例からは日本向け水銀交易に投資することで大きな利益が得られることも読み取ることができる。中国製の絹と水銀を日本

市場で売りさばくことができれば，少なく見積もっても 10 倍の利益が得られるのである。

　広東では 1580 年代，1 ピクルの水銀は銀 28 から 33 両で売られており，平均をとれば約銀 30 両——37.5 ペソ——であった（Iwasaki Cauti 1992: 176）。マニラではピクルあたり 60 から 70 ペソのあいだで取引されていた。1592 年，フィリピンの第 7 代総督ゴメス・ペレス・ダスマリーニャスは，中国人が 1 ピクルあたり 100 ドゥカートを要求していたと述べている（AGI, Filipinas, 18B, R.2, N.5, Carta de G. P. Mariñas sobre situación general（1592/05/31））。

　1562 年成立の『籌海図編』に収められた「倭好の好みの色々」とされる記事のなかで，銅器へのめっき付けに用いられるものとして水銀が言及されており，中国の 30 倍の価格，すなわち 300 両で日本では売ることができるとされている（鄭 2007: 199）。1600 年ごろ，ポルトガル商人は 150 から 300 ピクルの水銀を毎年，マカオから日本へ送っていた。広東での価格はピクルあたり 40 両で，マカオでは 53 両であったが，日本では 90 から 92 両で取引されていた（Ptak 2002: 55）。

　オランダ人たちもまた日本に水銀をもたらした。一例を挙げると，1636 年には，262.87 ピクル，価格にして 33,864 両相当の水銀を彼らはマカオから長崎に運んでいる（Boxer 1984: 26）。『オランダ商館長日記』にはそれ以外にも複数の水銀輸入の記事が散見される。マカオ，広東，厦門が日本向け水銀の主要な積出港であった。しかし，ポルトガル人や中国人と較べると，オランダ人や日本人にとって，中国産水銀は遠い存在であった。彼らは現在のタイやインドネシアで中国産水銀を購入していた（Ptak 2002: 55）。1640 年以降，この海域でイギリスがより重要な位置を占めるようになってからは，彼らも中国で購入した水銀を日本で売るようになった（Ptak 2002: 56; Kato 1976: 66; Morse 1926: vol.1, passim）。

　1637 年，181.205 ピクル，価格にして 15,715 両の水銀が日本にもたらされ，翌年には 8,762.20 両に相当する 92.355 ピクルがやはり日本へと運ばれた。ここから分かるのは，1562 年には 1 ピクルあたり 90 から 91 両だった日本での水銀の売値が，この時期，86.70 両から 121.80 両の間で推移していた事実である（Boxer 1959: 194）。この貿易でもっとも活動的だったのは中国商人，ポルトガル商人，のちにはオランダ商人となる。エドワード・スラックはジェメリ・カレリ（1651-1725）の記録をもとに次のような事実を指摘している。すなわち，ヌエバ・エスパーニャでは正規に取引されるペルー産やカスティーリャ産の水銀に王室が高額の税金をかけていることで水銀不足を招き，それがメキシコを不毛にさせていることをカレリは認識したうえで，彼は中国産の水銀を買値の 3 倍の価格で売りさばいたのである（Slack 2012: 116）。

2-2　ヌエバ・エスパーニャ (メキシコ) ─フィリピン諸島─日本

　徳川家康はポルトガルやオランダ以外にも，スペインやヌエバ・エスパーニャとも──それが長続きすることはなかったものの──交易関係を結んでいた。

　1609 年，スペインのガレオン船サン・フランシスコ号がマニラからアカプルコへの帰路，日本列島近海で転覆した。370 人の漂流者は日本の漁民に助けられ，そのなかにはフィリピンの総督に就任したばかりのロドリゴ・デ・ビベロ・イ・アベルーサも含まれていた。日本では，彼は江戸に赴くなどし，徳川政権とスペイン帝国とのあいだの直接的な商業関係を築き，日本で建造したサン・ブエナベンチューラ号でいく人かの日本人を従えてアカプルコへと戻っていった。アカプルコからメキシコ・シティに使節団を送り，そこで一行は副王ルイス・デ・ベラスコに謁見している。1595 年，ベラスコはペルーの副王に任命され，その任を 1604 年まで果たした。

のちに彼はメキシコに自らの拠点を再び定め，彼の甥であるビベロが日本からアカプルコに戻ってきた時も健在であった。

　一連の複雑な外交交渉（Iaccarino 2017: 189-217）の後，最終的にビベロは1610年の夏，宣教師ルイス・ソテロの仲介のもと，徳川政権とスペイン帝国とのあいだの最初の，そしてきわめて独特な協定を準備し，署名をした（AGI, Filipinas, 193, n. 3; Iaccarino 2017: 331-332（apéndice n.5））。協定の条項はビベロの覚書のひとつに補遺として付されており，日付は1610年5月2日，あて先はメキシコ副王とスペイン王（ドン・フェリペ）となっている（Vivero y Velasco 1989: 160-192）。しかしながら，この文書は基本合意書の類として理解されるべきである。なぜならば，フィリピン総督を解任されたビベロには正式な協定を締結する力はなかったからである。このような文書が有効になるにはスペイン王とメキシコ副王の双方による署名がなされなければならない。われわれにとって興味深いのは，協定の第5条で明確に日本人が「スペイン人鉱山夫が日本にやってきて，王国が産出しうる莫大な量の銀の採掘を手助けすることを望んでいる」と記されていることである。ビベロ自身は鉱業の専門家で，フィリピンに向かう以前は，有名なメキシコのタスコ銀山での作業に従事していた経験を持つ（Monbeig 1972: 8）。家康はヌエバ・エスパーニャから50名の鉱山夫を呼び寄せるように依頼している。これに対して，ビベロはそれが次の条件ならば合意されうるべきだと回答している。その条件とは，スペイン人が100あるいは200名の鉱山夫を送った場合，現在，未開発だけれども，その技術と産業とによってスペイン人が開発し，操業するようになるすべての鉱山から採掘される銀の半分が無償でスペイン人のものとなり，残りの半分は二分割され，片方を日本の王，もう片方をスペイン王が手に入れるというものであった。すなわち，半分をスペイン人鉱山夫が独占し，スペイン王が4分の1，そして残りの4分の1が家康と日

本のものになるということである。しかし，ウバルド・イアッカリノが明らかにしているように，家康は採掘されるすべての金属の 4 分の 3 をスペイン人たちに譲渡することすら許していた。というのは，マニラとの関係が築ければ，それは彼が渇望する新世界の銀精錬の新技術に関する知識をもたらすはずだったからである。また，スペイン人鉱山夫による採掘が実現すれば，家康は鉱山からの搾取のシステムに手を加える必要もなかった。（これらの鉱山はそれまで，私的な，そして在地の権力によって運営され，所有者たちは徳川政権に一定量の金属を供出するのみであった。とはいえ，徳川政権はほとんどの鉱山の運営に自前の商人などを介してかかわっていた）(Iaccarino 2017: 210)。すでに操業されている鉱山に関しては，鉱山所有者はスペイン人と新たな取り決めを交わさなくてはならなかっただろう。そこでは水銀の使用が必要になるはずであり，鉱山所有者たちはその調達に責任を持つことになったであろう (Vivero y Velasco, 1989; AGI, Filipinas, 193, n.3 AGI, Filipinas, 193, n.3; Iaccarino 2017: 202-203)。これらの合意を確立する一方で，しかしながら，家康はオランダ商人を日本から追放せよというビベロの要求は拒絶していた（Vivero y Velasco n.d.）。

　家康とその息子秀忠がレルマ公爵フランシスコ・ゴメス・デ・サンドバルに 1610 年に送った書簡では，フランチェスコ会修道士のルイス・ソテロに全幅の信頼を寄せていること，そしてメキシコから日本にやってきたナウ船について明確な言及がされている。メキシコのどこから船が来ようと，船は歓待と贈り物をもって迎えられ，すべてはルイス・ソテロに任されていた。家康の側近であった本多正純は 1610 年 2 月 2 日付でより詳細な記録を残しているが，そこにはスペイン人鉱山夫の日本派遣のことも，フェリペ 3 世のことも触れられていない [2]。協定がスペイン人に有利なのは明らかであった。日本の鉱山で採掘された金や銀の 75% がスペイン人の手に入るはずだったし，鉱山は治外法権下におかれ，オランダ人は

日本から追放され，すべての港はスペイン人に開かれ，教会建設や宣教活動の権利も与えられるはずであった（Iaccarino 2017: 239-240）。しかし，多方面から反対が寄せられ，日本国内ばかりでなく，オランダ，イギリス，ポルトガルの商人たちはもちろん，そしてスペイン王室も異議を唱えた。その背景には，ヌエバ・エスパーニャが（王室を介さない）自前の，独立した商業交易ルートを確立することを懸念したことが挙げられる。

　一方で，フィリピンに対する，そしてより一般的にアメリカ大陸のスペイン植民地に対する家康の意図は明らかである。彼はメキシコそしておそらくペルーとも商業的な関係性を構築したかったと思われ，なおかつ，船舶工学や鉱業技術の分野におけるスペイン人の知識からも利益をあげたいと考えていた。加えて，彼はメキシコ鋳造局（Ceca de México）やセビーリャの通商院などスペインの制度のいくつかを模倣するつもりもあった（Iaccarino 2017: 240）。

　太平洋を横断する船舶を所有していなかった徳川家康は，1602年，ヌエバ・エスパーニャまで航海するための試運転として，押収したオランダ船リーフデ号を堺まで航行させている。それより2年早くに日本に到達したイギリス人によれば，家康は自前の船舶でヌエバ・エスパーニャへの航海を目論んでいた（Pérez 1929: 143; Iaccarino 2017: 272）。オランダ人やイギリス人の来港は，明らかに，スペイン人の日本における活動を大いに脅かした。とりわけオランダ人が公式に布教活動を放棄したのちに日本に足場を築いたことは，スペイン人がかつて謳歌した徳川政権との良好な関係に大きな楔を打ち込んだ。とはいえ，この関係が破たんするのにはもう数年の時間が必要だった。

　1614年，日本で建造された最初の西洋式帆船のひとつであるサン・フアン・バウティスタ号——元来は日本語で伊達丸として呼ばれていた——はヌエバ・エスパーニャに向けて太平洋を航海した。

これはスペイン式のガレオン船であった。そこには支倉六右衛門常長を代表とする 180 名からなる外交使節団が乗船しており，ルイス・ソテロも随行していた。慶長遣欧使節として知られる彼らはアカプルコに寄港し，そこから教皇パウロ 5 世とバチカンへの使節としてベラクルスからヨーロッパへと針路をとった。

　キリスト教禁教政策の開始とそのころに始まったキリシタン弾圧にもかかわらず，家康は商業活動を通してメキシコと良好な関係を継続しようという意図を有しており，なおかつ，彼は別の二隻をアメリカに派遣することすら公言していた。このことは彼がヌエバ・エスパーニャの副王に宛てた書簡のなかではっきりと言明されている（AGI, Filipinas, 1, n.151; Knauth 1972: 242-243）。家康はここまで述べてきたような経緯で形成されてきた友好関係を維持したいと望んでおり，そのことは 1612 年 10 月と翌年とにフィリピンへ送られた彼の書簡から読み取ることができる（Iaccarino 2017: 290）。

2-3　中国─フィリピン─メキシコ─ペルー関係

　安価な中国産水銀についての情報はフィリピンを介してメキシコに集積された。初代フィリピン総督ミゲール・ロペス・デ・レガスピが 1572 年 8 月 11 日に書き残した文書には，興味深いことに，水銀が中国との交易で得られる産品としてすでに言及されている（Ollé 1999: 177）。とても安い価格に関する情報はたちまちメキシコの鉱山に知れ渡った。1 キンタル（約 49 キロ・グラム）の中国産水銀は 20 から 40 ペソであり，それと較べてアルマデンやワンカベリカで採れる水銀は 77 から 100 ペソもした。1584 年にはメキシコの主要な鉱山夫たちがフェリペ 2 世に覚書をしたためているが，そのなかで中国からの水銀輸入の許可を求めている（Iwasaki Cauti 1992: 162. AGI, Patronato, 238, n.3, "Petición de algunos mineros", 1584, quoted in M. F. Lang, El Monopolio, p.137）。1 年後，新総督サンティア

ゴ・デ・ベラ（在職 1584 年 5 月 16 日 –1590 年 5 月）はメキシコ大司教ペドロ・モヤ・デ・コントレーラス（1527-1591）に宛てた書簡のなかで次のような意見を表明している。「閣下の命令に従って，私はこの地のサングレイたちに一定量の水銀を持ってこさせようとずいぶんと試みてまいりました」。しかし，この書簡によれば，水銀は「日本人のもとに持っていかれてしまいました。かの国では多くの銀鉱山があり，そこでは水銀に結構な値がつくのです」と続く（Blair and Robertson 1903-1909: vol.4, 68）。メキシコでは，副王ルイス・デ・ベラスコ（1534-1617）が 1591 年，ペルー産水銀について情報を有する人物すべてを調査するよう命令を下している。これはペルー産水銀の経費と現地での価格を把握するためであり，同時に中国産水銀の潜在的な価格と経費，量，そしてどこで誰から購入するかの検討を重ねた（AGI, México, 22: Relación de azogues para la China (México, 21.VII.1591); Iwasaki Cauti 1992: 163）。

　日本との競争があったにもかかわらず，スペイン帝国の人びとにとって中国産水銀は驚くほど安価であった。第 3 代フィリピン総督フランシスコ・デ・サンデ・ピコン（1540-1602）は，1576 年に書いたフェリペ 2 世への手紙のなかで中国についてこのように述べている。「大量の小麦もあれば，金鉱，銀，水銀，銅，鉛に錫，すべての金属がある」（Sande 1576: 13）。彼はのちにチンチェオの中国人商人たちが足しげく水銀をフィリピンに売りにやってくることを記録している。彼もまた中国のチンチェオからヌエバ・エスパーニャへ直行便で水銀を送ることによって，経費節減の可能性を示唆していた[3]。フィリピンの総督たちを輩出したカスティーリャの有力家系であるロンキーリョ家は，トルデシリャス条約に関連して禁じられていたにもかかわらず，中国との密貿易の実行を決意する。第 5 代フィリピン総督ディエゴ・ロンキーリョは彼以前のその他の者たちと同じように，スペイン王室へ中国の征服を提案する

にあたって真剣なアイデアを有していた（Iwasaki Cauti 1992: 62; Ollé 2000: 101）。

　スペイン側の中国産水銀への強い関心とそれを獲得するための様々な試みにもかかわらず[4]，その実現には時間を要した。中国への銀の流出という懸念が中国産水銀購入の主たる障害であった。1630 年にはインディアス枢機会議がこの懸念に対して次のような反論をしている。すなわち，中国産水銀の購入によって失う以上にその水銀でより多くの銀を算出すればよいのだと。「そして，もし中国で絹や（自分たちで）生産できない製品を銀で購入することが許されるならば，水銀に銀を費やすのにほかにどんな理由を付け加えればよいのだろう」（Bakewell 1971: 153）。その 2 年後，メキシコ副王のドン・ロドリゴ・パチェコ・イ・オソリオはこれと同じくらい説得力のある議論を展開している。曰く，「もし銀がスペイン王室の土地を離れなければならないのならば，中国ほどその損失が少ないところはなかろう」（AGI México, 31, R. I, México 20 March 1632, Cerralvo to Crown; Bakewell 1971: 153）。しかし，メキシコの植民地政府は同時にフィリピンへの送金に難色を示しもした。なぜならば，そこがポルトガル領マカオに近いために「（銀の）イングランドへの簡単な抜け道となり，一度，そちらに流れてしまえば，スペインにたどり着くことなく，外国の，しかも敵の国家を潤わせる」ことを懸念したからであった（AGI México, 611, México 13 March 1662, "Respuesta del Fiscal"; Bakewell 1971: 153）。この構えが 17 世紀を通して様々に試みられたヌエバ・エスパーニャの鉱山に中国産水銀を供給する試みの失敗を招いたのである。明らかにこの時期にメキシコ，そしてなによりペルーに到達した水銀のほとんどが非合法なチャンネルを通過していた。たしかに，現在までのところ，明確に「密貿易者」と名指しできる個人名を，われわれはほとんど挙げることができない。とはいえ，スペインの独占と法的規定の不十分さに関

する明白な事例は，チンチェオとマカオに住んでいたことのあるメキシコ住民のメルコール・デ・メドラノ，あるいは広東に5年間滞在し，チンチェオやそのほかの中国の港に滞在経験のあるフリアン・ゴメス・デ・エスコバル，あるいは，メキシコとペルーの鉱山夫にとっての重要性にかんがみて「詐欺的な行為を偽装し，あいまいに」しようとしたフアン・デ・オルトゥーニョ・デ・サヴァラといったフェルナンド・イワサキ・カウティが紹介する人物に関する事績のなかに認めることができる（Iwasaki Cauti 1992: 206-207）。

　マニラからペルーへの密貿易の一例をここである程度，詳細に叙述しよう。1580年，ゴンサーロ・ロンキーリョ・デ・ペニャロサが第4代フィリピン総督になるために，450名以上の乗組員とパナマからフィリピンへ向けて出帆した。総督という地位は彼に環太平洋交易を自らの私的な目的に利用することを可能にせしめた[5]。1581年，彼はナウ船ヌエストラ・セニョーラ・デ・ラ・シンタ号をフィリピンからペルーへと送る。そこは1561年にペルー市場の調査のために，かつて彼がペルーの副王ディエゴ・ロペス・デ・スニーガ・イ・ヴェラスコの随行員のひとりとして滞在した地であった（Iwasaki Cauti 1990: 133; Borah 2015: 117）。このヌエストラ・セニョーラ・デ・ラ・シンタ号はマニラとリマのあいだの直接交易の歴史を開いた船である。この航海で，ゴンサーロ・ロンキーリョの甥であるディエゴ・ロンキーリョは船長，フランシスコ・デ・サンタ・アナ は隊長，ペドロ・ロドリゲスは水先案内人をそれぞれ務めている。積み荷は絹織物，陶磁器，胡椒，丁字，肉桂によって占められていたが，ロンキーリョは大砲に関する相互支援が主たる目的であると主張していた。実はすでに，アカプルコに荷揚げされた多くの中国製陶磁器が結果的にリマの店先に並んでいるという事実に気付いたスペイン王室はロンキーリョの出帆に先立つ1579年4月14日に，ペルーとフィリピンの直接交易を実質的に禁止して

いた。したがって，ゴンサーロ・ロンキーリョは自身の計画について弁明をする必要があった。ロンキーリョはペルーにおける流浪者の問題に明らかに気が付いており，リマの港であるカヤオの不十分な防御態勢についても情報を得ていた。その結果，彼はペルーへ大砲を輸送する必要性を自らの計画に結び付けることで，正当化したのである。最初の船団は1580年の夏にカヤオに送られたが，目的地に到達することはなかった。メキシコでの取り調べの後，3カ月後にはフィリピンに帰路をとっていた（Iwasaki Cauti 1990: 133-134）。ロンキーリョは翌年にかけてもう一度，同じ試みを行っている。メキシコではロンキーリョの送った船の顛末は，アジアとフィリピンからの産物の窓口としてのアカプルコの独占を脅かすという理由ばかりでなく，輸入品にかけられる税金を逃れているのではないかという根拠のある疑惑によっても，極めて不快なムードを醸成していた。フィリピンとペルーとの直接航海の禁止は，それゆえに，いくつもの文書で繰り返されている。もちろんロンキーリョは，ペルーの防御力を高めるために大砲を送るのだという理由で自らの航海事業を正当化し続けた。しかし，取り調べが明らかにしたところでは，300トンの絹，陶磁器，香辛料に加えて，半トン未満の重量の大砲1門のみというのが，ヌエストラ・セニョーラ・デ・ラ・シンタ号の積み荷の実際の内訳であった（Iwasaki Cauti 1990, 134-138）。

　積み荷の所有者やその価値の分析は，スペイン帝国の官僚たちの王室への忠誠心と非公的活動との相克に関する興味深い実態をさらけ出す。所有者たちは一方では公僕であり，スペイン王とスペイン帝国を体現することを運命づけられている。しかし，他方では，彼らは富とより高い社会的地位を獲得しようと目論むいち私人なのである。ロンキーリョの上の一件は，この意味での相克，同様に環太平洋交易に関する汚職と密貿易の度合いを理解する非常に優れた事例になる。1583年，ヌエストラ・セニョーラ・デ・ラ・シンタ号

はカヤオから帰路に就くために出帆した。この直前にはスペイン王によってカヤオとマニラとのあいだの直接交易を中止する旨の勅令がリマに到着していた。この件に関連して，イワサキは，フアン・デ・メンドーサ・イ・マテ・デ・ルナ某というヌエストラ・セニョーラ・デ・ラ・シンタ号のこの航海に非正規の乗客として搭乗していたペルー人による未編さんの手稿を紹介している（Iwasaki Cauti 1992: 55ff, 70ff）。この船がマニラから運んできた商品が売りさばかれると，ロンキーリョはマニラに戻り，より多くの中国産品を市場に供給することを決意したという。同船は 1583 年の 4 月にはフィリピンに戻っている。

　マカオで船団の船長のひとりが逮捕されたり，いくつかの事件が起きたのち，先の非正規の乗客は自身の経験を『フアン・デ・メンドーサ・イ・マテ・デ・ルナによってペルーのリマの町からフィリピンのマニラへ向かった旅について，1583 年』にまとめた。

　この文献はヨーロッパ人によって極東が描かれた最初期の部類に属する。加えて，たとえば，1585 年にアウグスト会修道士のフアン・ゴンザレス・デ・メンドーサによって書かれた『中国の偉大で全能な王国の歴史とその状況』は広く知られているものの[6]，イワサキが強調するように，フアン・デ・メンドーサ・イ・マテ・デ・ルナの著作をもってすれば，この修道士の提供する情報にあまり信頼を置けなくなりもするのである（Iwasaki Cauti 1992, 70）。宣教師たちが記した中国に関する多くの記述と較べると，1583 年のテキストは宗教的な称賛や信仰に関する報告が欠如している。その一方で，著者は寺院装飾や官吏の服飾，兵士の武器，鉄，布地，その他のありふれた事柄に関心を寄せている。一例を挙げるならば，性的行為や祭り，中国人の世俗的な活動に膨大なコメントがなされており，そこからイワサキはこの文献が商人の目を通して観察されたものであると結論付けている（Iwasaki Cauti 1992: 69）。結局，彼は誰

なのだろうか。もしかしたらディエゴ・ロンキーリョの助手だったのだろうか。あるいは，ペルーを追放された罪人だったのだろうか。残念ながら，残された手がかりからは確たる結論にたどり着くことはできない。

　実は，宗教や宣教活動に焦点を当てていない中国に関する同時代記録はほかにも存在する。たとえば，1562年のミゲール・ロペス・デ・レガスピのフィリピン遠征に参加したスペイン人兵士ミゲール・デ・ルアルカのテキストは民間人目線で宗教色がなく，商業にも焦点を合わせている。托鉢僧マルティン・デ・ラダの記録や同時代のスペイン人イエズス会士アロンソ・サンチェスの記録もまたしかりである。

　アロンソ・サンチェスは中国の富のなかに金，銀，水銀，銅，鉄や金属一般を言及する（Ollé 1999: 556）。「金属。多くの水銀があり，それらはバケツや容器にいれられて日本へと運ばれている。多くの銅，真ちゅう，錫，白銅もあり，鉄については，ルソンでは1ピクルあたり7リアルの値が付く」（Sánchez 1588）。

　1595年から1602年までフィリピンの代理総督を務めたアントニオ・デ・モルガは1609年に『フィリピン諸島誌』を著しているが，これも聖職者の手によらない最初期のフィリピン史に関する著作であり，フィリピンにおけるスペインの初期の植民活動に関する最重要史料のひとつと目されている。イワサキによれば，1590年，リマに定着していたデ・モルガにはアジア人の親族がおり，アジア人の召使もいたという。イワサキは，デ・モルガと1588年に秘密裏にカヤオから出港した密輸船を指揮したペルー人フアン・デ・ソリスとの直接的な関係を想定している（Iwasaki Cauti 2013: 4）。フアン・デ・ソリスは6,000デュカトを積んでパナマを経由し，1590年にマカオに到着している。そこで彼は中国人仲介者から絹を購入するつもりであった。しかし，彼の資金はポルトガル人によって没

収され，結局，薩摩に流れ着く（Iwasaki Cauti 1992: 131-133）。中国とラテンアメリカとの直接的な交易は敏感な問題としてあり続けており，フィリピンのスペイン人商人たちもまた直接交易の禁止を訴え始めていた[7]。デ・モルガも『フィリピン諸島誌』でマニラ・マカオ間の密貿易——たとえば，大理石，ペルシアやトルコ産のカーペット，高品質の絹や織物——について記している（Ollé 2000: 153）。

16世紀末までにフィリピンを介した中国，日本，ペルーの交易関係は確立された。ゴンザレス・ロンキーリョによって先鞭がつけられたこのつながりは，スペイン王室の目からは本質的に非合法なものであった。この太平洋横断航路の最初期には，原則的にはフィリピンのセブからペルーへ一隻の船だけが航海を許されていた。しかし，マニラ・アカプルコ間航路による太平洋横断航路の独占が1590年代初頭に強要される。1591年にはヌエバ・エスパーニャとペルーのあいだでの中国産品に関する限定的な貿易が許可されるが，1593年にそれは再び禁止される。1604年にスペイン王室は年間300トンの船3隻がアカプルコとペルーのあいだを航海することを許可するが，1631年，このふたつの植民地間の海上交易はまたもや厳しく禁じられる。これは明らかに中国産品のペルー流入を抑制するための措置であった（Borah 2015: 124-127）。しかし，アジア，とりわけ中国へのアメリカ銀流出に関連するすべての公的な禁止にもかかわらず，商品は流れていった。この事実は密貿易商人の伝記のなかにではなく，むしろ，太平洋を股にかけた植民地官僚たちのつながりあいのなかに見出せる（Iwasaki Cauti 2013: 11）。スペイン帝国に仕えるこうした官僚たちこそが交易の監督と管理を委ねられた者たちであり，彼らは公的には太平洋を跨ぐ交易のなかで行われる多くの商業活動を禁じる立場にあったにもかかわらず，この交易からあがる利益が膨大だったので——賄賂も横行していた——，それを王室の政策のためにあきらめることはできなかった（Borah

2015: 125）。われわれはこのように，官的な交易活動と私的な交易活動の不格好な混交，そして時にはこのふたつの領域の公然とした競争をこの一連の過程のなかに見るのであり，同様に，官的な行政活動と私的な商業活動との矛盾もそこに認めるのである。

　禁制にもかかわらず，アカプルコとカヤオの水銀交易は決して止まることはなかった。汚職と縁故主義は官僚的な管制を著しく傷つけた。おそらくもっとも外聞の悪い事件は，1585 年にペルーのスペイン副王フェルナンド・トーレス・イ・ポルトガルによってフアン・ペレス・デ・ラス・クエンタスを代表とする商会に与えられた利権だろう（Iwasaki Cauti 1992: 200）。後者はこれ以前から長きにわたって水銀輸出に携わり，中国製品のペルーにおける密貿易に従事してきた人物であった（Iwasaki Cauti 1992: 207-208）。彼の商会は年間 7,000 キンタル（約 322 トン）の水銀を 1586 年 1 月から 1589 年 12 月までのあいだ，ポトシに独占的に輸送する。契約書には，この商会がすべての水銀を売り切るまでは，いかなる私商人も王室ですらも水銀の取引を許可されない旨の条文が含まれていた（Orche and Amaré 2015: 66）。

第 3 節　ヌエバ・エスパーニャとペルーにおける
##　　　　中国産水銀？

　とりわけ 17 世紀において，メキシコはかつてない規模で銀鉱石を採掘したが，それは水銀不足を招いた。マーヴィン・F・ラングは次のように述べている。「水銀不足の主な理由とは，王室がアルマデンでの生産に依存したからである」，「アルマデンで生産されたほぼすべてはヌエバ・エスパーニャにまわされた（中略）この鉱山は年間 5,000 キンタルの生産しか見込めなかった」（Lang 1968: 633）。いくらかの水銀はペルーのワンカベリカ鉱山からもたらされたが，

王室当局はペルーからアカプルコへの輸送を著しく削減した（Slack 2012）。その結果，中国産水銀が頭をもたげる。

世紀転換期，ワンカベリカ鉱山は幾度かの危機に見舞われ，スペイン王室はついに中国産品の購入によって水銀不足を克服することを決意する（AGI, Lima, 34, n. 30: El Virrey a S. M. (Lima 2. V. 1601); Iwasaki Cauti 1992: 168）。ワンカベリカと中国のチンチェオの価格差は甚大であった。ワンカベリカでは1キンタルあたり77ペソで，メキシコまでの輸送費を加えれば100ペソになる。他方，中国産水銀はメキシコまでの輸送費を含んでも20から28ペソであった（AGI, México, 22; Iwasaki Cauti 1992: 164）。1605年にメキシコ副王フアン・デ・メンドーサ・イ・ルナは中国産水銀のアカプルコへの輸入に関する王からの問いに，中国産水銀は純度が高く，広東で大量に入手できるだろう旨を返答している。そのうえで，「キンタルあたり45ペソ5レアルの価格で，アカプルコへ年間1,000から1,500キンタルの輸送が見込め，しかもその品質はスペインのアルマデン鉱山から持ってこられるものと同じだが，価格は2分の1以下（アルマデン鉱山ではキンタルあたり96ペソ4レアルであった）であった。モンテカルロスはそれゆえに，広東の水銀の継続的な輸入がもたらす利益について王に助言したのである」（AGI, México, 26, n. 69 (10/28/1605); Slack 2012: 115）。

1606年，メキシコ副王は，4,000キンタルの中国産水銀をペルーへ供給することをフィリピン総督に依頼することを命じた書簡を受け取る。ポルトガル商人ペドロ・デ・バエサ[8]はメキシコとペルーへの水銀輸送を請け負った。しかし，スペイン側の役人はこのポルトガル人がヌエバ・エスパーニャへ水銀以外にも商品を輸送することを疑う。しかしながら，マカオからマニラへの水銀輸送に関する契約の交渉は始められた。この共同事業については，ヌエバ・エスパーニャの副王ルイス・デ・ベラスコも熱心な後援者であった。結

果的に，スペイン人とポルトガル人とのあいだで数回の「水銀契約」が交わされる。1612 年には，格段に大量の水銀が「マカオでポルトガル人からスペイン人によって購入され，中国からマカオを経由して新世界に到達したことが記録されている。200 キンタルがヌエバ・エスパーニャに到達した」(Souza 1986: 72)。しかし，長期的な視野で見れば，ヌエバ・エスパーニャからの銀の膨大な流出を招くと危惧するスペイン王室の役人たちの反対によって，中国産水銀の大量調達は失敗に終わった。

　1631 年に，王室はペルーへの中国産水銀の輸入を認めるが，ヌエバ・エスパーニャの副王がこの計画を拒否する (AGI, Lima, 572, libro 20, folio 233)。中国の鉱物では新世界で求められる質を満たさないということがこの時に議論された (AGI, México, 31, n. 1 and n. 5; AGI, Lima: El Virrey a S.M. (Lima 22. IV. 1634); Iwasaki Cauti 1992: 169)。ペルーの鉱山夫マルティン・ムルガ・エルガルスが中国産水銀の高品質を証明する 30 年前のことであった。彼は，鉱物自体は高品質だが，精製が粗いことを指摘した。しかし，彼の報告がまともに向き合われることはなかった (AGI, México, 611: Memorial del capitán Martín Murga Ergaluz (México, 10.11I.1662))。

　M・F・ラングによれば，メキシコに到達した最初の水銀は，おそらくマニラの総督に送られた命令書の結果として 1612 年から 1618 年のあいだに輸入されたものである。サカテカスの「レアル・カジャ」の会計人フランシスコ・スピデ某によって発行された証明書は，中国産水銀がキンタルあたり 80 ペソで現地の鉱山夫たちに購入されていることを伝えている (Lang 1977: 138)。ここで伝えられていることは，以下で引用する内容と基本的に合致している。しかし，それより早く 17 世紀の最初の 10 年にすでに中国産水銀が輸入されている証拠も存在するのである。

　インディアス総合古文書館には「中国の水銀について」と題さ

れた写本が存在する（*Relación de Azogue para la China*, AGI, México, 22 (México, 21.VII.1591 al 12.II.1592); Iwasaki Cauti 1992: 170-179）。これは中国における水銀の価格や入手可能性について記されたものである。著者はエルナンド・デ・アブリエゴ・デ・ピネダというフィリピンに滞在経験のある船長とされる。彼はマニラで次のような経験をしたとされる。つまり、中国人のサングレイ（sangley 旅商人）が5から6ポンド（75キロから90キロ程度）の水銀を8レアルで彼に売ろうとした。周囲の現地人は口々に、ペルーに持って帰れば、とても良い取引になると彼に語った。というのは、ペルーでは5ポンドの水銀が金貨26ペソ前後で取引されていたからである。この中国人のサングレイは、中国には水銀が豊富にあることもこの船長に語ったとされる。加えて、中国人たちが中国では水銀が安価であると語っていることも記録されている。こうしてアブリエゴ・デ・ピネダは、ヌエバ・エスパーニャへの中国産水銀輸出が生み出す大きな利益を計算するのである。特別な箱に入れた中国産水銀 4,000 キンタルを太平洋をまたいでペルーに送り、そのうちの 2,000 キンタルをペルーからメキシコに送ることも可能であると考えていた。というのは、この船長は、「鉄くず」を用いた新技術をもってすれば、銀鉱山で求められる水銀量は従来よりも少なく済むことを知っていたからである。ここでいう「鉄くず」とは鉄粉のことであり、1587 年ごろにポトシで報告された銀精製の過程で鉄粉を加える方法は、大きな技術革新であり、これによって水銀の消費量を抑制することが可能になった。

　また，この文書によれば，中国人はほかの商品とともに，大量の水銀を陶製の缶や鉢に入れ，それを堅く丸い木の箱に入れた状態で広東やマカオの町へと輸送する。それぞれの箱は半ピクルの水銀が入っている。その後，中国人はポルトガル人に水銀を売り，ポルトガル人は莫大な量を日本へと輸送する。しかし，一部はインドへと

向かう。通常はピクルあたり30タエルであるが，ある年には価格が上がった。これは明らかにインドが通常よりも多い量を要求したからである。こうした情報も得ることができる。

　ヌエバ・エスパーニャへ水銀を送るためには，この文書に従えば，まずチンチェオでそれを購入する必要がある。というのは，チンチェオではより安く入手できるからであり，しかも，マカオや広東への輸送費を抑えることもできるのである。中国人も基本的には同様にチンチェオで買い付けている。購入したならば，次に水銀を自分の船にバラストとして積み込む。これによって，中国人に支払う輸送費を浮かすことができる。フィリピンへ針路をとる船の場合，1隻あたり2,000ピクルを積むことができ，フィリピンでこの積み荷をナウ船の港についてよく知る親方たちに手渡すのである。この方法ならば，輸送費用や法的な費用もかからない。もしも民間の船に輸送を頼むならば，輸送費用は安いだろう。チンチェオで購入したその他の商品に加えてバラストとして積み込むならば，輸送費用を安く済ませられる。アカプルコの港についたならば，そこから先に（リマへ）運ぶ場合，追加で4金ペソがかかる。当時，メキシコで3年目を迎え，それ以前に12年マカオに在住したポルトガル人商人アルフォンソ・パエスがこの件に関する証人として言及されている。

　ドン・フアン・グラウ・イ・モンファルコンは1637年，『フィリピンの交易と商業について言及する王へ献呈した覚え書き』のなかで，新世界の鉱業を補助するためにフィリピンからアカプルコへの水銀輸出を提言している。また，水銀とともに中国人や日本人がフィリピンに運んでくる安価な銅を送ることもここで提言されている[9]。

　ヌエバ・エスパーニャへ中国産水銀が運ばれたことを示すその他の証拠はあるだろうか。1613年初頭，アカプルコの異端審問所の

所長であった聖職者ドン・ペドロ・モンロイはメキシコの異端審問所に次のような書簡を送っている。

「ナウ船サン・アンドレ号が中国から 200 キンタルの水銀と布地を積載して到着した。このナウ船は順調な船旅をしてきたようで，船を訪れたが閣下に報告するようなものは何ひとつ見当たらなかった。私は小箱ひとつを添えて，ヌエバ・エスパーニャの異端審問所へ書類を一枚送った。

昨日，フィリピンの船長，アンヘル・デ・ラ・グアルダがやってきた。数人の死者を出したものの，彼自身はしごく健康である。彼を訪ねた折には小箱ひとつと一枚の書類しか見なかった」（Alberro 1993: 50; Palazuelos Mazars 2012: 89）。

この記事はあきらかにメキシコへの中国産水銀の輸送を示している。サン・アンドレ号が 1613 年 1 月 5 日にアカプルコに到達した際（Borao Mateo 2007: 16）には，あきらかに 200 キンタルの水銀が積み荷に含まれていた。1614 年 12 月，サン・アンドレ号は再び水銀の積み荷とともに入港している（Palazuelos Mazars 2012: 115）。T・H・パルド・デ・タヴェーラによる『ビブリオテカ・フィリピナ』もまたフィリピンを経由した中国からヌエバ・エスパーニャへの水銀輸送を確認している。そこでは，「フィリピンへ銀を携えてやって来る船は中国で水銀を獲得することを目的としている」というペドロ・バエサの 1607 年 10 月の言が参照されている（Pardo de Tavera de Manila 1903: entry 1406, 216）。1608 年 1 月 14 日の別の記事ではこの言が繰り返され，「これはとりわけ，中国で購入され，マニラに運ばれ，そこからヌエバ・エスパーニャへと運ばれる水銀の問題に関連している」と記されている（Pardo de Tavera de Manila 1903: entry 1412, 217）。

それより少しのちの 1615 年には，ラ・カピタナ号が明らかに水銀を運んでいる（Palazuelos Mazars 2012: 115）。インディアス総合

古文書館所蔵の文書からも，水銀がマニラのナウ船でフィリピンから運び出されていることを確認することができる（AGI, Filipinas, 212, n.1, Oficio de Juan de Larreo a Luís Cerdeño (12/02/1693); Palazuelos Mazars 2012: 193）。17 世紀全体を通して，マニラとペルーのガレオン船はヌエバ・エスパーニャの銀鉱山のために水銀を輸送した（Palazuelos Mazars 2012: 193）。鉱山のある地域から来た黒人奴隷たちが水銀の袋を積み下ろし，牛皮で作った箱に詰め替え，メキシコ・シティまでのラバ輸送の準備を行った（Palazuelos Mazars 2012: 193）。これらの奴隷についてほとんど何もわかっていないが，ベアトリス・パラスエロス・マサルスによれば，ベラクルスで水銀の積み下ろしを行っていた人びとは「腐食の奴隷 esclavos de avería」として知られており，水銀の毒によって体を壊すとすぐに別の者が連れてこられた（Palazuelos Mazars 2012: 193）。

　1689 年，水銀不足がスペイン王室の目を再び中国に向けさせた。アルマデン鉱山の在庫は使い尽くされ，スペイン王室はイドリアの鉱山から高額でも水銀購入をしようと神聖ローマ帝国と折衝したのち（AGI, Filipinas, 28, n.153 (3/28/1689); 212, n.1 (1692-1694); Slack 2012: 115; Lang 1968: 637），再び中国に関心を向けたのである。マニラ総督のガブリエル・デ・クルセアレギ・イ・アッリオラは最終的に「中国で 30 キンタルを上限に水銀購入の準備を整え，そして，ヌエバ・エスパーニャ副王にそれらを送ること」を命じた（AGI, Filipinas, 212, La Corona al Virrey, (21/05/1689); Lang 1977: 141）。フランチェスコ会修道士アロンソ・デ・ベナベンテは 1690 年にメキシコから中国に渡ったが，それは中国で 25 から 30 キンタルの水銀を購入する命令を受けてのことだった。しかし，彼はそれに失敗し，ある広東商人の申し出を持ち帰っただけだった。この広東商人は貴州の開発を実行することを約束し，その準備資金として 1,200 万ペソを前払いするように求めた。この申し出はリスクが大きすぎると

みなされたが，折衝はその後も続けられた。1692 年，フィリピン総督ファウスト・クルサート・ゴンゴーラが少量（1.5 キンタル）の水銀を試供品としてメキシコのグアナファト鉱山に送ったが，それは「ペルー産のもっとも純度の高いものよりも良く，アルマデン産の（水銀の）最高の結果」と同等であった（AGI, Filipinas, 331, L. 9, f. 71v-74r (02/08/1693); 15, R. 1, n. 43 (6/5/1695); Slack 2012: 115）。1692 年 12 月 1 日付の書簡では，クルサートは中国産水銀の高品質について明言している（AGI, Filipinas, 15, R.1, n. 8, Carta de Fausto Cruzat sobre azogue de China (1692/12/01)）。こうして，本格的な輸出が試みられる。1692 年にフィリピンから一隻のサンパン船が水銀購入のために広東に航海し，翌年 6 月に 53 キンタルの水銀を積んで帰港した。しかし，メキシコまでの輸送費などすべての経費を足し合わせると，最終的に価格はアマルデンのものよりも高額になってしまった。さらに悪いことに，結局，水銀はメキシコには届かなかったのである。輸送を担当したサント・クリスト・デ・ブルゴス号がアカプルコの港に入る前の外洋で火事に見舞われてしまったのである（Lang 1977: 141-143）。1695 年には，キンタルあたりおよそ 63 ペソで 112 キンタル超の水銀が購入された（Slack 2012: 115）。

あるいは，1697 年，再び見舞われた水銀不足がヌエバ・エスパーニャ副王を駆り立て，中国での水銀購入とそのアカプルコ輸送を求める書簡をフィリピン総督に送った。1698 年 6 月 3 日付のフィリピン総督の書簡では，広東での水銀購入が報告されている（AGI, Filipinas, 17, R.1, n. 25, Carta de Fausto Cruzat sobre la compra de azogue de Cantón (1698/06/03)）。価格がキンタルあたり 84 ペソになったことが水銀不足の深刻さを物語っている（Rodríguez Gallano 1985: 226-227）。

これらすべての文書は中国産水銀のメキシコとペルーへの輸送について言及しており，多くの場合，輸送は非合法のチャンネルを

通っていた。しかしながら，1709 年 7 月の証明書は中国産水銀の取引と使用とをいま一度厳しく禁じたものである。フィリピンからアカプルコへ向かう船は，水銀を積んでいないか注意深く検査され，密輸者は死刑すら宣告された（AGN, Cédulas originales 34, exp. 33, f. 66, La Corono al Virrey (09/07/1709)）。中国産水銀を安定的に獲得しようとするスペイン人のすべての試みは，スペイン王室による水銀独占の試みの完全なる失敗を照らし出すとラングは指摘する（Lang 1977: 145）。ラングにとっては，水銀交易は資本の投下によってのみ発展することができたのである。しかし，王室の財政問題を考慮に入れれば，王室のすべての試みは一種のドンキホーテ的な行動に過ぎなかった。逆に，もしも王室が十分な資本を有していたならば，王室はアルマデンやワンカベリカに投資することもできたであろう。したがって，中国から安価な水銀を調達するという発想は，根拠なき一種の楽観論の反映でもあるのである（Lang 1977: 145）。18 世紀の文書からは，またもや中国からの水銀調達の試みを読み取ることができるが，結果的には，安定的で十分な調達を確立しようとしたすべての試みは失敗に終わっている [10]。

　我々ははやくも 16 世紀末には，すでに中国からの水銀購入と，太平洋横断交易の一環としてフィリピンを経由しヌエバ・エスパーニャへと水銀を輸送する試みも認めることができる。しかし，対立する利害関係とスペイン王室の独占政策によって，それらが合法化されるのには時間を要した。どれくらいの水銀が中国から太平洋を渡ったのかについて，正確な規模をはかることはできない。「ヌエバ・エスパーニャの銀精錬能力に対しては有益だが不十分な量の中国産水銀が頻繁にアカプルコに輸送されていたということは言えそうである」というのはエドワード・スラックの見解である（Slack 2012: 116）。彼にとっては，ヌエバ・エスパーニャの鉱業への中国の貢献は，むしろ，スペイン製よりもより入手しやすく，丈夫で安

価な中国産綿製品を地元の労働者たちに提供したところにあるのである。

第4節　おわりに

　中国では，アマルガム法への関心はどのように考えたとしてもあまり大きなものではなかった。この技術と水銀そのものをアジアでもっとも求めていたのが日本であった。中国，ポルトガル，オランダ，のちにはイギリスの商人が水銀交易に従事してきた。メキシコとペルーでは，銀生産の増加と十分な水銀のないこととが相まって，地元の鉱業と商業とはアジア海域で取引されていた比較的安価な中国産水銀に関心を向けるようになっていった。

　中国産水銀の入手のしやすさと価格の安さにもかかわらず，スペイン当局は中国産水銀の輸入を認めれば，中国への銀流出が悪化すると考え，水銀の輸入を長いあいだ認めてこなかった。スペイン王室とヌエバ・エスパーニャの商人たちとの商業的利害の対立もまた，たび重なる禁令の背景になっていたことはいうまでもない。

　中国産水銀の新世界への輸出に関するこれまで挙げてきた情報をまとめるならば，以下のような結論に達することができるだろう。まず，太平洋を渡った水銀のほとんどは中国で産出されたものだった。次に，中国産水銀は主として福建の港（泉州）から輸出されたが，広東やマカオからも積み出され，それからまずフィリピン諸島を経由し，そこからメキシコやペルーへと運ばれていった。基本的には，水銀は広く知られるマニラ・ガレオン交易の一部だったのであり，それが合法，非合法であるかを問わず，まずアカプルコに向けて送られた。ただし，非合法輸送の場合には，アジアからペルーへと直行した事例も見出すことができる。また，スペイン王室とヌエバ・エスパーニャの実際の統治者のあいだに利害の対立があった

のも明らかである。現地の役人たちは確かに王室の代理人の役を務めていたが，他方で，個人的な利益も求めていた。交易に関する限り，常に公私の境界線はあいまいなものになる。そして，この環太平洋交易に従事していたのは，中国，フィリピン，その他アジアの商人や「密貿易者」であったが，それら以外にも，スペインやメキシコ，ペルーの商人，さらにはアルフォンソ・パエスのようなポルトガル商人，ペドロ・グリフォといったイタリア商人，オランダ商人，さらに 18 世紀後半にはフランス商人などもそこに参画していた。このような多様な出自の商人集団の実態と彼らの形成したネットワークについては今後の研究を待ちたい。

　ヌエバ・エスパーニャの港町に具体的にどのようにして水銀が運ばれたのか，だれが実際にかかわっていたのかを伝える史料について，量的には我々はさほどのものを持っていないが，状況を察するに，水銀交易の禁止と独占の試みによって，ほとんどの水銀は非合法のチャンネルを通ったと考えられる。中国産水銀がヌエバ・エスパーニャの銀産出に及ぼした衝撃に関して，我々は推察することしかできない。現在までに入手可能な情報からは大きな影響を及ぼしたと言い切ることはできないだろう。しかし，ここで明らかにした交易ネットワークは，たしかに高いレヴェルでの国際的なつながりあいを浮き彫りにしている。今後，この交易に従事した沈船から新たな考古学的知見が得られたり，いまだ見逃されてきた文献から情報を得たりすることができるならば，この多面的な試みについて，われわれはより一層の理解を深めることになるだろう。

＊本章は、Angela Schottenhammer, "Trans-Pacific Connections: Contraband Mercury Trade in the Sixteenth to Early Eighteenth Centuries," in Tamara H. Bentley (ed.), *Picturing Commerce in and from the East Asian Maritime Circuits, 1550-1800*, Amsterdam: Amsterdam University Press, 2019, 159–193 を基に、著者と編訳者とが連絡したうえで、一部修正したも

のである。

注

1 (Flynn and Giráldez 1996; Flynn and Giráldez 2001: 261-272) も参照せ
   よ。

2 この書簡はルイス・ソテロによるスペイン語翻訳版しか現存していない。
   Ibid.

3 *Relación de Azogue para la China, AGI, México*, 22 (México, 21. VII.
   1591 al 12. II. 1592); Iwasaki Cauti 1992: 177。

4 17 世紀の水銀の危機的な不足はスペイン王室に中国からの水銀輸入を真剣
   に検討させた (Lang 1977, 138)。

5 ゴンサーロ・ロンキーリョはフィリピン到着後，自らの家族に役職と権限
   を与えている (Iwasaki Cauti 1990: 123-169, 130)。1582 年，彼は，ポ
   ルトガル人をフェリーペ 2 世に従属させるという名目のもとにナウ船を
   マカオに送ったが，現実には，ペルーに輸送するための中国産品の仕入
   れを目的としていた。このときの航海に同行していたのが，イエズス会
   宣教師のアロンソ・サンチェスである。彼はのちの 1583 年に *Relación
   que trajo el Padre Alonso Sánchez del estado de las cosas de la China* と
   題する見聞録を著しており，これはイエズス会のコミュニティのあいだ
   で広く読まれた。https://archive.org/stream/historicmacao00jesugoog/
   historicmacao00jesugoog_djvu.txt (最終アクセス日 2017 年 3 月 1 日) を
   参照せよ。アロンソ・サンチェスとともに，1582 年にマカオへ送られた 2
   人のフランシスコ会修道士 (フアン・ポブレとディエゴ・ベルナール) は，
   同年に平戸を訪れている。詳細については，Ollé 2000 を参照せよ。

6 この著作はヨーロッパ人の手によって書かれた中国の歴史に関する最初期
   の，そして最も広く知られている著作のひとつであるが，著者自身は中国
   に足を踏み入れていない。彼は中国を訪問した人びとから情報を集成して
   著作を書き上げている。著作は刊行後にすぐにいくつかの言語に翻訳さ
   れ，ヨーロッパで広く読まれた。英訳は 1588 年，ロバート・パークによっ
   てなされており，1853 年にはハクルート・ソサエティーの叢書第一巻と
   して再版されている。これは現在，オンラインでも利用可能である (第 1
   巻 https://archive.org/details/historyofgreatmi14151gonz; 第 2 巻 https://
   archive.org/details/historygreatand00mendgoog (最終アクセス日 2014
   年 3 月から 2017 年 3 月)。また，(González de Mendoza 1990) は最新の

校訂になり、(García 2015) はこの著作の中国記事について詳細な検討を施した博士論文である。

これに先立つ著作としては、*Gaszpar da Cruz, Tratado das cousas da China* (1569) と *Bernardino de Escalante, Discurso de la navegacion que los Portugueses hacen a los Reinos y Prouincias de Oriente, y de la noticia que se tiene de las grandezas del Reino de la China* (1577) がある。この ふたつの著作こそが、メンドーサの著作の第一部の主要な情報源となっている。また、マテネ・オレが説明するように、メンドーサの第一部にはポルトガル語文献が大きな影響を及ぼしている (Ollé 1999, 26, 131, 283, n. 436)。しかしながら、明らかにメンドーサは先に言及したファン・デ・メンドーサ・イ・マデ・デ・ルナのマニュスクリプトは用いていない。この未校訂のマニュスクリプトは、現在、スペイン王立歴史アカデミーに所蔵されている (この情報については、マテネ・オレから得た)。

7　詳細については、たとえば (Tremml-Werner 2015: 129-133) を参照。

8　ペドロ・デ・バエサはモルッカ、フィリピン、マカオ、日本で異なる役割を担いながら、ポルトガル王室へ仕えた (Boxer 1959: 179-184)。

9　ルソン、およびパンガシナンの一部については、彼が注意を促したように、金貨源が豊富で、カマリネスのパラカラでは 1626 年に新たな鉱脈が発見されている (Torres de Mendoza (ed.) 1864-1884: Vol.6, 379-380, 438; Iaccarino 2017: 281-283)。

10　たとえば、1786 年にはドン・ビセンテ・バサドレという人物がカルロス 3 世に対して、中国との通商関係を確立し、カリフォルニア産のカウソウやアシカの皮毛をもって中国に行き、水銀を大量に仕入れる提案をしている。この人物はこの計画を実行に移し、フィリピンに赴き、最終的には中国に 1 年以上滞在した。彼は乾隆帝や清朝の役人に対して、多額の贈り物をもって説得することを試みたが（皇帝には 15,000 ペソから 20,000 ペソ、ま た、役人に対しては 10,000 から 15,000 ペソを贈ったとされる）、最終的には水銀価格の問題からこの計画は失敗している (AGN, Cédulas Reales Originales, 135, exp. 127 (21/11/1786; Cédulas Reales Originales, 141, exp. 152 (20/11/1788))。

参考文献

[文書館略号]

AGI: Archivo General de Indias.

AGN: Archivo General de la Nación de México.

【欧語文献】

Alberro, Solange, 1993, *Inquisición y Sociedad en México, 1571-1700*, México: FCE.

Bakewell, Peter John, 1971, *Silver Mining and Society in Colonial Mexico: Zacatecas, 1546-1700*. Cambridge: Cambridge University Press.

Blair, Emma and James Alexander Robertson, eds., 1903-1909, *The Philippine Islands, 1493-1803*, 55 vols. Cleveland, Ohio: The Arthur H. Clark Company.

Borah, Woodrow Wilson, 2015, *Early Colonial Trade and Navigation Between Mexico and Peru*, New York: ACLS Humanities e-book.

Borao Mateo, José Eugenio, 2007, "The arrival of the Spanish galleons in Manila from the Pacific Ocean and their departure along the Kuroshio stream (16th and 17th centuries)," *Dili yanjiu* 47: 17-38.

Boxer, Charles R., 1959, *The Great Ship from Amacon: Annals of Macau and the Old Japan Trade, 1555-1640*. Lisboa: Centro de Estudos Históricos Ultramarinos.

————, 1984, *Seventeenth Century Macau in Contemporary Documents and Illustrations*. Hong Kong: Heinemann Educational Books.

Flynn, Dennis O., and Arturo Giráldez, 2001, "Arbitage, China, and World Trade in Early Modern Period," in Dennis O. Flynn, Arturo Giráldez, and J. Sobredo, eds., *The Pacific World: Lands, People and History of the Pacific, 1500-1900*, vol.4, Burlington: Ashgate Publishing, 261-272.

Flynn, Dennis O., and Arturo Giráldez, 1995, "Born With a 'Silver Spoon': The Origin of World Trade in 1571," *Journal of World History* 6-2: 201-221.

————, 1996, "China and the Manila galleons," in Flynn and Giraldez, eds., *World Silver and Monetary History in the 16th and 17th Centuries*, Brookfield: Variorum.

García, Sola Diego, 2015, *La formación de un paradigma de Oriente en la Europa moderna: la Historia del Gran Reino de la China de Juan González de Mendoza*. Ph.D. dissertation. Barcelona: Universitat de Barcelona.

González de Mendoza, Juan, 1990, *Historia de las cosas más notables, ritos y costumbres del gran reyno de la China* [Rome: 1585], ed. by Ramón Alba. Madrid: Editorial Miraguano y Ediciones Polifemo.

Iaccarino, Ubaldo, 2017, *Comercio y Diplomacia entre Japón y Filipinas en la era Keichō* (1596-1615), PhD dissertation. [East Asian Maritime History, 13] Wiesbaden: Otto Harrassowitz.

Iwasaki Cauti, Fernando, 1990, "La Primera Navegación Transpacífica entre Perú y Filipinas y su Transfondo Socio-Economico," *Anuario de Estudios Americanos* 47: 123-169.

Iwasaki Cauti, 1992, *Fernando, Extremo Oriente y Perú en el Siglo XVI.* Madrid: Edición MAPFRE.

————, 2013, "Primeros contactos entre Perú y Japón en el siglo XVI", paper presented at the Peruvian Embassy in Tōkyō, 11 October 2013; online at http://embajadadelperuenjapon.org/140/Presentacion%20 Fernando%20Iwasaki/Presentacion%20Fernando%20Iwasakies.pdf (accessed 28.08.2014).

Kato, Eiichi, 1976, "The Japanese-Dutch Trade in the Formative Period of the Seclusion Policy, Particularly of the Raw Silk Trade of the Dutch at Hirado, 1620-1640," *Acta Asiatica* 30: 34-84.

Knauth, Lothar, 1972, *Confrontación transpacífica. El Japón y el Nuevo Mundo hispánico. 1542-1639*, México: Instituto de Investigaciones Históricas UNAM.

————, 1968, "New Spain's Mining Depression and the Supply of Quicksilver from Peru, 1600-1700," *The Hispanic American Historical Review* 48-4: 632-641.

Lang, Mervyn F., 1977, *El Monopolio Estatal del Mercurio en el México Colonial (1550-1710)*, México: Fondo de Cultura Económica.

Malcom, Corey, 2006, "Mercury on a Galleon," *The Navigator: Newsletter of the Mel Fisher Maritime Heritage Society* 22-2, online version http://www.melfisher.org/pdf/Mercury-on-a-Galleon.pdf (accessed on February 27, 2017).

Monbeig, Juliette, 1972, *Rodrigo de Vivero* (1564-1636). *Du Japon et du bon gouvernement de l'Espagne et des Indes.* Paris: SEVPEN.

Morse, Hosea Ballou, 1926, *Chronicles of the East India Company Trading to China, 1635-1834*, 4 vols. Oxford: Claredon Press.

Ollé, Manel, 1999, *Estrategias Filipinas Respecto a China: Alonso Sánchez y Domingo de Salazar en la Empresa de China (1581-1593)*, Ph.D. dissertation. Universitat Pompeu Fabra.

————, 2000, *La invención de China. Percepciones y estrategias filipinas respecto a China durante el siglo XVI* [South China and Maritime Asia, 9]. Wiesbaden: Otto Harrassowitz.

Orche, Enrique and María Pilar Amaré, 2015, "Transporte de Mercurio desde Huancavelica a Potosí en el Perú Colonial," *De Re Metallica* 25: 53-74.

Palazuelos Mazars, Béatrice, 2012, *Acapulco y le galion de Manille, la realité quotidienne au XVIIème siècle.* Ph.D. dissertation. Université Paris III-Sorbonne Nouvelle.

Pardo de Tavera de Manila, T.H., 1903, *Biblioteca Filipina: ó sea catálogo razonado de todos los impresos, tanto insulares como extranjeros, relativos á la historia, la etnografía, la lingüística, la botánica, la fauna, la flora, la geología, la hidrografía, la geografía, la legislación, etc., de las Islas Filipinas, de Joló y Marianas.* Washington: Library of Congress and the Bureau of Insular Affairs, Government Printing Office.

Ptak, Roderich, 2002, "Almíscar, Calambaque e Azogue no Comércio Macau-Japão e no Comércio da Ásia Oriental (cerca de 1555-1640)," *Revista de Cultura / Review of Culture* 2: 47-61.

Rodríguez Gallano, Adolfo, 1985, "Notas para el Estudio del Azogue en México en el Siglo XVII," *Estudios de Hisotria Novohispana* 8-8: 223-241.

Sánchez, Alonso, 1588, "Relación de las cosas particulares de la China, la qual escribio el P. Sanchez de la Compañia de Jesús que se la pidieron para leer a su Magestad el Rey Don Felipe II estando indispuesto," Madrid, 1588, Biblioteca Nacional Sección: ms.287, ff.198-226 (online under https://www.upf.edu/asia/projectes/che/s16/sanchez.htm, provided by Manel Ollé; accessed on April 20, 2017)

Sande, Francisco de, 1576, "Carta a Felipe II del Gobernador de Filipinas, doctor Sande. Da cuenta de su llegada y accidentes de su viaje; de la falta que hay allí de todo, y habla de Religiosos, minas, de la China, Mindanao, Borneo, etc.," AGI, Aud. de Filipinas, 6 (Manila, 7 de junio de 1576) .

Slack, Edward R., Jr., 2012, "Orientalizing New Spain: Perspectives on Asian Influence in Colonial Mexico," *México y la Cuenca del Pacífico*, 15-43: 97-127.

Souza, George Brian, 1986, *The Survival of Empire: Portuguese Trade and Society in China and the South China Sea, 1630-1754*, Cambridge: Cambridge University Press.

Torres de Mendoza, Luis, ed., 1864-1884, *Colección de documentos inéditos relativos al descubrimiento, conquista y organización de las antiguas posesiones espagñolas América y Oceanía*, 42 vols., Madrid: Imprenta Española.

Tremml-Werner, Birgit, 2015, *Spain, China, and Japan in Manila, 1571-1644: Local Comparisons and Global Connections*. Amsterdam: Amsterdam University Press.

Vivero y Velasco, Rodrigo de, 1989, *Relación que hace D. Rodrigo de Vivero y Velasco, que se halló in diferentes quadernos y papeles sueltos, de lo que se sucedió bolbiendo de Gobernador y Capitán general de las Philippinas, y arribada que tuvo en el Japón* (1632), s.f., in Juan Gil, *Mitos y utopías del descubrimiento*, 3 vols., vol. 2: *El Pacífico*, Madrid: Alianza Editorial, 160-192.

Vivero y Velasco, Rodrigo de, n.d., *Testamento de Don Rodrigo de Vivero, gobernador y capitán general de la ciudad de Manila y sus Yslas*, s. f, (ca. 1608) online at http://bdmx.mx/detalle/?id_cod=55 (accessed on April 20, 2017).

【中国語文献】

鄭若曾著，李致忠編，2007,《籌海圖編》北京：中華書局．

第 7 章
太平洋を渡ったチョコレートカップ

野上建紀

第1節　はじめに

　小文字で始まる china は，磁器（porcelain）を意味する。小文字で始まる japan が漆器を意味することと同様である。18世紀初頭にドイツのマイセンでヨーロッパ初の磁器が生産されるまで，磁器は東アジアの特産物であった。その生産の中心は言うまでもなく中国であり，china の単語の存在はそのことを物語っている。それでは，アジアの磁器はどの道をたどって各地へ運ばれたのか。東西交渉路としては，中央アジアの砂漠の中のオアシスをつなぎながらたどる「絹の道」がよく知られているが，海の道もまた古くから存在し，やがて東西間の物流路の中心となっていった。そして，磁器はその海の道を運ばれた。三上次男はその道を「陶磁の道」と呼び，三杉隆敏は「海のシルクロード」と呼んだ。

　中国の磁器は，陶磁の道によって，日本，東南アジア，南アジア，西アジア，アフリカへと運ばれる国際商品となったが，まだ世界全体を流通網が覆う世界商品となるためには大航海時代の到来を待たなければならなかった。

　大航海時代のただなかの 1571 年はグローバル化の始まった年と言ってもよい（フリン 2010）。つまり，1571 年にマニラが建設されて，ガレオン貿易路が開設された結果，いわゆる旧世界と新世界が貿易によって結びつき，ひとつの世界となったというわけである。1604 年の叙事詩には，次のような一節がある。

　　「メキシコでスペインと中国が一つになる。イタリアと日本が一つになる。やがて貿易と政治によって一つの世界になる。」
　　(En ti se junta España con la China, Italia con Japón, y finalmente un mundo entero en trato y disciplima. Bernardo de Balbuena, Grandeza

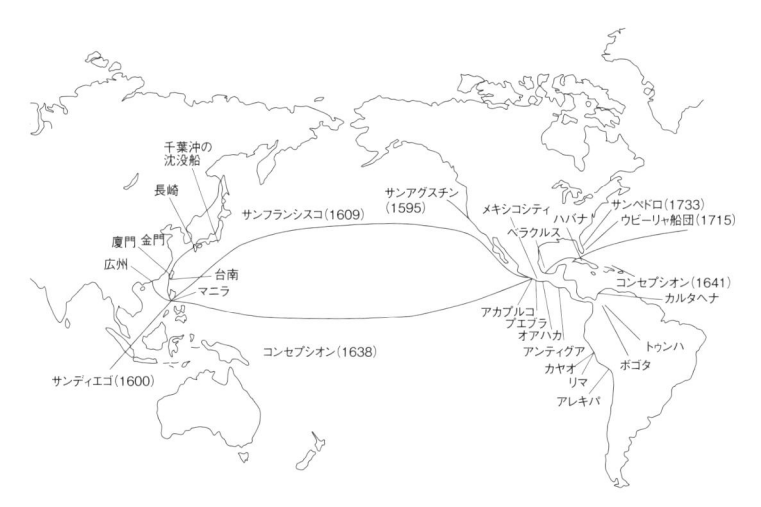

図 7-1　ガレオン貿易関連地図

Mexicana, 1604）。

　ガレオン貿易によって世界がひとつになったとする当時の時代の高揚が伝わるようである。ガレオン船によってアメリカ大陸の銀がアジアに持ち込まれ，その帰りに絹などアジアの産物が太平洋を渡っていった（図 7-1）。そのため，アジアに向かう船は「銀船」とよばれ，アメリカ大陸に帰る船は「絹船」とよばれたが，新大陸から旧世界に渡ったのはもちろん銀だけではない。東洋でのキリスト教布教に情熱を燃やす宣教師，スペイン本国政府が発布した勅令や政令などの公文書，郵便，コチニールなどの染料，バニラ，サトウキビ，石鹸，皮革製品，スペイン産のワイン，トランプ・カードなどの生活用品，牛や馬などの動物などが運ばれた（榊 2010）。また，トウモロコシ，タバコ，トマト，ヒョウタン，パパイヤ，トウガラシ，アボガド，ピーナッツなど新大陸を原産とする多様な植物も含まれ，そして，その中にカカオもあった。

そして，「絹船」が運んだ商品も絹だけではなく，陶磁器はその代表的なもののひとつであった。18世紀初頭までアジアでのみ生産することができた磁器は，文字通り，大航海を経なければ手に入れることができない代物であったが，それまで旧世界でのみ流通していた磁器は瞬く間に海を越えて新世界へと広がっていった。装飾品や食器として壺，碗，小皿，中皿，大皿，カップ，合子，ケンディ瓶など様々な器種の染付（青花），色絵，白磁製品が太平洋の波濤を越えて，アメリカに渡り，流通した。当初は旧世界に流通していたものがそのまま新世界に広がっていったが，新世界の文化との出会いによって，新たに生まれた磁器もあった。そのひとつがカカオを原料とした飲料のためのチョコレートカップであった。

　ヒトとモノの往来によって，それまで交わることのなかった旧世界と新世界の文化が融合し，新たな文化が生まれた。世界を巡ったチョコレート文化もそのひとつであった。当時のカカオは消失し，物理的に残らないが，その器であったチョコレートカップはたとえ破片となっても残される。本論では，残されたチョコレートカップから東西文化交流や嗜好のグローバル化の一側面をみてみたいと思う。

第2節　カカオとチョコレートカップ

　メソアメリカ各地にやってきたスペイン人などのヨーロッパ人たちは，当初，カカオの通貨としての価値については認識していたものの，カカオから作られた飲み物（以下，チョコレート）には馴染めなかったようである。例えば，新大陸に滞在したイタリア人ジローラモ・ベンゾーニは，1575年に出版された著書『新世界の歴史』の中で「チョコレートは人間よりは豚にふさわしい飲み物のように思える。」とまで書いている（コウ 1999: 154）。また，『メキシコ征

服記』を記したベルナル・ディアス・デル・カスティリョ（1496-1584）はカカオについて「この飲み物は女と交わるために飲むと聞いた」と記し，精力剤として飲まれていたという伝聞を記録している（八杉 2004: 10）。嗜好飲料というよりはむしろ珍奇な薬のようなものとして目に映ったのかもしれない。しかし，新世界と旧世界の文化の間に一種の交雑，あるいはクレオール化が始まり，その過程の中でチョコレートはラテンアメリカのスペイン植民地に浸透していき，やがてはスペイン本国をはじめとするヨーロッパ諸国に伝播していったという（コウ 1999: 157）。

　その過程で，チョコレートも変容していった。アステカ族の間ではチョコレートは冷たくして，または常温で飲んでいたが，ヨーロッパ人は熱くして飲むようにした。また，チリなど新世界の調味料の代わりにシナモンなど旧世界の香辛料が用いられるようになった。特にチョコレートは砂糖と出会うことで世界商品へとなっていった。さらにチョコレートを泡立てる過程がひとつの器から別の器へ高いところから注ぎ入れる方法から，モリニーリョとよばれる木製の攪拌棒でかき混ぜる方法へと変わった（コウ 1999: 159-160）。こうしたチョコレートの飲用方法の変容が，新しい道具を生み出し，飲用するための容器の変容につながったと考えられる。

　それでは，そもそもチョコレートはどのような器で飲まれていたのか。植民地時代初期のスペインによる異端審問で捕らえられた二人のアステカ族の呪い師から没収された家財道具の中に，カカオやチョコレート飲料用の杯があり，それは多彩色の陶器や，顔料または漆で装飾したヒョウタンノキ（クレスケンティア・クイェテ）の実でできた小ぶりな半円球の碗であったという（コウ 1999: 124）。ナワトル語でシカリと呼ばれた杯は，チョコレートを飲むための容器としてメソアメリカ全域で使われていた（コウ 1999: 134）。スペイン人が初めてチョコレートを飲んだ時に使用したカップもこうしたも

のであったかもしれない。

　1544年にドミニコ会士たちがマヤ貴族の代表団を伴って，スペインのフェリペ皇太子を訪問した際の贈り物の目録がある。それによれば「泡立てたチョコレートを入れた容器」も宮廷に持ち込まれたという（コウ　1999: 185）。

　ソフィー・コウらは，スペイン人たちは，最初のうちは，メソアメリカの伝統的なやり方で，つまりヒョウタン製または陶製のヒカラ（小さな，口の広がった茶碗）から泡立つチョコレートをすすっていたにちがいないという（コウ　1999: 190）。やがて輸入されていた中国磁器のカップでも飲まれるようになったと考えられるが，それがどういったものであったか，わからない。Antonio de Pereda y Salgado アントニオ・ペレーダ・イ・サルガド（1611-1678）の台所風景を描いた油絵『A Kitchen Scene』の一部にチョコレートポットとモリニーリョが描かれているものがある（図7-2）。絵のどこかにチョコレートを飲むための器が描かれていると思われるのであるが，磁器らしいカップは染付丸碗のみが見られる。たまたまチョコ

図7-2　ペレーダ・イ・サルガド画（©National Trust Images/Prudence Cuming）

レートカップが描かれていない可能性もあるが，こうした丸碗で飲んでいた可能性は十分考えられよう。

　そして，どのような過程を経て，背の高いカップがチョコレート飲用のカップとして選ばれるようになったかについても明らかではないが，小林克は，中国南部地域の様々な工夫茶の茶碗の中から，チョコレート用として選択されたと推定している（小林 2016: 272）。いずれにせよチョコレートの変容と受容の過程で，その容器もまた変容し，受容されていったことを推測することができる。

第 3 節　絵画や史料に描かれたチョコレートカップ

3-1　絵画に描かれたチョコレートカップ

　先スペイン期にカカオを飲用する様子を描いたものは少なくないが，ここではヨーロッパに普及するようになってから，絵画等に描かれたチョコレートカップを紹介する。

　アントニオ・ペレーダ・イ・サルガドの絵（1652 年）には，銀皿の上に置かれたチョコレートカップが描かれている（図 7-3）。背の高いカップが 2 点，描かれており，手前の 1 点はヨーロッパ産の白釉藍彩のカップと思われるが，もう 1 点は外面に山水文を描いた中国青花と見られる。今のところ，絵画の中で描かれた磁器のチョコレートカップとしては最も古いものであり，1641 年沈没のコンセプシオン号から引き

図 7-3　ペレーダ・イ・サルガド画（1652 年）

図 7-4　18 世紀の静物画
（加藤・八杉 1996, p17）

図 7-5　タイル画のチョコレートパーティー
（加藤・八杉 1996）

揚げられた染付チョコレートカップによく似ている。

　18 世紀の静物画には，モリニーリョが差し込まれたチョコレートポットとともにチョコレートカップが描かれている（図7-4）。色絵磁器とみられる。パンが添えられており，パンにつけながら飲まれたものと思われる。

　チョコレートパーティーの様子を描いたスペインの陶版画もよく知られている（加藤・八杉 1996: 13）。貴婦人たちが噴水の周囲でチョコレートを楽しんでいる様子であるが，固形のカカオのペーストをチョコレートポットでモリニーリョを用いて撹拌しながら溶かし，ポットからソーサー付きのチョコレートカップに注いで，給仕が貴婦人たちへ運んでいる（図7-5）。チョコレートカップは背の高いものである。

　そして，チョコレートを飲むための器が描かれた絵画として，最も有名なもののひとつはジャン＝エティエンヌ・リオタールが描いた『チョコレートを運ぶ少女』（1743-1745 年頃）であろう。少女が

盆の上に攪拌されて泡立ったチョコ
レートが入ったチョコレートカップと
水が入ったガラスコップを載せて運ん
でいる（図7-6）。チョコレートカップ
は背の高い色絵磁器とみられ，把手が
ついている。そして，マンセリーナと
思われる受け皿の上に載せられている。
マンセリーナとはチョコレートカッ
プ用の受台が付けられた受け皿であ
る。マンセリーナは1673年にチョコ
レートがこぼれても皿で受けられるよ
うに，底が丸いヒョウタンをのせる受
台をつけた皿を発明したと言われるメ

図7-6　「チョコレートを運ぶ少
女」（リオタール画，1743-1745
年頃）（加藤・八杉1996）

キシコの副王マルケス・デ・マンセーラの名に由来するという（八
杉 2004: 188-189）。あるいは1639〜1648年までペルーの総督を務
めたマンセラ侯爵の名に由来するともいう（コウ 1999: 190）。日本
で言えば，杯台のようなものであるが，こぼれたチョコレートを皿
で受けるだけでなく，通常のカップに比べて重心の位置が高いチョ
コレートカップを受け皿上で安定させる工夫でもあったのであろう。
マンセラ侯爵はリマの銀細工師に命じて，立ち襟状の輪がついたも
のを作らせ，後にヨーロッパで磁器のものが作られるようになった
という（コウ 1999: 190）。

　フランスの18世紀の銅版画にも服をはだけた女性がベッドの脇
に置かれたチョコレートポットとカップに手を伸ばしている姿が描
かれている（加藤・八杉 1996: 107）。把手付きの背の高いチョコレー
トカップが受皿上にのせられている（図7-7）。そして，チョコレー
トカップの側にはモリニーリョのついたショコラティエール（チョ
コレートポット）が描かれている。

図 7-7　18 世紀のフランスの銅版画（加藤・八杉 1996）

　以上，絵画に描かれたチョコレートカップで共通しているのは，いずれも背の高いカップであるという点である。

3-2　「1758 年度陶磁器製品の請求」にみるチョコレートカップ

　オランダ東インド会社による「1758 年度陶磁器製品の請求」には，図案付きで注文する品が記されているが，その中にチョコレートカップなどのカップ類も含まれている（図 7-8）。注文書には 3 種類のチョコレートカップの注文が見られる（三杉 1986: 155）。ひとつは染付製品，ひとつは肥前磁器（イマリ）を模倣した中国磁器の「チャイニーズ・イマリ」，そして，もうひとつは多彩色（エナメル）である。そして，把手付きと注が加えられている。具体的にどういったものであったかは，後述するヘルデルマルセン号から引き揚げられた遺物の中でそれぞれ確認することができる（図 7-9）。また，注文表の図案（図 7-8）を見ると，チョコレートカップはコーヒーカップやティーカップに比べて背が高い縦長のカップであり，他のカップにはついていない把手が付けられている。把手は丸耳形のも

図 7-9　ヘルデルマルセン号引揚げ
　資料（1752 年沈没）

図 7-8　「1758 年度陶磁器製品の請求」

のと折れ枝状の 2 種類が描かれている。

第 4 節　東洋磁器のチョコレートカップの生産地と年代

　17 世紀の磁器製のチョコレートカップの生産地は，中国と日本である。そして，18 世紀になり，ヨーロッパで磁器の生産が始まると，ヨーロッパ各地の磁器窯でチョコレートカップの生産が行われるようになる。ここでは東洋磁器である中国磁器と日本磁器について述べる。

4-1　中国磁器

　中国における磁器製のチョコレートカップの生産地は，景徳鎮窯，徳化窯系の磁器窯などである（図 7-10）。その変遷については，主に中国磁器のチョコレートカップの変遷を絵画資料や沈没船資料を用いて，論じたことがある（野上 2009）。

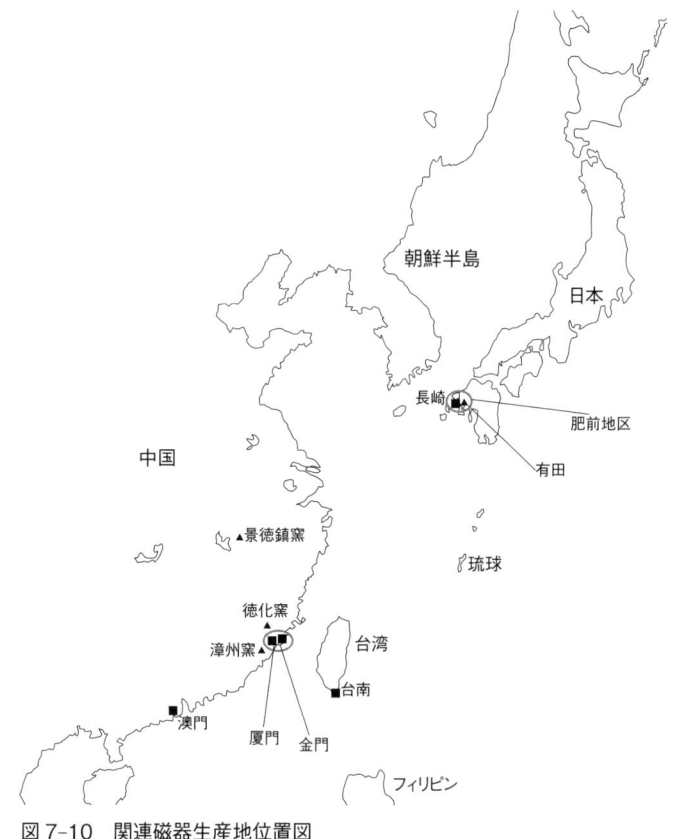

図 7-10　関連磁器生産地位置図

　その内容を簡単にまとめておく。1641 年にカリブ海のドミニカ沖で沈んだコンセプシオン号の積荷の中に中国磁器のチョコレートカップとみられるものが含まれることから，1640 年代頃には生産され，ガレオン貿易ルートにのって流通していることがわかる（図7-11）。そして，1690 年代頃のコンダオ沈没船などの例をみると，17 世紀末には，ソーサーや蓋がつくものが現れる（図 7-12, 13）。続いて 1720 〜 1730 年代のベトナムのカ・マウ沈没船のチョコ

郵便はがき

101-8796

537

料金受取人払郵便

神田局
承認

7451

差出有効期間
2021年7月
31日まで

切手を貼らずに
お出し下さい。

【 受 取 人 】

東京都千代田区外神田6-9-5

株式会社 明石書店 読者通信係 行

お買い上げ、ありがとうございました。
今後の出版物の参考といたしたく、ご記入、ご投函いただければ幸いに存じます。

ふりがな	年齢	性別
お名前		

ご住所 〒　　　-

TEL （　　　）	FAX （　　　）
メールアドレス	ご職業（または学校名）

*図書目録のご希望	*ジャンル別などのご案内（不定期）のご希望
□ある	□ある：ジャンル（　　　　　　）
□ない	□ない

書籍のタイトル

◆本書を何でお知りになりましたか？
　　　　□新聞・雑誌の広告…掲載紙誌名[　　　　　　　　　　　　　　　　　　　]
　　　　□書評・紹介記事……掲載紙誌名[　　　　　　　　　　　　　　　　　　　]
　　　　□店頭で　　　　□知人のすすめ　　　□弊社からの案内　　　□弊社ホームページ
　　　　□ネット書店 [　　　　　　　　　　　] □その他[　　　　　　　　　　　]
◆本書についてのご意見・ご感想
　　　■定　　　価　　　□安い（満足）　　□ほどほど　　　□高い（不満）
　　　■カバーデザイン　□良い　　　　　　□ふつう　　　　□悪い・ふさわしくない
　　　■内　　　容　　　□良い　　　　　　□ふつう　　　　□期待はずれ
　　　■その他お気づきの点、ご質問、ご感想など、ご自由にお書き下さい。

◆本書をお買い上げの書店
　　[　　　　　　　　　　市・区・町・村　　　　　　　書店　　　　　　　店]
◆今後どのような書籍をお望みですか？
　　今関心をお持ちのテーマ・人・ジャンル、また翻訳希望の本など、何でもお書き下さい。

◆ご購読紙　(1)朝日　(2)読売　(3)毎日　(4)日経　(5)その他[　　　　　　　新聞]
◆定期ご購読の雑誌 [　　　　　　　　　　　　　　　　　　　　　　　　　　　]

ご協力ありがとうございました。
ご意見などを弊社ホームページなどでご紹介させていただくことがあります。　□諾　□否

◆ご 注 文 書◆　このハガキで弊社刊行物をご注文いただけます。
　　□ご指定の書店でお受取り……下欄に書店名と所在地域、わかれば電話番号をご記入下さい。
　　□代金引換郵便にてお受取り…送料＋手数料として300円かかります（表記ご住所宛のみ）。

書名		冊
書名		冊

ご指定の書店・支店名	書店の所在地域	
	都・道　　　　　　市・区	
	府・県　　　　　　町・村	
	書店の電話番号　　（　　　　）	

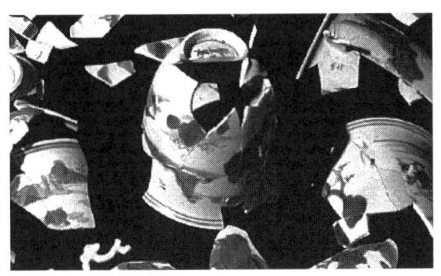

図 7-11　コンセプシオン号引揚げ資料（1641
年沈没）

図 7-12　碗礁 1 号沈没
船引揚げ資料

図 7-14　カ・マウ沈没船引揚げ資料

図 7-13　コンダオ沈没船
引揚げ資料（1690 年代）

レートカップには把手がつくものが見られるようになる（図 7-14）。
さらに 1752 年に沈んだオランダ船ヘルデルマルセン号引揚げ資料
（図 7-9）や 1758 年の陶磁器請求書の図案（図 7-8）をみると，1750
年代にはコーヒーカップやティーカップに先んじて，チョコレート
カップの中で把手付きが一般化し，やがてカップ類全体に広がるよ
うである（野上 2009）。

4-2　日本磁器

　アジアのもうひとつの磁器のチョコレートカップの産地は日本
である。18 世紀以前の生産地はほぼ肥前（とくに有田）に限られ（図
7-10），19 世紀以降になるとその他の磁器窯でも生産が行われるよ
うになる。

　ここではその日本の磁器の歴史を紐解く前に，まず日本とチョコ
レートの関わりについて少し触れておこう。八杉佳穂は，初めて

チョコレートを飲んだ日本人について，いくつかの可能性を提示している（八杉 2004: 198）。いわゆる「鎖国」以前から，マニラには日本町が形成されており，多くの日本人が住んでいたので，ガレオン船でメキシコからマニラへカカオが渡ってきていれば，彼らが飲んだ可能性があるという。また，マニラから日本へカカオがもたらされていた可能性もあるが，これらについては記録がない。

その他，メキシコやヨーロッパへ渡海した日本人が飲んだ可能性が考えられる。八杉は天正の少年遣欧使節団，慶長遣欧使節団，田中勝助などを挙げているが，天正の少年遣欧使節団は西周りであり，ヨーロッパで流行する前なので可能性は低いとしている（八杉 2004: 198）。

日本で最も古いチョコレートの記録は，確認されているものの中では，廣川獬の『長崎聞見録』（1797）にみられる「しよくらとを」である（八杉 2004: 195）。廣川は寛政年間に長崎に来遊し，見聞したことを寛政 9 年（1797）に著し，同 12 年（1800）に出版している。ただし，それによれば「しよくらとをハ，紅毛人持渡る腎薬にて，形獣角のごとく，色阿仙薬に似たり。其味ひは淡なり。其製は分暁ならざるなり。服用先熱湯を拵へ，さてかのしよくらとを三分を削り入れ，次に鶏子一箇，砂糖少し。此三味茶筌にて，茶をたつるごとく，よくよく調和すれは，蟹眼出る也。是を服すべし」と記し，角状の形をした図を添えている（廣川 1975: 99）。18 世紀末にはオランダ貿易によって長崎にもたらされていることがわかる。熱湯に入れて泡立てて，砂糖など入れて飲んだもののようであるが，当時は「薬」として認識されていたようである。チョコレートが薬であるかどうかの議論は，ヨーロッパでもカトリック教会関係者の中で大いに行われていた。廣川は『蘭療方』や『蘭療薬解』でもやはり薬として紹介している（八杉 2004: 195）。チョコレートは「私欲刺亜多」と記されており，陰痿（インポテンツ）の治療薬，回春剤とし

て紹介されている（八杉
2004: 196）。回春剤とし
ての効能については中国
磁器のチョコレートカッ
プに枕絵が描かれたもの
もあり（図7-15），栄養
価の高いチョコレートに

図7-15 ハッチャーカーゴ号引揚げ資料
（1640年代頃）

対する当時の認識であったのかもしれない。希少的な価値が高い段
階では，嗜好品というよりは薬品として扱われることはコーヒーや
茶にしても同様であった。

　それでは有田でチョコレートカップはいつ生産が始まったのか。
有田で磁器生産が始まるのは17世紀初めのことである。豊臣秀吉
による朝鮮侵略の際に各大名が連れ帰った多くの朝鮮人陶工らに
よって，九州地方を中心に施釉陶器の生産が始まり，その技術を母
体として，日本で初めての磁器が誕生した。いわゆる初期伊万里
とよばれる17世紀前半の製品の中にはまだチョコレートカップは
確認されない。そのため，天正の少年遣欧使節団，慶長遣欧使節
団，京都の貿易商人の田中勝助，あるいはマニラの日本町の日本人
がチョコレートを飲用していたとしても有田におけるチョコレート
カップの生産とは直接関わりを持つものではない（野上 2009）。

　中国の景徳鎮では1640年代にはチョコレートカップとして使用
されるカップが生産されているが，1640年代は有田をはじめとし
た肥前の磁器がようやく海外に輸出され始めた頃である。山脇悌二
郎によれば，1647年に長崎を出帆してシャム経由でカンボジアに
行く一艘の唐船が「粗製の磁器174俵」を積んでおり，それらが
肥前磁器であった可能性が高いとしている（山脇 1988: 265）。しかし，
当時の肥前磁器は特別に海外向けに生産されたものではなく，日本
国内に一般に流通していた製品が積み出されたものであったため，

その中にチョコレートカップが含まれていたとは考えにくい。やはり，チョコレートカップの生産が始まるのはオランダ東インド会社による輸出が始まって以降のことであろう。

山脇によれば，オランダ船による肥前磁器の輸出の記録の初見は，1650 年に長崎を出帆し，ウイッテン・ファルク号に積まれたトンキンのオランダ商館宛の「種々の粗製磁器 145 個」であるとするが（山脇 1988: 266），やや疑問を残すという。つまり，中国製の可能性を残すということである。一方，翌 1651 年のカンペン号は「176 個の日本製の磁器平鉢，皿，瓶」をトンキン商館に積送しているが（山脇 1988: 266），この場合は日本製とあるので肥前磁器であることは確かであろう。いずれにしても 1650 年前後にはオランダ船による海外輸出が始まるようであるが，ヨーロッパまで輸出されているわけではない。まだチョコレートカップの生産は行われていないとみてよかろう。もちろん肥前の窯跡から 1650 年前後に生産したとみられるチョコレートカップは出土していない。

オランダ船がヨーロッパまで肥前磁器，とりわけ有田焼を輸出するようになるのは，1659 年の大量注文以降である。チョコレートカップの生産が始まるのもこの頃からであろう。1659 年の注文内容をみると，チョコレートカップと特定できるものはないが，当時の日本の生活様式にはないものも含まれている。山脇は，手本付きの注文生産が行われたことを示し，これが有田の品質の高級化と品種の多様化を進めたとする（山脇 1988: 279）。チョコレートの飲用の経験がない日本の陶工が，その専用のカップを生産するにあたり，チョコレートがいかなるものか説明を受けて作るよりは，見本の通りに作る方が容易であったろう。

17 世紀後半のオランダ東インド会社の記録の中に，確実にチョコレートカップと特定できるものは確認できないが，可能性があるものはある。例えば，長崎商館長ヘンドリック・インダイク発

行の送り状によれば，1662 年に 86,329 個の磁器が輸出されているが，その中に「hooge copiens」250 個という記載がある（山脇 1988: 309）。hooge とは，腰高，背が高いという意であり，hooge copiens はチョコレートカップを指す可能性がある。同様に 1663 年 11 月，バタビアの注文に従って 41,400 個の種々の磁器をフェネンブルク号 Venenburg に積み込んでいるが，その中に diepe copiens「深いカップ」1,000 個とあるものも可能性がある（フィアレ 2000: 190, 201）。

17 世紀後半のチョコレートカップは有田の赤絵町遺跡で出土している（図7-16）（野上 2009: 24）。本焼きを行った窯は不明であるが，赤絵町遺跡から出土する磁器製品のほとんどが内山地区の窯場で生産されたものであるため，このチョコレートカップも内山地区の製品とみてよかろう。有田では 17 世紀後半の 1650 〜 1660 年代に窯場の再編成が行われており，後に言う「内山」では技術水準によって陶工の淘汰が行われ，技術革新を境とした新旧の技術が混在する窯業地区から，新技術が一般化した窯業地区へと変遷した。チョコレートカップは内山地区で一般化した新しい技術で生産された。

赤絵町遺跡では 17 世紀後半だけでなく，18 世紀前半の色絵チョコレートカップが出土している（図7-17）。多くは染付と色絵を組み合わせた金襴手の製品で

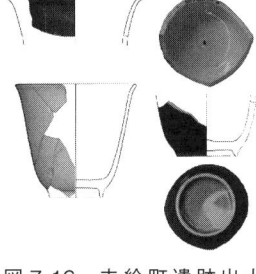

図 7-16　赤絵町遺跡出土資料 (1)（1650 〜 80 年代）（野上 2009）

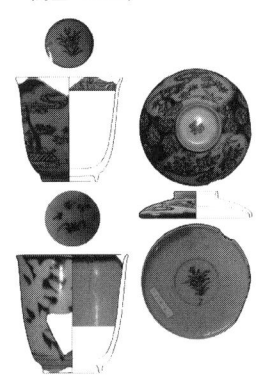

図 7-17　赤絵町遺跡出土資料 (2)（野上 2009）（1680 〜 1740 年代）

ある。また，受皿と組となっており，また蓋がつくものもある。文献史料の中にもソーサー付きカップの海外輸出についての記録が見られる。例えば，18世紀前半にはオランダ船が盛んに「猪口皿」を輸出している記録が見られる（山脇 1988: 393）。藤原友子はこの猪口皿を猪口と皿，すなわち，カップとソーサーと推定している（藤原 2000: 150）。妥当な推定であろうと思う。さらに1717年から1723年頃まで清朝が再度の海禁を行った際には，唐船もまた大量の「受皿付茶碗」thee goet をマカオ・広東に向けて輸出している（山脇 1988: 407）。この「猪口皿」や「受皿付茶碗」の中にチョコレートカップも含まれると思われる。そして，これらのソーサー付きカップの主要産地は有田であったが，有田以外でオランダ向けのカップ類を生産した可能性がある窯として，佐賀県嬉野市の蓮池藩領の上福2号窯跡などがある。今のところ，上福2号窯跡から出土しているカップはコーヒーカップと思われるものである。

　そして，18世紀後半になると肥前磁器の海外輸出そのものが大幅に減退し，チョコレートカップの生産も見られなくなるが，19世紀に入り，幕末期を迎えると，再びソーサー付きカップの輸出が盛んに行われるようになる。ただし，その段階ではチョコレートカップ（ココアカップ）の主流の形が変わっており，必ずしも背の高いことがチョコレートカップの特質ではなくなってきている。

第5節　消費地出土のチョコレートカップ

　チョコレートの飲用習慣は，当時の日本では一般的なものではなく，チョコレートカップを積極的に求める需要は国内にはなかった。そのため，チョコレートカップの出土事例は主に海外の遺跡になる。ただし，日本でも出土しないわけではない。例えば江戸遺跡の有楽町一丁目遺跡，埼玉県川口市の伊奈氏陣屋跡などから中国磁

器のチョコレートカップが出土している（小林 2016: 274）。小林克はチョコレート飲用器であった可能性と工夫茶のひとつとして輸入された可能性を考えている（小林 2016: 274）。

図7-18 カディス出土
資料（田中 2010）
（1650〜80年代）

ヨーロッパでは，スペインのカディスで肥前（有田）の染付チョコレートカップが出土している（図7-18）。ヨーロッパ諸国の中では最も早くカカオ文化に接触して受容し，当初はカカオ貿易を独占していたスペインであるため，むしろ当然であろう。また，1641年に沈んだコンセプシオン号も目的地はスペイン本国であり，スペインにチョコレートカップの需要があったとみてよいであろう。また，スペインの画家であるペレーダ・イ・サルガドの1652年の絵にも染付チョコレートカップが描かれているため，1640年代にはアメリカに渡ってさらに大西洋を越えてチョコレートカップがスペインに輸入されていた可能性が高い。

スペイン以外のヨーロッパ諸国はどうかと言えば，堀内秀樹が，オランダ国内から出土した東洋陶磁の分析を行っており，アムステルダムからチョコレートカップを含めたカップ類が数多く出土していることを報告している（堀内 2007: 44）。17世紀にはチョコレートの飲用習慣はヨーロッパに広まっているので，オランダ以外のヨーロッパの消費地でも出土する可能性は高い。

アジアではフィリピンで出土が確認されている（図7-19）。言うまでもなく当時のフィリピンはスペインの植民地であり，ガレオン貿易のアジア側拠点であった。チョコ

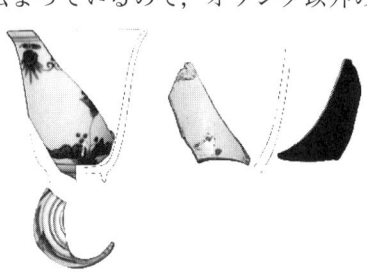

図7-19 1650〜80年代，セブシティ出土資料（野上 2013）

レートカップを積み出す場でもあり，一方でアメリカ大陸のカカオを輸入し，チョコレート文化を享受する場でもある。ただし，中南米の遺跡に比べると，フィリピンでのチョコレートカップの出土はそれほど多くはない。フィリピンに輸入されるチョコレートカップは，フィリピンにとどまるよりも中南米に向けて輸出されるものの方が多かったと推測される（野上 2016: 300）。その他，スペインの植民地であったメキシコ，グアテマラ，キューバ，ペルー，コロンビア，アルゼンチンでもチョコレートカップは数多く出土している。

　その中で肥前磁器のチョコレートカップの出土が確認されているのは，フィリピン，メキシコ，グアテマラ，キューバ，ペルーなどの遺跡である。やはり，いずれもガレオン貿易ルート上やその派生ルート上に位置する遺跡である。ただし，チョコレートカップの需要はヨーロッパなどにもあったし，伝世品として残っているものもあるので，今後，ガレオン貿易ルート上以外の地域でも出土が確認される可能性が高い。

　以下，各地域の出土状況を見ていこう。

5-1　フィリピン

　フィリピンでは，マニラのイントラムロスとセブシティでチョコレートカップが出土している。イントラムロスは，1571 年にスペイン人たちによって建設された城塞都市である。イントラは内側，ムロスは壁の意であり，文字通り，城壁に囲まれた都市であった。一方，セブシティは，スペイン人たちが最初に建設した都市であるが，チョコレートカップが出土しているのは，パリアン地区であり，華僑の商業地区である。17 世紀後半の肥前の染付（図 7-19 左），

図 7-20　セブシティ
出土資料
（野上 2017）

瑠璃釉金彩のチョコレートカップ（図7-19右），17世紀末〜18世紀前半の景徳鎮の染付，色絵チョコレートカップなどが出土している（図7-20）。

5-2　メキシコ

メキシコでは，メキシコシティ，オアハカ，プエブラ，ベラクルスなどの各都市で中国や肥前の磁器のチョ

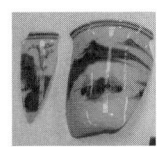
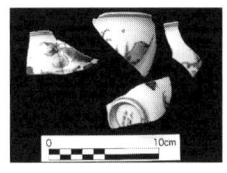

図7-21　1640〜50年代，メキシコシティ出土資料（野上2017）

コレートカップが出土している。中南米で最も数多くチョコレートカップが出土している都市がメキシコシティである。17世紀中頃の景徳鎮の染付チョコレートカップ（図7-21），17世紀後半の有田の染付（図7-22），色絵（図7-23），瑠璃釉金彩チョコレートカップ，17世紀末〜18世紀前半の景徳鎮の染付，色絵，瑠璃釉掛分チョコ

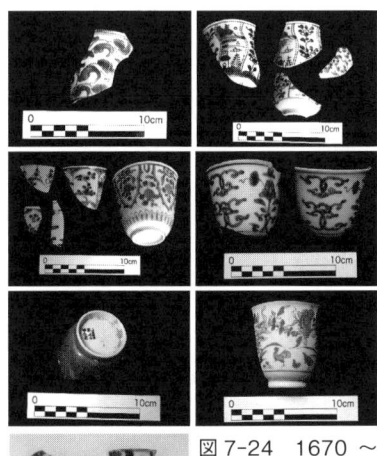

図7-22　　　図7-23
1650〜80年代，メキシコシティ出土資料（野上2013）

図7-25　1670〜1740年代，メキシコシティ出土資料（野上2017）

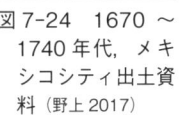

図7-24　1670〜1740年代，メキシコシティ出土資料（野上2017）

レートカップ（図7-24），徳化窯の白磁チョコレートカップ（図7-25），18世紀の徳化窯系の型作りの染付チョコレートカップ

図7-26　1740〜90年代，メキシコシティ出土資料（野上2017）

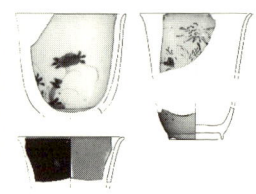

図7-27　1650〜80年代，オアハカ出土資料（野上2013）

（図7-26）が出土している。そして，最も多くの肥前のチョコレートカップが出土している遺跡がオアハカのサント・ドミンゴ修道院遺跡である（図7-27）。もちろん，中国磁器のチョコレートカップの出土も多い（野上2013）。

5-3　グアテマラ

　グアテマラでは，アンティグアのサント・ドミンゴ修道院遺跡などの各遺跡から，17世紀後半の肥前の染付，色絵，瑠璃釉色絵チョコレートカップ，17世紀末〜18世紀前半の中国磁器の染付，色絵，褐釉掛分色絵の各種チョコレートカップが出土している（図7-28）。アンティグアは，1773年のサンタ・マルタ地震で壊滅した都市であり，出土した遺物も大半が1773年以前のものであった（野

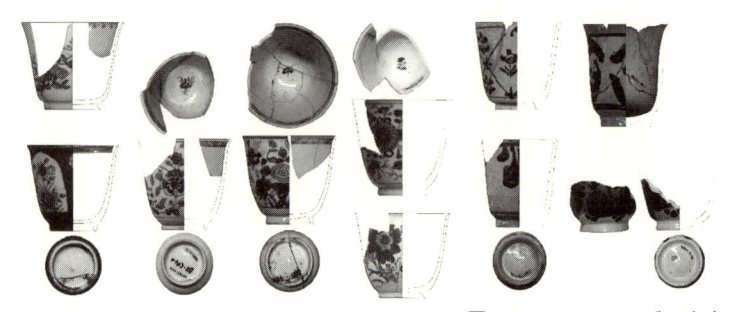

図7-28　アンティグア出土資料（野上2014）

図7-29　アンティグア出土資料（野上2014）

上 2014）。なお，中南米やヨーロッパの陶器製のチョコレートカップも多数見られる（図 7-29）。

5-4 キューバ

キューバではハバナの旧市街に位置する遺跡から，17 世紀後半の肥前の染付チョコレートカップ（図 7-30），17 世紀末〜 18 世紀前半の中国の景徳鎮の染付チョコレートカップ，色絵チョコレートカップ，徳化窯系の白磁チョコレートカップが出土している（図 7-31）（野上・テレロス 2015）。

図 7-30　ハバナ出土資料
（野上・テレロス 2015）

図 7-31　ハバナ出土資料（野上・テレロス 2015）

5-5 ペルー

ペルーでは，リマ市内のボデガ・イ・クアドラ遺跡など各遺跡から 17 世紀後半の肥前の染付チョコレートカップ（図 7-32），17 世紀末〜 18 世紀前半の中国の景徳鎮の染付チョコレートカップ（図 7-33），色

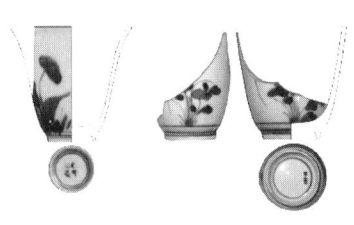

図 7-32　1650 〜 80 年代，リマ出土資料（野上・テレーロス 2016）

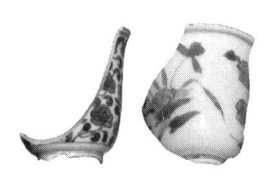

図 7-33　　　　　　　　図 7-34　　　図 7-35
リマ出土資料 (野上・テレーロス 2016)

絵チョコレートカップ (図 7-34)，18 世紀の徳化窯系の色絵チョコ
レートカップ (図 7-35) が出土している (野上・テレーロス 2016)。

5-6　ガレオン貿易ルート上のチョコレートカップ

これまで数多くのチョコレートカップが中南米の都市遺跡で出土
している。これらがマニラを経由して運ばれたであろうことは，マ
ニラの税関記録によっても推測することができる。税関記録の調査
研究を行った方真真は，1682 年に 1,000 個のチョコレートカップ
(Ytten mill escudillas de chocolate) がマニラに輸入されたことを紹介
している (方・方 2006: 202)。これら 1,000 個のチョコレートカッ
プの輸入は 1684 年の展海令が公布される前であるので，肥前磁器
の可能性をもつが，海禁政策の末期でもあるので，中国磁器である
可能性もあろう。さらに方によれば，1685 ～ 1687 年の間だけで
も少なくとも 48,080 個のチョコレートカップがアモイなど中国の
港を出帆した船によって，マニラに輸入されているという。これら
は展海令が公布され，中国磁器の再輸出が本格化した後であるため，
中国磁器である可能性が高い。これらはフィリピンで消費されたも
のを除いて，多くはガレオン船によって中南米へ運ぶためのもので
あったのであろう。

また，中南米で出土するチョコレートカップの特質はその出土量
もさることながら，カップの中で占めるチョコレートカップの比率
の高さである。18 世紀中頃以前に限ると，圧倒的にコーヒーカッ

プやティーカップよりも多い。17世紀後半から18世紀前半にかけて盛んに輸出された肥前磁器の場合，中南米の遺跡で発見されるカップ類のほとんどがチョコレートカップであったと言っても過言ではない。一方，当時，中南米やスペイン以外で，チョコレートカップがカップ類で主流を占める地域はほとんどないであろうと思う。もちろんカップの生産地でもカップ類の主流を占めるのはコーヒーカップやティーカップであった。1752年のヘルデルマルセン号の公式記録を見ると，紅茶カップ，コーヒーカップ，チョコレートカップの比率は，68.5％，21.0％，10.5％である。そして，「1758年度陶磁器製品の請求」で同じく比率をみてみると，36.4％，60.3％，3.2％である。両者でコーヒーカップとティーカップの比率に差はあるが，いずれにしてもチョコレートカップがカップ類の主体となることはない。さらにアジアの陶磁器集散地であるバタビアなどの出土状況も同様である。中南米でのチョコレートカップの出土状況がいかに特徴的な様相であるか理解できるであろう。中南米は，カカオの原産地，栽培原産地であり，先住民の間で薬，飲み物，貨幣，貢納・交易品として文化の中に深く根付いていたが，侵略してきたスペインもまたカカオからできたチョコレートを飲用し，当初はその貿易も独占していた。他の地域や人々に比べて，カカオ文化，チョコレート文化がスペイン人たちに深く根付いていたのであろう（野上 2013）。

　そして，チョコレートカップが数多く出土している遺跡の性格をみてみると，教会や修道院などキリスト教関連施設が多い。オアハカのサント・ドミンゴ修道院をはじめアンティグアのサント・ドミンゴ修道院やサン・フランシスコ修道院，ハバナのサンタ・クララ修道院などで出土している。チョコレートがヨーロッパにもたらされ，広がったのは，キリスト教の聖職者たちによるところが大きく，チョコレートと教会にまつわる逸話も残されている（八杉

2004: 178)。例えば,「チアパスのチョコレートに注意」という格言で知られるもので,メキシコの教会でチョコレートを禁止した僧侶が毒殺されたとする話もそのひとつであり,また,チョコレートが「飲み物か,食べ物か」,「薬品か,食品か」という宗教的論争がカトリック教徒の中で繰り広げられている(武田 2010: 42)。こうした関わりが修道院の遺跡からの出土に反映されているのであろう。

第6節 磁器製チョコレートカップの特質と変遷

チョコレートカップを含めたカップ類の変遷において,いくつか器形の変化に関する特徴や画期をあげると,用途の分化,ソーサーの出現,蓋の出現,把手の出現などがある。これにチョコレートカップの場合,マンセリーナに見られる受台の有無が加わる。

6-1 チョコレートカップの誕生

まず万暦年間頃の沈没船資料にはチョコレート用の特別な容器は見当たらない。17世紀前半にはすでにスペイン人たちによってもチョコレートは飲用されていたため,一般の丸碗やカップで飲まれていたのであろう。そして,1641年に沈んだコンセプシオン号にはチョコレートカップとみられる容器が積まれている。また,前に述べたようにペレーダ・イ・サルガドの絵(1652年)には,銀皿の上に置かれたチョコレートカップが描かれており,それは1641年沈没のコンセプシオン号から引き揚げられた染付チョコレートカップによく似ている。そのため,1640年代にはチョコレートカップ用のカップが生産されており,カップ類の中でもコーヒーカップ等と用途が分化したとみてよい。そして,コンセプシオン号のチョコレートカップには把手(耳)が付けられているものがあるが,後世のカップ類の把手に直接つながるものかどうか不明である。

6-2　ソーサーの出現

　次にソーサーの出現であるが，沈没船資料をみると，1690年代頃にはチョコレートカップにもソーサーをもつものが出現していることがわかるが，フォルカーはオランダ東インド会社のアラビアのモカ向けにスラトが注文した「ティーカップをのせる受皿となる小振りの平皿5,000枚」という記録から，近代のカップと受皿の組合せは1645年頃にトルコで始まったと推察している（松下 1995）。

　一方，小林克は，17世紀中頃には茶葉とともに，茶を入れて飲むためのセットとしてソーサーも持ち込まれたと考えている。当時の中国南部の工夫茶にも見られる茶托や受け皿等をヒントにソーサーが採用されたというのである（小林 2016: 272）。

　また，松下久子は，17世紀後半に描かれたヨーロッパにおけるコーヒーハウスの絵の中では，カップが単独で使用されている場合と，ソーサーとセットで使われている場合があることから，カップとソーサーの組み合わせが始まって間もないと推測している（松下 1995: 38）。さらに松下はヨーロッパへソーサー付きカップが輸出されたオランダ東インド会社の記録の最も早い例として，1663年10月23日に出島からバタヴィアへ運びオランダ向けに積み替えたものの中のソーサー付きカップを挙げている（松下 1995: 38）。もちろん，これは中国磁器ではなく，肥前磁器のソーサー付きカップであるが，17世紀中頃に中国磁器の中にソーサー付きカップが生まれていたとすれば，それを模したものとなろう。

　しかし，その一方で，大橋康二はヨーロッパでの需要から受皿を付けることになり，肥前磁器がまず作り，1684年以降中国磁器も盛んに作り輸出することになるとする（大橋 2000: 100）。大橋は伝世資料などから今のところ1670〜1680年代頃に始まると考えており，コーヒー碗用の受皿の初見は，今のところ，フランスのニ

コラス・ド・ブレニュイがホット飲料について著した『茶・コーヒー・ココアの利用について』（1687年）としている（大橋2000: 100）。

　このようにカップ類のソーサーの出現についてはさまざまな考えが示されている。茶の飲用習慣をヒントとしたとする考えやコーヒーの飲用の中で始まったとする考えがあり，開始年代についても17世紀中頃と17世紀後半（1670〜1680年代頃）の二通りの考えがある。また，生産を開始した地域についても中国と肥前の二通りの考えがあるようである。出現や起源に関しては曖昧なところが残るが，磁器という熱伝導率の高い器で熱い飲料を飲むためのものとして（小林2016: 272），ソーサーは比較的短期間に広く受け入れられていったのであろう。

6-3　蓋の出現

　次に蓋の出現を考える。蓋を使用する目的は，異物の混入防止と保温である。沈没船資料をみると，17世紀中頃の中国磁器のチョコレートカップには蓋は見られないが，1690年代頃には見られるようである。17世紀中頃と17世紀末の間の生産の主体は肥前で

図7-36　カサ・デル・リスコの装飾にみるチョコレートカップ（蓋）（野上 2013）

あったが，1660 〜 1680 年代の肥前磁器の中には蓋付きのチョコ
レートカップは確認できず，17 世紀末〜 18 世紀前半の金襴手の
チョコレートカップに蓋をもつものが現れる。赤絵町遺跡でも出土
しているし，メキシコシティのサン・アンヘラにあるカサ・デル・
リスコの中庭の噴水施設の装飾にも用いられている（図 7-36）（野上
2010: 17）。

　リオタールの「チョコレートを運ぶ少女」を見ると，泡立った
チョコレートがカップの上面に盛り上がっているように描かれてい
るが，蓋を用いる場合はカップの内側におさまるように注がれたの
であろう。

6-4　把手の出現

　把手については，1641 年に沈没したコンセプシオン号の引揚げ
遺物に把手（耳）が見られるが，後世のカップの把手に直接つな
がるものか不明であることはすでに述べたとおりである。1720 〜
1730 年代頃のカ・マウ沈没船の遺物の中に把手が見られるが，17
世紀後半〜 18 世紀前半に生産された肥前のチョコレートカップ
に把手がついたものは見られない。そのため，18 世紀前半の中で，
肥前以外の産地で把手がつくカップが生まれたと思われるが，松下
久子はマイセン窯の製品の中の 1715 年頃の製品と考えられる把手
付きチョコレートカップとソーサーのセットがヨーロッパにおける
把手付きカップとソーサーの最も早い例であると推測している（松
下 1995: 40）。そして，松下はソーサー付きカップの把手は，ヨー
ロッパの磁器窯において始まり，その変化を反映して中国でも把
手付きのソーサー付きカップが輸出用に作られるようになったと
している（松下 1995: 40）。この考えはおおむね妥当であろうと思
う。付け加えるならば，把手がつけられるようになるのは，チョコ
レートカップがコーヒーカップやティーカップに比べて先行してお

り，一般化するのも早かったとみられる。1750年代の沈没船資料や注文書を見てもチョコレートカップには把手がつけられているが，コーヒーカップやティーカップには把手が見られない。チョコレートカップにつけられるようになった把手が18世紀後半になると，コーヒーカップやティーカップにもつけられるようになったと考えられる。

6-5 マンセリーナの出現

前述したように，17世紀中頃に考案された頃のマンセリーナは，カップを受ける立ち襟状の輪が金属製であったが，それが後に磁器でつくられるようになった。マンセリーナは中国磁器とヨーロッパ磁器には見られるものの，肥前磁器の中に確実な例は見られない。18世紀前半には肥前磁器のヨーロッパ輸出が減退していったためであろう。ただし，伝世品の中に17世紀末〜18世紀初の受台を持つ色絵ソーサー（Impey 2002: 166）がある。立ち襟状の部分の高さが低く，マンセリーナとしてよいか，またチョコレートカップに伴うものか，不明であるが，カップがソーサー上で動かないようにする機能は共通であると思う。

第7節　まとめ

磁器のチョコレートカップが生まれた1640年代頃は，肥前磁器の海外輸出は本格化しておらず，ヨーロッパへも輸出していないため，生産地は中国の景徳鎮のみと言ってよかろう。当時のチョコレートカップとして確認できるのは染付のものである。まだソーサーの確実な例は確認できない。

そして，明から清への王朝交替の混乱と清による海禁政策によって，1650年代後半より肥前磁器の海外輸出が本格化すると，1660

年代頃からはチョコレートカップの生産の中心は，景徳鎮から有田へ移る。17 世紀後半には染付，色絵，瑠璃釉金銀彩のチョコレートカップが数多く輸出された。背の高いカップである点は 17 世紀中頃の景徳鎮のチョコレートカップと変わらないが，ソーサーをもつものが現れる。ただし，まだ把手はつかない。

　やがて 17 世紀末に展海令が公布され，中国磁器の再輸出が本格化するが，オランダ東インド会社を相手にした有田のチョコレートカップの輸出は続いた。主として金襴手の色絵チョコレートカップであった。この段階になると把手はつかないが，蓋付きのものが見られるようになる。やがて量的には景徳鎮のチョコレートカップに圧倒されるようになり，18 世紀前半のうちには生産を終えることとなる。

　17 世紀末以降，再び生産の中心となった景徳鎮では，染付チョコレートカップ，次いで色絵チョコレートカップ，チャイニーズ・イマリのチョコレートカップが大量に生産され，輸出されるようになる。17 世紀末には蓋付きのものが現れ，18 世紀中頃までには把手付きのものも現れた。また，景徳鎮に加えて，徳化窯系の白磁チョコレートカップ，染付チョコレートカップも輸出された。

　18 世紀後半以降もチョコレートは飲まれるが，チョコレートカップの形も変容していくようである。必ずしも背の高いカップが選ばれなくなっている。18 世紀後半にコーヒーが中南米に普及していくことや，19 世紀に入ってオランダのヴァン・ホーテンがカカオバター（ココアバター）の抽出に成功して，ココアが生まれたことも関わりがあるのかもしれない。チョコレートカップにつけられた把手が他のカップに影響を与えたように，他のカップの影響をチョコレートカップが受けたものであるかもしれないし，チョコレートそのものの変容に伴う変化であるかもしれない。18 世紀後半から 19 世紀にかけての変容については今後の課題である。

第8節　おわりに

　大航海時代の到来によりチョコレートは世界商品となっていった。その結果，チョコレートを飲用するための器であるチョコレートカップも世界をめぐることとなる。

　そして，チョコレートが世界商品となるためには変容が必要であった。その変容に大きな役割を果たしたものが砂糖との出会いであったことは疑いない。チョコレートの原料であるカカオの原産地は言うまでもなくアメリカである。アメリカの銀がアジアに運ばれ，アジアから磁器のチョコレートカップがもたらされる。チョコレートの中には中米やカリブ海の砂糖プランテーションで栽培された砂糖が入れられる。そして，その砂糖を栽培するための労働力は，ヨーロッパとアフリカとアメリカの三角貿易によって，もたされたアフリカの奴隷たちである。一杯のチョコレートは，アジア，アフリカ，ヨーロッパ，アメリカの大陸の交流の産物であったのである。

　旧世界の東西を結んだ海の道が，茶の道であったならば，旧世界と新世界を新たに結んだ海の道は，チョコレートの道でもあった。世界をめぐったチョコレートカップがその痕跡として残されている。

図版引用元

図 7-2
　　https://artuk.org/discover/artworks/two-figures-at-a-table-with-kitchen-utensils-102295

図 7-3
　　https://en.wikipedia.org/wiki/Antonio_de_Pereda#/media/File:Pereda,_Antonio_de_-_Still_Life_with_an_Ebony_Chest.jpg

図 7-4, 5, 6, 7　（加藤・八杉　1996）

図 7-8　（三杉　1986）

参考文献

【日本語】

大橋康二，2000，「ヨーロッパの生活に根ざした伊万里」『目の眼』No.287, 98-
　　101.

加藤由基雄・八杉佳穂，1996，『チョコレートの博物誌』小学館.

小林克，2016，「温かな飲み物の普及とそのうつわ」『中近世陶磁器の考古学』
　　第三巻，雄山閣，263-279.

榊玲子，2010，「東西を結んだ海上の道　ガレオン貿易」『ガレオン船が運んだ
　　友好の夢』たばこと塩の博物館，31-40.

シンシア・フィアレ，2000，「オランダ向け日本磁器──オランダ東インド会
　　社の記録」『古伊万里の道』佐賀県立九州陶磁文化館，166-205.

ソフィー・D・コウ，マイケル・D・コウ（樋口幸子訳），1999，『チョコレート
　　の歴史』河出書房新社.

田中恵子，2010，「メキシコ，キューバ，スペインでの 4 個の肥前染付チョコ
　　レートカップの発見──十七世紀のスペイン貿易による知られざる肥前磁
　　器の交易ルート」『世界に輸出された肥前陶磁』九州近世陶磁学会，307-
　　312.

デニス・フリン（秋田茂・西村雄志編），2010，『グローバル化と銀』山川出版
　　社.

トレーシー・ボウデン，1996，「ドミニカ沖に沈んだ 17 世紀の帆船」『ナショ

ナルジオグラフィック』1996 年 7 月，日経ナショナルジオグラフィック
社，122-137.

野上建紀，2009，「チョコレートカップの変遷と流通」『金大考古』64, 22-30.

―――，2010，「カサ・デル・リスコの東洋磁器」『金大考古』67, 10-18.

―――，2013，「ガレオン貿易と肥前磁器――二つの大洋を横断した日本のや
きもの」『東洋陶磁』42, 141-176.

―――，2014，「アンティグア・グアテマラ出土の東洋磁器」『金沢大学考古
学紀要』35, 73-85.

―――，2016，「ラテンアメリカに流通した肥前磁器」『中近世陶磁器の考古
学』第三巻，雄山閣，281-304.

―――，2017，『アジア・太平洋海域における有田焼交易ネットワークの考古
学的研究』西岡総合印刷.

―――，エラディオ・テレロス・エスピノサ，2015，「ハバナ出土の東洋磁器」
『多文化社会研究』1, 141-157.

―――，エラディオ・テレーロス，2016，「ペルーに渡った日本磁器」『横浜
ユーラシア文化館紀要』4, 1-17.

廣川獬，1975，『長崎聞見録』(1797) 長崎文献叢書 1 集 5 巻，長崎文献社.

藤原友子，2000，「「古伊万里の道」展について」『古伊万里の道』佐賀県立九
州陶磁文化館，143-165.

堀内秀樹，2007，「オランダ消費遺跡出土の東洋陶磁器」『東洋陶磁』36, 39-
59.

松下久子，1995，「オランダ東インド会社とコーヒーカップ」『陶説』510, 日本
陶磁協会，24-44.

三杉隆敏，1986，『世界の染付 6』同朋社出版.

八杉佳穂，2004，『チョコレートの文化誌』世界思想社.

山脇悌二郎，1988，「貿易篇―唐・蘭船の伊万里焼輸出」『有田町史　商業編 I』
有田町史編纂委員会，265-410.

【欧語文献】

Christie's Amsterdam, 1986, *The Nanking Cargo: Chinese Export Porcelain
and Gold, European Glass and Stoneware*, Amsterdam: Christie's
Amsterdam B.V.

Impey, Oliver R., 2002, *Japanese Export Porcelain: Catalogue of the
Collection of the Ashmolean Museum, Oxford*, Hotei: Amsterdam.

Jörg, C.J.A., 1986, *The Geldermalsen: History and Porcelain*, Groningen:

Kemper.

Jörg, C.J.A. and Michael Flecker, 2001, *Porcelain from the Vung Tau Wreck: The Hallstorm Excavation*, London: Sun Tree.

Nguyen Dinh Chien, 2002, *Tàu cổ Cà Mau, 1723-1735 = The Ca Mau shipwreck, 1723-1735*, Hà Nội: The National Museum of Vietnamese History.

Sheaf, Colin and Richard Kilburn, 1988, *Hatcher Porcelain Cargoes: The Complete Record*, Oxford: Phaidon and Christie's.

Wästfelt, Berit, Bo Gyllensvärd, Jörgen Weibull, 1990, *Porcelain from the East Indiaman Gothebörg*, Höganäs: Wiken.

【中国語文献】

方真真・方淑如，2006,《台湾西班牙貿易史料（1664–1684）》台北：稲郷出版社．

碗礁一号水下考古隊，2006,《東海平潭碗礁一号出水瓷器》北京：科学出版社．

終　章

海域史研究の可能性
——ネットワーク論の課題と展望

鈴木英明

今後，新たな歴史像を獲得するうえで，海域史研究に必要なのは，海域概念の持つ閉鎖と開放が共存する自己矛盾を超え，そのうえで，ヒトやモノ，情報，カネの動態を十分に取り込んだ議論を展開することであると考える。同時に，こんにちの海域史研究はその成熟によって，より個別的なテーマについてより深い議論がなされるようになっている。そうした状況下では，洗練され個別化していく研究同士をどのようにつなぎあわせ，新たな歴史像へと結実させていくのかという問題にも向き合わなくてはならない。これらの点を勘案したとき，ネットワーク論の拡充は海域史研究にとって不可欠な課題となる。そこで，本書の最後を締めくくるにあたり，そのような観点から，本書の論点の整理をしたい。

1　ヒトの移動とネットワーク

　まず，序章で提起した「フロー＝ネットワーク」に再び焦点を当てたい。「フロー＝ネットワーク」とは，移動するヒトやモノ，情報，カネの拡がりといったフローにまず注目したところから想起されるネットワークである。これは，ノードから想起されるネットワークである「ノード＝ネットワーク」よりも開放的な性格を帯びる。海域そのものを構想する発想とは，ヒトを含んだ事物の移動現象に大きな焦点を当てるこの「フロー＝ネットワーク」にほかならない。しかし，海域史研究が対象としてきた移動する事物は，常に「フロー＝ネットワーク」としてだけ理解されうるわけではない。むしろ，「フロー＝ネットワーク」だけだと見落としてしまう側面も存在する。たとえば，人間集団の場合，その成員が移動し，集団が拡散することで，集団内部の結合がより強化される場合も少なくないし，拡散することによって，集団としての内的結束を強めることに大きな意義が見いだされる場合も少なくない。たとえば，フィリップ・カーティンやロビン・コーエンの論じる交易ディアスポラ

とは，まさに広域に拡散した／することで生じる商機をつかもうと
する人々である（コーエン 2001: 141-172; カーティン 2002）。

　向正樹論文の焦点は，広域に拡散した人びとが故郷から遠く離れ
た存在として自らを規定するディアスポラ・アイデンティティの問
題であった。モンゴル時代の中国沿海部におけるアラビア語墓碑を
精査した向は，墓碑のなかに，新疆から中央アジア，ペルシア，紅
海岸までに拡がる広大な空間に点在する地名にニスバを求める人物
の名とともに，「さすらいの人＝殉教」という預言者の聖伝承に因
んだメッセージが刻まれていることを見つけ出す。向はこれをディ
アスポラ・アイデンティティの発露として読み取り，そこに中国沿
海部に生きるムスリムたちの「非実体的なディアスポラ」を見出す
一方で，それと「実体的なディアスポラ」，すなわち離散の実態と
を突き合わせる。そして，その後の展開を追うなかでも，双方が一
体化する局面と分離する側面とを描いている。これは，「ノード＝
ネットワーク」と「フロー＝ネットワーク」とを突き合わせるアプ
ローチとも換言できるだろう。これによって，ディアスポラ・コ
ミュニティーのような対象について，広域への拡散とその内的な結
合の複雑な関係性の把握が可能になるのである。

　また，山内論文が指摘する硫黄の道の複線化も，「フロー＝ネッ
トワーク」と「ノード＝ネットワーク」の双方の観点を踏まえなけ
れば理解することができない現象である。14 世紀から 16 世紀，硫
黄の道は複線化していくが，それは，新たな生産地の登場といった
要因だけではなく，流通を取り扱う博多商人の戦略が影響を及ぼし
た可能性を山内は指摘する。琉球産硫黄と日本産硫黄を取り扱う彼
らは，それぞれを東アジア海域内の市場において「棲み分け」させ
る流通戦略をとる。その背景には，博多商人という集団を取り巻く
政治・経済的な要素を無視することはできない。こうした博多商人
の流通戦略は，「フロー＝ネットワーク」だけでは極めて粗い理解

しかできないだろう。むしろ，その理解には「ノード＝ネットワーク」としての博多商人の内的結合と意思決定に焦点を絞る作業も必要であるはずだ。つまり，硫黄の道の全体像そのものは「フロー＝ネットワーク」として捉えることができ，そこでは博多商人は他の商人集団とともにフローの担い手であるが，博多商人を取り出し，それを「ノード＝ネットワーク」として捉えることによって，この集団の意向や意思が「フロー＝ネットワーク」のフローにいかに影響を与えているのかが考察可能になる。類似の状況は，ヘン論文の黒石号や，ショッテンハマー論文の水銀，野上論文のチョコレートカップの事例にも見て取ることができる。

　このように，ネットワークをめぐるふたつの発想を併用することで，ある人間集団を大きなフローの単なる媒介者として見過ごすのではなく，むしろ，大きなフローがそのような小さな媒介者の意思や意図によっていかに可変的であったのかを理解することができるのであり，他方で，ある人間集団を孤立した存在ではなく，大きなフローの中に位置づけ，別の人間集団と直接的・間接的に接合した存在として見なすことができるのである。

2　モノの移動と複合生産

　従来の海域史で論じられるモノの移動の多くは，あるモノがある場所から別の（複数の）場所へ流通していくありようを実証的に追ってくことに注力してきたといえる。そうした研究が，商業史や流通史に多大な貢献をしてきたことも広く知られている。しかし，モノの流通に焦点を当てることは，そこに留まらない研究の可能性を内包しているはずである。肥前や景徳鎮で生産された磁器製チョコレートカップを扱う野上論文はそのような可能性の地平を示す。新大陸に進出したスペイン勢が現地で飲用されていたチョコレートを自らの嗜好にあった飲料に変えるなかで，チョコレートカップの需

要が生まれ，それを，チョコレートを飲んだことも，カカオを見た
こともないだろう肥前や景徳鎮の陶工が手本に倣って製造するので
ある。これは，「フロー＝ネットワーク」によってこそ見えてくる
広域を跨いだ人びとのつながりあいともいえるし，一種のコモディ
ティ・チェーン研究ともいえる[1]。陶磁器研究を専門とする野上は，
技術史的なチョコレートカップの編年にも取り組むとともに，絵画
資料などを駆使して，チョコレートカップの具体的な使用のあり方
という生活史的な側面にも切り込み，それらを掛け合わすことで，
単に狭義の商業史や流通史へ貢献するばかりでなく，技術史や生活
史の分野とも接合していく可能性を提示している。

　モノの移動への注目が拓く可能性はここだけに留まらない。たと
えば，あるモノや情報Ａが別のモノや情報であるＢやＣと出会い，
それらが組み合わさることで違うモノＤとなり，新たな価値を携
えながら再び移動していくという動態は，これまで少なくとも海域
史の分野では十分に解明されてこなかった。そのようなＡ＋Ｂ＋
Ｃ＝Ｄとなるような生産をここでは複合生産と呼ぶことにしよう。
もちろん，Ｃのあとに別のモノや情報が（複数）加わる場合もある。
また，複合生産は，必ずしも近隣だけで完結するわけではない。人
びとがあるモノや情報について，それと出会って欲しいと願うモノ
や情報はそもそも近隣には存在しないことがままある。たとえ近隣
に存在したとしても，様々な理由で出会わせることができない場合
すらある。

　この点については，ショッテンハマー論文が注目すべき事例を提
供してくれた。すなわち，北アフリカで最初に発見されたとされる
銀精錬における「パティオ・プロセス」の知識が再発見され，それ
とほぼ同時に新大陸で巨大な銀鉱群が発見されたことで，新大陸に
おける銀生産の飛躍的な拡大の可能性が生じた。しかし，それが実
現するために不可欠な水銀は，スペイン本国から取り寄せるにはコ

ストがかかり過ぎ，また，ペルーの辰砂は王室の管理下に置かれる。そうした状況のもとで，東アジアからの水銀のフローが求められるようになる。しかし，このフローが実現するためには，東アジア海域内部における需要に基づく競争を経る必要があった。そうした競合関係を経て獲得された水銀が太平洋をまたぎ，新大陸で銀が精製される。そして，その銀が再び太平洋を越えて東アジア海域に流れ込み，大きく歴史が動いていくのである。また，先述の野上論文もそうした太平洋をまたいだ複合生産の一事例である。

3 陸域と海域

　海域史研究に陸域中心史観を強く批判する側面があることはすでに指摘したが，陸域中心史観を乗り越えたものが海域中心史観ではないはずである。しかし，実際の研究の現場においては，序章で述べたように，海域という言葉の持つ閉鎖性によって，海域は一定の限定された海上の空間を指す言葉としても用いられ，陸域の対概念としての海域史の重要性も繰り返し論じられてきた。しかし，「フロー＝ネットワーク」が有する開放性に準じれば，陸と海とは連続したものとして理解されるべきである。ただし，両者の接続は平板的ではないし，いくつもの差異が存在する。まず，輸送の担い手が異なる。ヘン論文で論じられた黒石号を事例にすれば，中東からやってきた黒石号は，広州の直接後背地や広西，福建などから船荷を獲得するが，黒石号の乗組員が直接買い付けにそれらの場所に赴いたわけではない。別の輸送者たちがそれらの生産地と広州とを結び付けることによって，黒石号は船荷を初めて手に入れることができたのである。また，海上の輸送規模の大きさに比して，陸上の場合は，消費地が広域に点在している——すなわち，ノードが拡散している——ので，陸域の個別のノード間のフローは，海域のそれよりも規模が小さくなる傾向がある。この点については，一隻の船と

一匹のロバや馬，ひとりのヒトによるそれぞれの輸送能力の差も加味されるべきだろう。また，政治権力の支配が及びやすい陸域に対して，海域ではそれが及びにくいという一般論も考慮に値する。それによって，陸域では海域に比してフローに様々な制約がより及びやすいことが想定できる。しかし，そのような差異も，陸域と海域とのあいだのフローを断絶する絶対的な要因とはならない。

　このように考えていくと，陸域と海域をまたぐフローがいかにして双方のあいだの差異や障壁を乗り越えていったのかという実態に強い注意が向けられていくべきだろう。そのような問題関心を持つ場合，従来は港町に大きな注目が集められてきた（eg. 歴史学研究会編 2005-2006; Haneda, ed., 2009; 弘末編 2018）。しかし，陸域と海域の重複するような空間は，港町だけではない。たとえば，インド洋海域史の立場からマイケル・ピアソンは，海域と陸域との境界域としての海岸部に着目し「海岸部社会」という概念を陸域と海域のあいだに位置付けている（Pearson 1985; Pearson 2006）。

　伊川論文が論じた中国沿海の島嶼部は，そのような陸域と海域とがせめぎあう空間であるといえよう。つまり，政治権力（明朝）の海禁秩序とそれに抗う倭寇や密貿易者と呼ばれる人びとの拮抗のなかで，大陸部への上陸が許可されなくても，轡山や上川のように，島嶼部には政治権力側によって，倭寇や密貿易者たちの滞在が黙認，あるいは公認される空間が存在するようになる。伊川論文からは，陸域と海域との関係性が「つながる」か「隔てる」かの二者択一ではなく，双方の拮抗する空間に曖昧領域が発生し，それは拮抗する双方から意味を付与され，その意味が拮抗関係のなかで常に揺れ動かされているという，陸域と海域の緊張関係を理解することができるのである。陸域と海域との関係に第三項を入れるというのは，海域史研究では古くて新しいテーマといえるかもしれない。すなわち，港町研究や村井章介による境界論（eg. 村井 2013; 村井 2014; 村

井 2019）に代表される境界研究は厚い蓄積を持っており，その意味では蓄積のあるテーマといえそうだが，他方で，近年，学際的に展開されつつある境界研究（ボーダー・スタディーズ）[2] や接触領域（コンタクト・ゾーン）研究[3] とはまだ十分に接合しておらず，それらとの問題関心や手法を介した接合のなかに，陸域と海域との関係性を考える新たな可能性が秘められているのではないだろうか。

4　ネットワークと空間，時間

　海域史においてネットワーク概念が用いられる際に，それが伸縮する性格を持つことはしばしば指摘される。では，ある空間 X において，かつてそこまで進出していた人間集団 A と，A が退却した後にその空間 X に新たに進出してきた人間集団 B とのあいだには，どのような関係を見出せるのだろうか。実体としての双方は，空間 X において，現実に時間を同じくして重複したことはない。

　では，双方は関係を有しないのだろうか。この点について，中島論文の事例は示唆に富む。すなわち，鄭和艦隊がインド亜大陸を離れて時間を経ても，この艦隊に関する記憶が現地の人びとのあいだに残存し，新たにインド亜大陸にやってきたポルトガル勢はその記憶に触れることで，鄭和艦隊と間接的にであれ，つながるのである。中島論文の提供する事例は，ネットワークの伸縮と空間そして時間に関わる問題群について，新たな研究の広がりを示唆する。すなわち，我々はネットワークに時間の要素を加味する場合，通常は，ネットワークが時間とともに変化する伸縮に注目は置かれる。しかし，中島が時間とネットワークのかかわりで注目したのは，ネットワークの縮小によって，その範囲からはみ出てしまった空間に残された痕跡——インド亜大陸西岸マラバール地方の人びとの記憶——だった。彼らのなかに記憶として留められた鄭和の大艦隊の痕跡は，時間を経て，新たにこの地にやって来たポルトガル勢が接触するこ

とで，彼らにそのさらに東方の強大なキリスト教徒の国を夢想させもした。すなわち，マラバール地方に残存した記憶が後進のネットワークのさらなる拡張にも寄与していたということになる。こうした新旧のネットワークの時間差での重複を視野に入れることで，ネットワークと空間との関係性は，より動態的に捉えることができるだろう。また，そのためには，中島論文におけるインド亜大陸の人びとの記憶のように，時間を異にするネットワーク間をある空間において媒介する第三項も視野に収める必要が出てくる。

　以上，本書に収録した論文に即しながら，今後の海域史研究の発展可能性をネットワーク概念に留意しながら整理した。従来の研究では，ネットワーク概念は極めてあいまいなままに用いられてきた。ヒトやモノ，情報，カネの移動の拡がりを歴史空間において意味のあるものとしてより理解できるようになった反面，それらの移動する事物の拡がりの眺望を我々は十分に手にすることができなかった。それに対して，ここでネットワーク概念を整理することによって，事物の空間的な拡がりといった開放性及びそれと同時並行するディアスポラ・アイデンティティのような閉鎖性とがより輪郭を露わにして我々の前に立ち現れてくるのである。そうしたなかで我々が得られる海域史研究の眺望には，より広い空間と問題対象，方法論に関する挑戦が含まれている。換言すれば，海域史研究と隣接する多様な空間や対象を取り扱う研究とがつながっていく必要があるだろう。それによって，海域史研究の営為は，移動する事物の動態を複眼的に捉え，それを広い時空間に位置付ける新たな歴史像へと結実していくのである。

注

1 歴史学におけるコモディティ・チェーン研究については，とりあえず（Topik, Marichal and Frank, eds. 2006）を参照せよ。
2 ボーダー・スタディーズについては，（ディーナー 2015），また，雑誌『境界研究』を参照せよ。
3 コンタクト・ゾーン研究については，シリーズ『コンタクト・ゾーンの人文学』（全4巻，晃洋書房，2011，2012年），そのなかでも，（田中 2011）は人文学全般に対してコンタクト・ゾーン研究の重要性を説く。また，雑誌『コンタクト・ゾーン』を参照せよ。

参考文献

【日本語文献】

カーティン，フィリップ著，田村愛理，山影進，中堂幸政訳，2002，『異文化間交易の世界史』NTT出版.

コーエン，ロビン著，駒井洋監訳，角谷多佳子訳，2001，『グローバル・ディアスポラ』明石書店.

田中雅一，2011，「コンタクト・ゾーンの人文学へ」田中雅一・船山徹編『コンタクト・ゾーンの人文学第1巻——Problematique／問題系』晃洋書房，3-19.

ディーナー，アレクサンダー・C, 2015,『境界から世界を見る——ボーダースタディーズ入門』岩波書店.

弘末雅士編, 2018,『海と陸の織りなす世界史——港市と内陸社会』風響社.

村井章介，2013，『日本中世境界史論』岩波書店.

———，2014，『境界史の構想』啓文舎.

———，2019，『古琉球——海洋アジアの輝ける王国』角川書店.

歴史学研究会編，2005-2006,『港町の世界史』全3巻.

【欧語文献】

Haneda, Masashi, ed., 2009, *Asian Port Cities 1600-1800: Local and Foreign Cultural Interactions*, Singapore: NUS Press.

Pearson, Michael N., 1985, "Littoral Society: the Case for the Coast," The Great Circle 7: 1-8.

Pearson, Michael N., 2006, "Littoral Society: the Concept and the Problems," *Journal of World History* 17 (4): 353–373.

Topik, Steven, Carlos Marichal and Zephyr Frank, eds., 2006, *From Silver to Cocaine: Latin American Commodity Chains and the Building of the World Economy, 1500-2000*, Durham and London: Duke University Press.

あとがき

　ここにようやく本書の後書きを書く段階に至った。安堵の気持ちのなかに，最後までお付き合いいただいた関係者各位への感謝，そして，露わになった諸問題へ向かう意欲，それらが相混じった心境にいる。

　そもそもの本書の企画の発端は，前の勤務校である長崎大学多文化社会学部にいた頃，本叢書の監修者である首藤明和先生と私の研究室で夜な夜な真面目によもやま話をしていた時だったはずである。いつのことかはっきり覚えていないのは歴史研究者として恥ずかしいのだが，そうした機会が幸いにも多くあったせいであると思っている。私はインド洋海域の特に西側，およそインド亜大陸からアフリカ大陸東岸にかけての歴史を専門に勉強しており，叢書への参加を打診された際には，一瞬たじろいだが，「ええ，お願いします」と返事をしたのを覚えている。というのは，今回のテーマと執筆者としてお願いしたい人の顔が即座に浮かんだからだった。

　執筆者の先生方とは，それまでさまざまな研究会でご一緒する機会もあり，科研などである程度継続してお会いする機会もあり，是非ご一緒する機会が別にもあればと願っていた。というのは，私自身の専門は先に述べた通りだが，彼らを含めたいわゆる東アジア海域史の研究からは常に刺激を受けてきていたので，より間近に彼らの研究に触れ，多くを吸収する機会があればと願っていたからだった。執筆者の皆さんには，個々のご研究に加え，多忙を極める大学関係のお仕事にもかかわらず，ご快諾していただくことができた。

　海域とネットワークという本書のテーマは，序論と終章で繰り

返してきた新たな歴史像の必要性と密接な関係を持つ。基本的には，歴史とは，現在と過去との往還によってのみ成り立つ認識である。何年にどういう出来事があったというのを事実として突き止めたとしても，それだけでは歴史にならない。それが他の出来事とどのようにつながりあい，そのつながりあいが別のどのような出来事を育んでいったのか，あるいは別の文脈から生起する出来事とどのようにつながり，それが何をもたらしたのか，それらを眺望しなくてはならない。出来事同士のあいだにどのようなつながりを見出すか，あるいは見出さないかというのは，現在からの視点によっている。そうだとすれば，過去への呼びかけというのは，現在というのが常に動いている以上，常時刷新されていくべきだろう。我々が生きる今日が驚くべき速度で変化しているのは言を俟たないが，そうだとすればなおさらである。このことは，歴史学が過去を対象とする動かざる学ではなく，常に現在と連動し，揺れ動く学であることを意味するにほかならないはずである。

　そのように考えると，海域史はこんにち新たに生まれたものではないが，それを今日的な問題意識のもとに刷新することで，新たな息吹を吹き込み，現在と過去との往還に大きく貢献してくれるのではないか，そのように考えた。そのためのヴァージョンアップには，ネットワークという概念に対峙することが重要なのではないか。こうして本書のテーマが定まった。ネットワーク概念はこれまでの海域史を豊かにしてきたばかりでなく，これからの海域史にも実りをもたらすのだと思う。さらに海域史ばかりでなく，より広域の，より多様な人びとを含みこむ歴史研究にも有益だと思う。

　最後に，叢書編集者の首藤明和先生には多くの助言をいただき，それのみならず，一瞥すると，叢書のラインナップからは異質に映るかもしれない本書をそこに組み入れてくださったことに感謝は尽きない。また，明石書店の大江道雅社長には，首藤先生にお供して，

何度か東京でお目にかかる機会を得，また，一度は本書の研究会を長崎で開催した折にもご来崎いただき，厳しい中にも優しさの溢れるご助言をいただいてきた。深く感謝を申し上げたい。そして，編集を担当された秋耕社の小林一郎さんには最後まで丁寧な編集をしていただいた。深く御礼を申し上げたい。最後に，本書が（東アジア）海域史に留まらず，新たな歴史像が育っていく礎の一部となれればと願っている。

2019 年 9 月

鈴木英明

索　引

●著者紹介

鈴木英明（すずき　ひであき）［序章，1章(訳)，6章(訳)，終章，あとがき］
国立民族学博物館助教。
Slave Trade Profiteers in the Western Indian Ocean: Suppression and Resistance in the Nineteenth Century（Palgrave, 2017 年）
Abolitions as A Global Experience（編著 NUS Press, 2015 年）
「インド洋──海から新しい世界史は語りうるのか」羽田正編『地域史と世界史』（ミネルヴァ書房，2016 年）

デレック・ヘン（Derek Heng）［1 章］
北アリゾナ大学教授。
Sino-Malay Trade and Diplomacy in the Tenth through the Fourteenth Century（Ohio University Press, 2009; Institute of Southeast Asian Studies Press, 2012 年）
Seven Hundred Years: A History of Singapore（共著，National Library Board, 2019 年）
Singapore in Global History（共編著 Amsterdam University Press, 2011 年）

向　正樹（むかい　まさき）［2 章］
同志社大学グローバル地域文化学部准教授。
「北宋真宗の泰山・汾陰行幸──天地祭祀・多国間関係・蕃客」『アジア遊学 206 宗教と儀礼の東アジア──交錯する儒教・仏教・道教』（原田正俊編，勉誠出版，2017 年）
「モンゴル・シーパワーの構造と変遷──前線組織からみた元朝期の対外関係」『グローバルヒストリーと帝国』（秋田茂，桃木至朗編，大阪大学出版会，2013 年）

山内晋次（やまうち　しんじ）［3 章］
神戸女子大学文学部教授。
『日宋貿易と「硫黄の道」』（山川出版社，2009 年）
『海域アジア史研究入門』（共編著，岩波書店，2008 年）
『奈良平安期の日本とアジア』（吉川弘文館，2003 年）

中島楽章（なかじま　がくしょう）［4 章］
九州大学人文科学研究院准教授。
『明代郷村の紛争と秩序──徽州文書を史料として』（汲古書院，2002 年）
『徽州商人と明清中国』（山川出版社，2009 年）

伊川健二（いがわ　けんじ）［5 章］
早稲田大学文学術院教授。
『世界史のなかの天正遣欧使節』（吉川弘文館，2017 年）
『大航海時代の東アジア』（吉川弘文館，2007 年）

アンゲラ・ショッテンハマー（Angela Schottenhammer）［6 章］
ザルツブルク大学正教授。
Early Global Interconnectivity across the Indian Ocean World: Commercial Structures and Exchanges (2vols., 編著 Palgrave, 2019 年)
"Yang Liangyao's Mission of 785 to the Caliph of Baghdad: Evidence of an Early Sino-Arabic Power Alliance?", *Bulletin d'École Française d'Extrême Orient* 101 (2015): 177-241.
"A Buried Past: The Tomb Inscription (muzhiming) and Official Biographies of Wang Chuzhi 王處直 (863-923)", *Journal of the Economic and Social History of the Orient* 52-1 (2009): 15-56

野上建紀（のがみ　たけのり）［7 章］
長崎大学多文化社会学部教授。
『伊万里焼の生産流通史』（中央公論美術出版，2017 年）
『国史跡天狗谷窯跡』（有田町教育委員会，2010 年）
「ガレオン貿易と肥前磁器」『東洋陶磁』第 42 号（東洋陶磁学会，2013 年）

中国社会研究叢書　21世紀「大国」の実態と展望　7

東アジア海域から眺望する世界史
　　——ネットワークと海域

2019 年 10 月 10 日　初版第 1 刷発行

編著者　　　　鈴　木　英　明
発行者　　　　大　江　道　雅
発行所　　　　株式会社明石書店
〒101-0021 東京都千代田区外神田 6-9-5
電話 03（5818）1171
FAX 03（5818）1174
振替　00100-7-24505
http://www.akashi.co.jp
組　版　　　有限会社秋耕社
装　丁　　　明石書店デザイン室
印刷・製本　　モリモト印刷株式会社
（定価はカバーに表示してあります）　　　ISBN 978-4-7503-4907-7

中国社会研究叢書

21世紀「大国」の実態と展望

首藤明和（日中社会学会 会長）［監修］

社会学、政治学、人類学、歴史学、宗教学などの学問分野が参加して、中国社会と他の社会との比較に基づき、何が問題なのかを見据えつつ、問題と解決策との間の多様な関係の観察を通じて、選択における多様な解を拓くことを目指す。21世紀の「方法としての中国」を示す研究叢書。